经济学第一课

林毅夫 等 ◎著

王贤青 蒋少翔 曹毅 ◎主编

中信出版集团 | 北京

图书在版编目（CIP）数据

经济学第一课 / 林毅夫等著 . -- 北京：中信出版
社，2021.6

ISBN 978-7-5217-2841-5

Ⅰ . ①经… Ⅱ . ①林… Ⅲ . ①经济学—通俗读物
Ⅳ . ① F0-49

中国版本图书馆 CIP 数据核字（2021）第 034075 号

经济学第一课

著　　者：林毅夫等
出版发行：中信出版集团股份有限公司
　　　　　（北京市朝阳区惠新东街甲 4 号富盛大厦 2 座　邮编　100029）
承 印 者：河北鹏润印刷有限公司

开　　本：880mm×1230mm　1/32　　印　　张：10.5　　字　　数：286 千字
版　　次：2021 年 6 月第 1 版　　　　印　　次：2021 年 6 月第 1 次印刷
书　　号：ISBN 978-7-5217-2841-5
定　　价：59.00 元

序 言

1978 年改革开放以来，中国经济创造了人类经济史上不曾有过的奇迹：平均每年 9% 以上的经济增长，连续 40 多年。1978 年中国人均 GDP（国内生产总值）按现价美元计算只有 156 美元，尚不及撒哈拉以南非洲国家平均水平的 1/3，到 2019 年时已经突破 1 万美元，成为一个中等偏上收入的国家。其间超过 8 亿人摆脱绝对贫困，对同一时期世界减贫的贡献率超过 70%。中国在 2020 年实现了全面脱贫，比联合国可持续发展指标提出的 2035 年早了 15 年。中国现在是世界第二大经济体、第一大贸易国，继工业革命以后的英国、一战以后的美国、二战以后的日德，被称为"世界工厂"。

我们有幸目睹和参与创造了上述人类经济史上的伟大成就。欣喜之余，还有两个问题特别值得思考。

如何解释过去？ 中国这些年的成就，是不是可以用西方主流的经济学理论解释？更进一步讲，中国的发展是不是主要参照了西方主流经济学开出的药方？如果不是，那么中国经济的成就从科学的角度又应该归因于什么？是不是蕴藏着新的经济学理论？

如何谋局未来？ 中国过去的成就非常了不起，但还有很多遗留问题没有解决，未来必然还有新的挑战，有些可能还会非常棘手，就像2020年全球暴发的新冠疫情。不管面对老问题，还是新挑战，都越来越需要我们基于科学的理论对未来有更好的判断和布局。

对于这两个问题，时间已经给出了第一个问题的答案。如果用西方的主流经济学理论看中国改革开放40多年的历程，我们就发现到处都是各种各样的问题，这也是"中国崩溃论"一直如影随形的原因之一。不仅如此，二战以来，西方主流经济学理论曾经给很多经济体开过药方，从结构主义的进口替代到新自由主义的休克疗法，这些理论在分析发展中国家的问题和不足时总是很有说服力，但采用这些理论开出的政策处方的经济体往往经济停滞，危机不断，到目前为止都很不成功。

中国不仅实现了40多年的奇迹般的发展，而且，还是40多年来唯一没有出现过系统性经济危机的国家，这显然不能仅仅简单地用"运气"来解释，我们真正应该好好思考的是，当今的主流经济学是否存在理论上的缺失；现代经济学是否可以有一个理论，以解释并指导看起来问题很多的经济体如何连续数十年保持稳定和快速发展。

如果现代经济学里有这样的理论，中国的经济学研究者就是近水楼台，坐拥金矿。也正因如此，我常常讲，21世纪是中国经济学家的世纪，是中国经济学大师辈出的世纪。

这就转到第二个问题，中国经济未来的谋局越来越需要可靠的经济学理论。未来，中国经济能不能避免掉入中等收入陷阱？中国进入高收入国家行列以后还能不能有持续的高质量发展？这其中的关键之一就是我们对中国经济发展的本质和规律的认知要足够科学，应对之策要足够正确和充分。

如果我们能把中国持续发展的道理总结出来，使其成为好的经济学理念，那么这不仅对中国自己的未来特别有意义，还有可能帮助到更多的发展中国家摆脱贫困，奔向现代化，这也将是对全人类都非常有意义的理论贡献和福祉改善。因为自二战以来，能实现中国这样经济追赶式增长的经济体凤毛麟角，绝大多数国家不是困于中等收入陷阱，就是依然处于十分落后的状态。而无论是这些国家的执政者，还是人民，都渴望自己的国家能像中国一样实现快速经济增长，从而民富国强。

经济学是一门经世济民的大学问。1995 年的诺贝尔经济学奖得主卢卡斯曾说："一个经济学家一旦开始考虑经济增长问题，就很难去想其他的问题了。"北京大学的学生和广大的经济学爱好者、研究者更应该如此，不仅要思考个人的职业发展问题，更要考虑自己未来对社会的最大价值所在。

与"为什么要学习经济学"一样重要的，是如何学习经济学，也就是经济学的方法论问题。

我和北大中国经济研究中心（北大国发院前身）的同事们多年从事中国经济的研究，深知经济研究的意义所在，并从 1994 年中心创立就认真着手现代经济学的教学，1996 年正式招收了经济学双学位学生和经济学硕博研究生；2016 年，经北大批准，又开始正式招收经济学本科生（北大校内二次招生）。

每一次面对新的学生，我和同事们的第一课都会先围绕经济学的两个基本问题，即为什么学和如何学的问题，但这些分享都散落在不同的课堂里。

借助 2017 年北大国发院第一批本科生入学，在徐晋涛副院长的统筹下，以蒋少翔为代表的本研中心同事持续投入，连续几年组织老师从理念、专题、方法等不同的维度，为新生们带来全面深入的经济学第一课，并认真做了记录和初步整理，以王贤青、曹毅为代表的传播中心同事又进行了专业编辑，并结集成书出版，希望能把这些内容分享给更多的经济学初学者、爱好者和研究者。特别感谢中信出版社的大力支持，使本书得以顺利出版，这也将是中国经济学教学史上一部难得的作品。

如果这本书能让更多的人从此真正理解经济学、投身经济学，甚至成为一代经济学大师，为中国经济的未来发展和全球更多发展中国家的经济追赶做出理论研究或政策分析上的贡献，那么这是我们最大的期待和荣幸。

林毅夫

2021 年 3 月 2 日 于北京

理念篇

方法篇

专题篇

01

理念篇

林毅夫

姚洋

张维迎

傅军

林毅夫

本体与常无——有关经济学方法论的对话

　　方法论是我最喜欢讲授的课程，我也专门出版过一本讲方法论的书——《本体与常无》（北京大学出版社 2012 年 10 月版）。在我已经出版的近 30 本著作中，那是我个人最喜欢的一本。

　　作为老师，我为什么特别强调方法论的重要性？因为方法论将决定一个学生最终能取得多大的成就。

　　我常常讲，21 世纪是中国经济学家的世纪，是中国经济学大师辈出的世纪，社会科学和自然科学的各个领域也都会大师辈出。同时，中国在 21 世纪会变成全世界经济学研究的中心，也将是全世界社会科学、自然科学、工程学研究的中心。

　　当然这只是一个可能性，要想变成现实，需要年青一代的努力，而结果的好坏取决于方法论是否正确。

中国经济奇迹的意义

　　我在课堂上常讲，20 世纪 70 年代以后，中国改革开放所取得的成绩是人类经济史上不曾有过的奇迹——平均每年 9% 以上的经济增长。经济连续增长了几十年，改变了无数人的命运。我经常用到两个指标。一个指标是中国 1978 年 81% 的人口还居住在农村，84% 的人口收入水平低于国际贫困线（每天 1.25 美元的生活费），而国际贫困线是世界上收入最低的 15 个国家政府所定贫困线的平均值。另一个指标是中国 1978 年人均 GDP 连撒哈拉以南非洲国家平均水平（490美元）的 1/3 都达不到。大家可以想见当时的贫困状况。经过 40 多年的高速增长，中国现在成为收入中等偏上的国家，2017 年人均GDP 为 8 640 美元，同时有 7 亿多人的生活跨越了国际贫困线。

一战后，民族主义风起云涌。二战后，发展中国家和地区纷纷摆脱殖民统治或者半殖民地地位，这些国家后来又为赶上发达国家而追求工业化、现代化，但直到今天，取得成功的国家屈指可数。二战后，在全球 200 多个发展中经济体中，真正实现高收入的只有中国台湾和韩国，中国大陆很有可能在 2025 年前后实现高收入。1960 年，全世界有 101 个中等收入经济体，到 2008 年金融危机爆发前，只有13 个中等收入经济体进入高收入行列，其中 8 个是西欧周边的国家或者石油生产国，另外 5 个是日本和亚洲"四小龙"。也就是说，二战以后到现在，大多数发展中国家没有摆脱低收入或中等收入陷阱。

其实每个国家的人民都一样。普通人都希望通过自己的努力，让自己和下一代的生活变好；精英也都希望能贡献自己的力量，实现国家现代化；每个国家的领导人也都一样，都有为官一任、造福一方的想法。

不仅各个国家在为现代化和进入发达水平努力，许多国际机构也在努力。像联合国开发计划署、世界银行、国际货币基金组织，还有许多地区发展银行（如亚洲开发银行、非洲开发银行），以及美国国际开发署和民间慈善机构（如福特基金会、洛克菲勒基金会等），它们都想给发展中国家提供帮助，但发展中国家并没有因自己的努力和别人的帮助而成功。

中国目前所取得的成功可以说是一个奇迹，尤其是到 2025 年前后将会变成一个高收入国家（人均 GDP 超过 12 700 美元）。目前生活在高收入经济体的人口占全世界人口的 15%，如果中国成为高收入国家，那么这将增加 19% 的人口，使全世界 34% 的人口能生活在高收入国家，这在人类经济史上具有里程碑意义。

中国的成就还有什么重大意义？在我看来，那就是中国把实现经济增长的道理总结出来，进而帮助更多发展中国家摆脱贫困，奔向现代化。这是对全人类都非常重要的理论贡献。

中国是一座理论创新的金矿

为什么目前取得成功的国家那么少？其中一个很大的问题在于，现在的经济发展理论都是来自发达国家经验的总结。发展中国家自觉不自觉地把发达国家的条件作为明的或暗含的条件，但前提条件不一样，理论就不适用，发展中国家的条件和发达国家不同，在发展中国家运用发达国家的理论，很容易产生"淮南为橘，淮北为枳"的问题。

北京大学在 2016 年成立了南南合作与发展学院（下称"北大南

南学院"），以培训发展中国家的政治精英、社会精英为目标，我有幸担任该院院长，曾跟很多人讨论过怎么办学才更有效。

从组织形态和目标来看，北大南南学院和哈佛大学肯尼迪学院比较相似，都是为了培训发展中国家的社会精英。大家普遍认为肯尼迪学院很成功，为发展中国家培养了许多总统、部长级别的政治领导人，所以北大南南学院应该学习肯尼迪学院的办学方式。如果我们仅仅看培养出的政治领导人数量这个指标，那么肯尼迪学院肯定是成功的，现今世界上没有任何一个教育和培训机构比肯尼迪学院培养的发展中国家的高级别官员更多。但再往下思考，人才培养的最终目的应该是官员们能为国家发展出力。而问题就在于前面说过的结果：这么多年来真正取得成功的发展中经济体少之又少。因此，从这个角度来衡量，我们要对肯尼迪学院的办学效果打个问号，这就好比一家医学院培养了很多医生，但他们无法医治病人，因此我们不能说这家医学院办得很成功。所以，我认为肯尼迪学院成功的标准应该是学生们回国后能为国家发展出力。

现在面临的问题是，尽管二战后每个发展中国家都非常努力，社会精英抱着"去西天取经"的想法到英美求学，再回国当政治领导人，但真正能为国家实现工业化、现代化，消除贫困、实现繁荣出力的人属凤毛麟角。

中国改革开放 40 多年的历程也表明，以西方的理论视角来看，中国到处都是各种各样的问题，这也是"中国崩溃论"一直如影随形的原因之一。中国确实存在各种问题，但中国是怎么取得 40 多年的持续快速发展的？中国在过去 40 多年中没有出现过系统性经济危机，这显然不能简单地仅仅用运气来解释。任何发展中国家都有不少问题，现在的主流经济学是否缺失让一个存在许多问题的国家保持稳定和快速发展的理论？也许，中国为这种理论的产生提供了一片沃土。

中国成功的道理可能会比来自发达国家的道理更适用于发展中国家，更有参考价值。因此，我一直给学生们讲，他们坐在一个理论创新的金矿上，如果去发掘这个金矿，那么他们的贡献将有机会改变人类的命运。千万不要坐在金矿上去发掘煤矿。

怎么去发掘金矿？首先要明白什么是"金"，其次要明白如何发掘，这就涉及方法论。

怎么能不坐在金矿上发掘煤矿？首先，我们要知道什么是金矿，什么是煤矿。金矿是总结中国改革开放的经验进行理论创新，为理论发展和政策实践的改善做贡献。煤矿则是跟着现有理论来做研究，用现有的理论来解释中国存在的问题或用中国的数据来检验现有的理论，为现有的理论做注脚。其次，我们要发掘金矿就必须有民胞物与的胸怀，要知道为什么读书（北京大学的学生应该已经超过了"为了自己的生存，为了混口饭吃"的格局），要有中国知识分子代代相传的使命感，以贡献于国家的现代化、民族的复兴为职志。

在北大当学生是为了学习理论，学习理论则是为了认识世界、改造世界。什么是理论？理论是解释现象背后因果机制的一个简单的逻辑体系，是学者对过去社会经济现象的观察，通过总结现象而构建的一个简单逻辑模型。比如，亚当·斯密《国富论》中的理论是怎么来的？其并不是靠数学模型的推导，而是来自斯密对现象的观察所提出的解释。他通过对自己所处的 18 世纪中期及之前一两百年的认真观察，总结出"地理大发现"以后，有些国家兴盛起来，有些国家发展停滞，他就从观察中不断分析和总结原因。《国富论》的原名是 *An Inquiry into the Nature and Causes of the Wealth of Nations*，"inquiry"一词的意思就是"探索"，对现象的探索——看到的本质是什么，背后的原因是什么。

任何理论都是"刻舟求剑"

当然，大家要清楚，任何理论实际上都是"刻舟求剑"，是对过去现象的观察总结，而社会是一直在变化的。学习理论是为了认识世界、改造世界，而改造世界受条件变化的影响。如果条件不变，那么按照理论去做就没有问题，这就好比船不走水不流，刻舟求剑其实是很好的办法。但如果船动水流，那么刻舟求剑就是愚蠢的方法了。

现在的经济发展理论都来自发达国家，发达国家的条件跟发展中国家不一样，社会发展程度不一样，法治条件、各种技术的发展水平等也都不一样。比如，经济发展一定是劳动生产率水平不断提高的结果，只有经济发展了，收入水平才能提高。怎样才能提高劳动生产率水平？一是现有产业所采用的技术越来越好，二是更高附加价值的产业不断涌现，从而把劳动力、资源从附加值比较低的产业不断配置到附加值高的产业。这是劳动生产率水平不断提高的两个重要机制，即技术不断创新和产业不断升级。

技术创新和产业升级对发达国家与发展中国家产生的作用是一样

的，不同之处在哪儿？发达国家的收入水平、劳动力生产水平都是全世界最高的，产业技术水平也是最高水平，产业附加价值亦如此。在这种情况下，发达国家要想继续进行技术创新和产业升级，必须要靠自己发明创造。相比之下，由于原有技术水平比发达国家低，产业附加价值也低，发展中国家的技术创新和产业升级除了自己发明创造，还可以借鉴发达国家的成熟技术，或引进发达国家的产业。因为所处的发展阶段不一样，前提条件不一样，发达国家和发展中国家的技术创新和产业升级的方式有本质差异。

发展中国家的学者要认真了解这种差异，发达国家的经济学论著里不会教"怎么去模仿"，更多是教"怎么去发明创造"，简单地照搬发达国家的理论就像在流水中刻舟求剑。事实上，即便是发达国家的理论也不一定一直适用于自身，因为发达国家的发展条件也在变化。比如，20世纪30年代经济大萧条以后，凯恩斯主义出现了，在很长一段时间里成为宏观经济学的主流理论，连凯恩斯的坚定反对者米尔顿·弗里德曼都曾说："我们现在都是凯恩斯主义者。"但在20世纪70年代以后，凯恩斯主义的地位被其他理论取代，因为发展的条件变了。

凯恩斯主义出现的背景是什么？1929年，纽约股票市场崩盘，世界经济陷入大萧条，失业率猛增，产能大量过剩，需求严重不足，很多人负债累累乃至破产。在这种状况下，人们的消费意愿、投资意愿都很低，经济陷入恶性循环。由于消费减少，投资变少，需求就更少，过剩产能更高。如果完全按照市场规律运行，经济就会陷入通缩的旋涡，所以经济学家要让政府运用积极的财政政策，实现充分就业，以创造需求，重回良性循环。这个理论是当时急需的，但20世纪60年代以后出现"滞胀"：政府赤字增加，不管是推行财政政策还是货币政策，充分就业和经济增长都无法实现，国家只能面对通货膨胀。这是什么道理？二战后的连续多年的快速发展，使原有过剩产能被充分利用，国家进入了充分就业的经济平衡状态。在这种状态下，即便政府采用再宽松的货币政策，更多的就业和经济增长也无法实现，而通货膨胀会在短期内加剧。

由此可见，来自发达国家的理论，在发达国家都不能保证"百世以俟圣人而不惑"（长期适用），与发展中国家的条件就更难匹配，想"放诸四海而皆准"是不可能的。

不仅发达国家如此，从中国自身实践中总结出的理论也不一定长期适用于中国。比如，在20世纪80年代改革开放初期，乡镇企业蓬勃发展十多年。乡镇企业既不是公有制企业也不是私有制企业，产权关系相当模糊。当时政府对私有制企业有所限制，发展私有制企业面临困难。虽然乡镇企业的产权不太明晰，管理不太好，技术也比较落后，但由于市场需求旺盛（皇帝的女儿不愁嫁），很快就能发展起来。邓小平"南方谈话"以后，情况发生变化，一是意识形态上不再排斥民营企业，二是中国经济开始从短缺走向平衡，甚至出现过剩，乡镇企业于是被民营企业取代。产权模糊的乡镇企业是中国在20世纪80年代的伟大发明，是改革开放初期两个"意想不到"之一（另一个是由家庭联产承包责任制带动的农村经济发展）。人们当然可以找出一种理论来解释乡镇企业当时为什么成功，但当外部条件变化以后，乡镇企业就日渐式微了。如今，全国范围内的乡镇企业已经绝大部分私有化，变成了产权关系明确的企业，支持模糊产权的理论也就不再适用。

何谓"常无"与"本体"

既然理论是"刻舟求剑"，那么用理论来认识世界的方法是否可行？

大多数人从小到大都被要求学习理论以认识世界、改造世界。其实，人们必须有一种"常无"的心态，不能借助任何理论去认识世界，必须以新生儿的眼光观察世界，才不会戴着有色眼镜，为过去的理论或经验所局限，对号入座，以致无法看到现象背后真正的原因。例如，你接受了产权理论，认为私有产权是唯一有效的制度安排，那么，当你看到国有企业效率低下时，你就会将之归因于产权安排的问题，而不会思考是否还有其他因素。这也是为何在20世纪八九十年代苏联及东欧开始转型时，萨默斯会支持以休克疗法推行华盛顿共识的"私有化、市场化、稳定化"。尽管这是当时经济学界的共识，但推行的结果是经济崩溃、危机不断，给予资本密集的大型企业的保护补贴反而增加。

但如果要以"常无"的心态来观察世界，那么我们为什么还要再读经济学？这难道不矛盾？答案是这个世界上有些东西在变，有些东西却不变。任何经济学理论都是对过去现象的总结，世界是变动不居的，前提条件可能发生变化，所以我们不能以现有理论作为观察现象、认识世界的工具，但任何一个学术体系都有不变之处，现代经济学的各个理论中不变的是对人性的假设——任何决策者在做选择时，都会选择可选方案中的自己认为最好的方案，这是作为经济学理论体系之根本的理性人假设，也就是现代经济学理论的"本体"，各种经济学的理论是此"本体"在各种具体状况下的应用。学经济学的目的是学会在各种理论中运用这个不变的本体，去观察世界，解释世界上发生的种种社会经济现象。

在这里，我有必要对理性人假设做进一步说明。许多人误以为，没有任何预算约束、信息完全、不存在交易费用、对全体社会最好的选择为理性。其实，理性人假设是对做选择而言，决策者拥有的信息和预算所决定的可选范围决定了他认为的最佳选择。信息变了，预算变了，或是决策者变了，那么最好的选择也会发生改变。比如，从北京到上海有步行、坐火车、坐飞机等很多方式可选，但哪种是最好的？这取决于各人的预算、时间等。但每个人都会根据自己掌握的信息、资源、条件等，在可选范围内做出自己认为最好的选择。这里的最好选择是在当时的条件、情况下的最好选择，如果未来的条件变了，那么选择也会变。再比如，金融市场上有所谓的"羊群效应"，即不少人在选择股票时，喜欢从众选择，而从众选择可能并不是最好的选择，有人认为这是对理性人假设的否定。其实不然，在股市投资中，多数投资者缺乏对各个公司及整体经济运行情况的了解，那么在这种情况下，从众也是一个理性的选择。另外，有些选择对个人是好的，对社会是不好的。例如，个别商人利用和政府官员的关系去谋取利益，这对社会来说是不好的，但这样的行为也是决策者在给定条件下的理性行为。并且，理性人的选择也可能在事后被证明是错误的。出现错误以后是否要改则取决于改的成本和改的收益。

　　任何经济学理论都在讨论同一个问题，那就是决策者在给定条件下的最佳选择。上至国家领导人，下到平民百姓，当人们面临选择时，总会选择可选范围内的自认为最好的方案。这是经济学的"本体"，任何经济学的理论都是这个"本体"在具体问题上的运用。

　　通过研究经济学来认识世界、改造世界的前提，就是世界一直在变，选择时面对的约束条件也在变。所以，最佳的选择也会随之改变。好的经济学家需要秉持一种哲学观点，即禅宗所讲的"有而不有谓之真有，无而不无谓之真无"。什么是"有"？他们在研究一个现象时，会以理性人假设为出发点，去观察这个现象背后的决策者在给定的信息、预算等条件下所选择的最佳方案。要"有"，也就是要坚持这个作为经济学不变"本体"的理性人假设。什么又是"不有"？任何经济学理论都是讲理性的人如何在某一限制条件之下做出选择，因为条件可能会变，理论就不可能一成不变，条件变了，最佳的选择就变了，所以，人们对待理论须秉持"不有"的心态，否则条件变了，还坚持过去条件下的选择，那就不是理性人的最佳选择了。人们要坚守本体，但对本体的应用要随条件的变化而变化，这样才真正坚守了不变的本体。什么是"无而不无谓之真无"？没有任何具体理论乃是"无"，理论之"无"是本体之"有"的表现，故这样的"无"才不会妨碍对真实世界的现象背后的原因的掌握，故谓之"真无"。学理论是为了体悟"有"，也为了达到"真无"的境界。

　　这是大家应该记住的。

经济学中心随经济中心而转移

循着这个逻辑，经济学理论怎么发展？答案是理论是对现象背后因果机制的解释，其发展一定来自现象的变化。比如，20世纪60年代以前，凯恩斯主义盛行，大家都是凯恩斯主义者。但20世纪70年代以后，经济条件变了，经济理论就发生了变革，过去的理论已经不能解释新现象，现象变化带来理论革命，而不是理论革命带来现象变化。

经济学作为一门独立的社会科学，始于1776年亚当·斯密出版《国富论》，从那时一直到20世纪初，世界上大师级的经济学家绝大多数是英国人或是在英国工作的外国人，其他地方的经济学家的数量非常少。二战至今，大师级的经济学家又绝大多数是美国人或在美国工作的外国人。

为什么会这样？因为经济学理论是一个简单的逻辑体系，理论的特性是越简单越好。那么，什么是重要的理论？解释重要现象的理论。什么是重要的现象？发生在重要国家的现象！

第一次工业革命之后，全球最早的经济中心在英国，这种情况一直持续到一战。一战以后，美国取代了英国的经济地位，但是学术研究中心有将近一代人的落差，所以二战之前，世界经济学的中心都还在英国。二战后，美国经济规模占全世界经济规模的一半，在20世纪五六十年代达到鼎盛。美国不仅毫无疑义地成为全世界最大的经济体，也成为最重要的经济中心，发生在美国的现象就是最重要的经济现象。相对老一些的理论主要来自英国经济学家或在英国工作的外国经济学家，新一些的理论则来自美国经济学家或在美国工作的外国经济学家。

能提出新理论的经济学家，本身并没有什么过人之处，也都是在刻舟求剑，因为理论无非就是他们所观察到的现象背后的因果机制。因此，哪个理论重要，主要取决于所解释的现象的重要性。

按照购买力平价计算，中国现在已经成为世界第一大经济体，在2025 年前后，中国人均 GDP 将超过 12 700 美元，成为第三个由低收入进到高收入的经济体。最迟到 2030 年，即便用市场汇率计算，中国也会变成世界第一大经济体。

中国经济学家现在面临的机会是什么？与一战后美国取代英国变成世界第一大经济体相似，2040—2050 年正是在座的各位作为学者的黄金时期。到那时，各位是要发掘煤矿还是要发掘金矿？仍然沿着发达国家的主流理论来做研究，或是用发达国家的主流理论来解释中国的现象，就是发掘煤矿，这样的理论只是给现有的理论做注脚，没有学术贡献。而以常无的心态来研究中国的社会经济现象，从现象中找出背后的因果机制，最终提出新理论，才是发掘金矿。中国目前所取得的成就在人类经济史上不曾有过，改变了全世界 1/5 人口的命运。现在很多经济学家都在根据主流理论批判中国，非常缺少能真正解释中国为什么行的经济学家。当然，我并不是说经济学家应忽视中国经济中存在的问题，而是在看到问题时，经济学家应了解为何这些问题和成绩相伴而行，理论必须同时解释两者的存在，这样才能找出问题真正的原因以及解决问题的措施。

随着中国的经济地位越来越重要，在中国出现的现象也将越来越重要，解释中国现象的理论就会成为越来越重要的理论。随着世界经济中心向中国转移，世界经济学的研究中心也将会向中国转移。在根据中国现象进行理论创新方面，各位有近水楼台先得月的便利，希望各位要抓住成为大师的历史机遇。

来自中国的理论能更好地帮助非洲等地的发展中国家

在座的诸君生活在一个理论创新的好时代，不仅能抓住机遇，成为大师，而且，还有可能以自己的理论创新，帮助中国和其他众多的发展中国家"认识世界、改造世界"，为人类社会的进步做出贡献。理论的适用性取决于理论的前提条件，中国是一个发展中国家、转型中国家，来自中国的理论会为其他发展中国家提供更多可参考借鉴的"认识世界、改造世界"的思路。

比如，埃塞俄比亚是非洲最贫困的国家，地处内陆，基础设施很差，营商环境也很糟，大家都认为它不可能发展起来。其实，中国在20世纪80年代的基础设施也很糟糕，但就在这样的条件下发展起来了。中国在营商环境、公司治理、国家治理等方面都没有达到发达国家的标准，即便这样，中国也在一边发展一边改善。发达国家的许多经济学家认为经济只能在良好的营商环境中发展，但是，没有任何发展中国家是以此方式把经济发展起来的。

我在世界银行工作时，向非洲国家介绍中国的发展经验以及根据中国经验总结出来的新结构经济学，并据此做了试点，结果是立竿见影的。发展中国家要想实现繁荣，一定要结构转型，推进工业化，发展符合比较优势的、可以出口的制造业，把农村剩余劳动力变成制造业工人。但在营商环境很差、基础设施"欠账"较多的条件下，发展中国家应如何快速实现工业化？如何快速地发展符合比较优势、可以出口的制造业？中国的经验就是集中优势兵力打歼灭战，设立经济特区、加工出口区、工业园等，在这些园区里把基础设施搞好，实行一站式服务，以在基础设施和营商环境普遍不好的情况下，迅速把符合比较优势的产业变成具有竞争优势的产业。2011年3月，我见到了埃塞俄比亚当时的总理梅莱斯，向他介绍了上述思路，他接受了，并付诸实行，只用一年时间就取得了明显的成绩，改变了大家对埃塞俄比亚原有的印象。在2012年之前，大家都认为埃塞俄比亚的投资环境很差，不可能成为现代制造业的加工出口基地，而从2012年到现在，尽管埃塞俄比亚在世界银行的营商指标不断下降（从2012年的第111位降为2018年的第156位），但是在过去5年，其经济年均增长10%，是吸引外商投资最多、工业化进程最快的非洲国家，外商投资额和工业产值都翻了两番。原因何在？这是因为埃塞俄比亚学习中国的"集中力量办大事"，在局部的工业园区内创造有利的基础设施和营商环境。

非洲的领导人也急于把自己的国家治理好。埃塞俄比亚旁边有一个内陆小国叫卢旺达，卢旺达总统卡加梅听闻我帮助埃塞俄比亚改变思路，并取得了立竿见影的成绩，于2013年9月到天津参加达沃斯论坛之前，就先通过使馆跟我取得了联系，希望到时能见个面，谈一谈怎么发展经济。可是很遗憾，他在中国停留的时间，我正好要去乌兹别克斯坦。结果这位总统在北京等了两天，到北大跟我谈了一个下午才离开。他是现任的总统，所以这个故事比刘备的三顾茅庐还感人。

2016 年 9 月，广州召开中非投资论坛，我应邀发表主题演讲，谈中国怎么在不到非洲国家人均 GDP 的 1/3 的基础上取得连续 38 年的高速增长，成为一个中等偏上收入的国家。当时刚刚竞选成功的贝宁总统塔隆对我在论坛上的演讲内容印象深刻，回国后于 10 月派一个代表团到北京邀请我去访问。代表团有 3 个人——外交部部长、财政部部长加上总统个人经济顾问，万里迢迢，专门从贝宁到中国，我当然很感动。不过由于我的很多日程早有安排，不能马上过去，必须要到 2017 年 6 月上完课才能成行。3 个部长组成的代表团专程来邀请一个学者，得到的答案却是"愿意去，但必须在 8 个月以后"，他们有些失望地回去跟总统报告。好在 2016 年 12 月我到塞内加尔开会，贝宁就在塞内加尔旁边，会议日程原定 5 天，我表示可以把在塞内加尔的时间挤出一天来，然后再把回国的日程也延后一天，这样可以有两天时间去贝宁。大家知道，非洲交通不便，从一国到另一国的距离虽然不远，但要到迪拜或巴黎转机，贝宁总统为节约我的时间，派一架专机到塞内加尔接我。最让人感动的是，我于 12 月 4 日晚上 9 点多到达贝宁时，他正在欧洲访问，而 12 月 5 日凌晨 3 点多，他从土耳其搭专机回来，从早上 9 点开始，和我谈了 3 个小时，下午又赶回欧洲继续他的访问。一位总统为会见一位学者，不仅派出专机，而且还临时中断自己在国外的访问千里迢迢赶回来，怎能不让人感动?！他为什么愿意这么做? 因为来自中国的经验和理论对他的国家可能会有帮助。因为这些理论已经帮助埃塞俄比亚走上繁荣的道路，也正在改变卢旺达。发展中国家要实现现代化，一定要从农业社会转型到工业社会。怎么实现这样的跨越？过去的理论没有帮它们取得成功，中国在同样的基础上获得的成功经验，对它们有参考借鉴的价值。当然，任何一个国家的经验都不能全面照搬，但是中国以及东亚经济体的成功经验，以及源自非洲最成功的国家毛里求斯的经验有一个共同点：在不利的总体环境下，政府创造局部有利条件，把本国具有比较优势的产业迅速做大做强。

在此之前，非洲国家所用的理论都是以发达国家为参照系的，看发达国家有什么，能做好什么，就试图去拥有发达国家有的，按发达国家做的去做。我的理论正好相反，发展中国家要根据自己有什么来确定能做好什么，然后在市场经济中由政府创造条件把能做好的产业做大做强。这是参照系的根本改变。

我能想到这些理论并非因为我聪明，而是因为近水楼台先得月，我生活在这个时代，生活在中国。

如果大家能够按照"常无"的心态来观察发生在中国的现象，那么许多与主流理论不同的认识和观点就会产生。中国固然还有许多有待改善的问题，但是不容否认的是过去40多年的发展是人类经济史上的奇迹。中国为何在那么低的起步条件和总体环境一直不好的情况下能有这样的成绩？成功的道理是什么？这是非常值得总结的。

以发达国家的理论来看中国，中国就到处都是问题，但是按照发达国家的理论来解决这些问题，反而可能让问题变得更糟。

中国经济学家坐在这个金矿上，必须要有"常无"的心态，认识到任何现象的背后都是人；要看到现象背后的主要决策者，相信决策者是理性的，理性是不变的。但是，中国的最优选择和发达国家的最优选择可能有所不同，因为条件不同。

新理论来自新现象，中国的现象肯定是新现象，绝不能简单地用国外的理论解释中国的现象。如今的中国，的确是近水楼台先得月。只有生活在这个时代的人，同时又能本着"常无"的心态来观察这个国家和社会的人，才能感受到时代的脉搏，抓住时代给予的理论创新的机会。

中国现象需要理论创新

在当代中国知识分子中，我是第一位学成回国的社会科学博士（1987 年 6 月回国），当然也是经济学人中的第一位。我抱着去西天取经的虔诚心态去芝加哥大学求学。20 世纪 80 年代又是芝加哥大学经济学派的鼎盛时期，刚回国时，我总觉得自己学到了最先进的理论，回国以后可以"指点江山"。但 1988 年的高通货膨胀现象对我产生了一个很大的冲击，这一年是改革开放后第一次出现两位数的通货膨胀的年份，通货膨胀率达到 18.5%，前一次通货膨胀是 1985 年的 8.8%，其他年份基本上没有通货膨胀。

发生高通货膨胀该怎么治理？西方经济学的标准答案就是提高利率、收紧银根。为什么要提高利率？因为利率的提高可以使投资成本提高，投资需求随之减少；同时储蓄意愿提高，消费需求减少，进而带动总需求减少，通货膨胀随之下降。西方主流经济学的任何一个学派都是这么说的，也都会建议这么做。但面对 1988 年的严重通货膨胀，中国政府没有这么做，而是采取治理整顿的办法——利率不动，直接砍投资、砍项目，一时间造成很多所谓的半拉子工程。当时，让我印象深刻的是新大都饭店，有栋新楼原本要盖17层，盖到第14层时就停止了，成为烂尾楼。这是不是很浪费？当时的我支持提高利率，不好的项目自己就会因支付不起利息而主动关掉，好的项目由于回报高，就有条件选择继续建设。从主流的理论来看，砍投资、砍项目的行政处理方式明显是一刀切。因此，我当时完全可以写一篇文章，站在道德制高点上，以弗里德曼、卢卡斯等大师级经济学家的理论为支撑，批评中国政府连提高利率这么简单有效的方法都不知道采用。但我后来一想，如果中国政府不理性，那么它怎么能让中国经济从1978年到1987年维持9年平均每年9.9%的高速增长？这样的增长速度在发展中国家非常少见，而且中国还是一个转型中的国家。换个角度想问题，我就回到了基本点上：中国政府一定也是理性的。从那时起，我悟出了"有而不有谓之真有"，任何理论都是刻舟求剑，人是理性的，中国政府的选择和主流理论的选择不同，是因为中国政府面临的限制条件和主流理论所描述的决策者面临的条件不一样。

改革开放初期，中国有大量的国有企业，数量比现在多很多。这些企业资本密集，规模很大，雇用了很多人，这些企业与国防安全或者社会稳定有关。20世纪80年代的中国还一穷二白，一直到2002年才跨过中等收入国家的最低水平线。虽然中国经济到1988年已经保持了10年的高增长，但中国的人均GDP仍然连非洲国家的一半都不到，资本十分短缺。在这种情况下，提高利率难免会造成资本密集的大型国企大面积亏损。如果国企出现大面积亏损，那么政府怎么办？任其倒闭显然不是最好的选择：一是国企承载着大量就业，如果倒闭，社会就会不稳定；二是很多国企和国防安全有关，也不能倒闭。不倒闭就只有大量补贴，但这会造成政府财政赤字增加，要多印钞票来弥补赤字，这又会反过来加剧通货膨胀。如此分析，中国当时在有大量不能让其倒闭的大型国企的限制条件下，没有按照主流理论通过提高利率治理通货膨胀，而是选择砍投资、砍项目，通过压低需求治理通货膨胀，这是一个理性政府在给定条件下做出的最优选择。

1988 年以后，我就不再用西方现有的理论来看中国现象，遇到问题总是从中国的状况以及面临的真实限制条件进行分析。一路过来，我基本上没有对中国的经济问题和走向看走眼，并逐渐形成一套完整的体系。

世界经济学的研究中心必然会在世界的经济中心，新的现象是新理论的来源，了解这些新现象的先决条件是身处其境。正因如此，当英国是世界经济中心时，大师级的经济学家不是英国人就是在英国工作的外国人；当美国成为世界经济中心时，大师级的经济学家不是美国人就是在美国工作的外国人；而当中国变成世界最大、最有影响力的经济体时，大师级的经济学家也将不是中国人就是在中国工作的外国人。跟外国人相比，中国人还有其他优势——不只体现在语言方面，还体现在对历史文化传统的理解等方面。把握这样的机会就必须要把"本体"与"常无"掌握好，而不能以任何现有的理论作为判断问题的依据，"要从真实世界的现象去想其背后的理论，不要从现有的理论去看真实世界的现象"。

我现在经常面临的情况是，和我争论的人总是用现有的理论来批评我。理论批评应该怎么进行？一个理论是不能用另外一个理论来批判的，只能用一个理论的内部逻辑是否严谨自洽，以及通过理论的推论能不能和所知的事实一致，来达到外洽。

经济理论创新的方法：一分析三归纳

怎么才能抓住这个时代的机遇，进行理论创新？根据这些年的经验，我总结了一个"一分析三归纳"的方法。

一分析指的是面对一个现象时，不要从已有的理论出发来解释这个现象，而要了解谁是这个现象背后的主要决策者，要实现的目标是什么，可动员的资源和面对的限制条件是什么，有哪些选择方案，这些方案的相对成本和收益是什么，哪个方案能更好地实现目标。前面所讲的中国政府在1988年面对高通货膨胀时，采用治理整顿，而非提高利率的办法是理性的表现，就是运用分析的方法得到的认识。

理论是解释所观察到的社会经济现象的一个简单的逻辑体系，而且，理论越简单越好。那么，在模型中只能保留少数几个社会经济变量的情况下，哪几个应该被保留？如何从错综复杂的社会经济变量中抓住影响这个现象的最关键变量？我常用的是归纳法。

第一种方法是当代横向归纳法，即在同一个时代里做横向比较，去归纳某种现象产生的根本原因是什么。比如，计划经济为什么会产生？政治经济学教科书都认为，计划经济是由社会主义的性质决定的，这在逻辑上似乎也说得通，一开始我也接受这种说法，而且，所有的社会主义国家确实都实行过计划经济。但1988年，我开悟了，那年我应邀到印度参会。为纪念被刺杀的英迪拉·甘地，孟买成立了英迪拉·甘地发展研究院，很多印度的和外国的经济学家都接到了参加开幕式后的研讨会的邀请。当时参会的很多印度学者后来成为政府总理或部长，比如，印度前任总理曼莫汉·辛格。会议结束后，印度方安排我到几个地方去考察，包括加尔各答和新德里，以及跟印度的国家计委委员座谈。我当时觉得很奇怪，印度明明是一个以私有产权为基础的市场经济国家，怎么会有国家计委？座谈会开始后，计委委员跟我讨论怎么配置钢铁、化肥这类事情，这让我感觉完全就像在国内参加国家计委的会议。中印两国的社会性质大不一样，一个是社会主义国家，一个是资本主义国家，怎么都有国家计委这种机构？并且连讨论的问题都一样？后来我突然明白，因为这两个国家都试图在一穷二白的基础上优先发展违背比较优势的资本密集型重工业。在开放竞争的市场中，如果违背比较优势，企业就没有自生能力，靠市场自发发展不起来，只有靠国家直接动员资源、配置资源才能发展起来，只有靠国家提供保护、补贴才能生存。重工业的产业规模很大，国家无法靠财政补贴来实现其优先发展，只能靠人为扭曲，把各种投入品和原材料价格压低，进而把违背比较优势的重工业建立起来。人为压低价格会造成供不应求，国家怎么保证非常稀缺的资金、原材料等能用在要优先发展的重工业上？这就必须要有国家计划，要运用行政手段，根据计划来配置资源。如果是社会主义的性质决定了中国实行计划经济，那么印度就不应该有计划经济。当找到这两个国家共同的因素以后，我才发现社会性质对计划经济并不起决定性作用，起决定性作用的是中印都要在一穷二白的基础上优先发展违背比较优势的资本密集型重工业。我把这种研究方法称为"当代横向归纳法"。所以，看到中国的问题时，我们不要马上用现有的理论来解释，要看看其他不同的国家是否也有同样的问题。再举个例子，改革开放以后，腐败和收入分配的问题在中国越来越严重，现有理论认为，这是因为中国采取了渐进双轨的改革，保留了许多政府的干预扭曲，创造了租金，导致了寻租腐败和收入分配的问题。但是，推行休克疗法的国家同样出现了腐败和收入分配的问题，而且问题更为严重，那么，腐败和收入分配的问题就不能简单归结为是渐进双轨改革所致，如果根本原因没有消除，那么即使现在政府对各种价格的干预扭曲被取消，腐败和收入分配问题也不见得能消除。所以，经济学家做研究需要关心国内的问题，眼光则必须超越自己的国家。

第二种方法是历史纵向归纳法。比如，社会主义国家的计划经济最早出现于苏联，它是否在一开始就采取了计划经济？其实，列宁时代的新经济政策并不是计划经济政策，而是以市场自由交换为基础的经济政策。苏联的计划经济始于1929年斯大林推行重工业优先发展战略。如果是社会主义性质决定了计划经济，那么这个国家应该从社会主义革命成功就开始推行计划经济，但它并没有这么做，直到十多年以后要优先发展重工业才开始实行计划经济，那么，计划经济应该是由重工业优先发展导致的。从历史纵向对比来看，哪些因素发生了变化？变化跟重工业有关。斯大林是一个理性的国家领导人，其发展目标是重工业，而当时苏联的经济条件一穷二白，资本非常短缺，无法靠市场自发把资本非常密集的重工业建立起来，所以就采取计划经济，由国家直接动员资源、配置资源，并把资金等要素价格扭曲，来补贴重工业。同样的情形发生在我国，1953年，我国开始在农村推行合作化运动，教科书认为这是由社会主义性质决定的。但是，从新中国成立一直到1952年，政策是没收地主的土地分给贫下中农。直到1953年，国家确立了第一个五年计划，推行重工业优先发展，随后把分给农民的地以合作化形式重新集中起来。可见，合作化的原因来自重工业优先发展而不是社会主义的性质。所以，研究经济现象既要关心当下，也要了解历史，要进行纵向比较。

第三种方法是多现象、多因素归纳法。真实的世界是"因因果果，果果因因"的。一个因会导致果，而这个果则可能成为其他现象的因，如此循环反复。一个理论要想达到"认识世界、改造世界"的目标，则需要明确现象背后的根本原因。如果经济学家从中间因来构建理论，那么以这样的理论来推动社会变革，经常会事与愿违。例如，在资本短缺的经济中优先发展资本密集型重工业，通常会对金融产生抑制。20世纪70年代，麦金农提出金融抑制理论，认为这是发展中国家经济发展不好的原因，建议取消金融抑制，结果却使得发展中国家金融危机发生的频率加快。在一个发展中国家，金融抑制、内向发展、政府干预、腐败等现象会并发，经济学家应该从这些同时发生的现象中去归纳总结其根本原因。

在解释一个现象时，知识分子往往会采用十全大补汤的办法。比如，波特在讲竞争优势时说了好几个条件，其钻石理论提到，一个经济体的竞争优势由4个因素决定：一是发展的产业要利用这个经济体丰富的要素，比如，资本很丰富的经济体就发展资本密集型的产业，劳动力丰富的经济体就发展劳动密集型的产业；二是发展的产业要有很大的国内市场；三是发展的产业要在国内形成产业集群，即有很多企业同时在做这个产业；四是这个产业在国内必须是有竞争的。其实，我们在真正研究问题时，还需要再想想这些因素之间是不是都等价。通过进一步分析，我们就会发现，第一个因素是充分利用相对丰富的要素，这就是一般所讲的要素禀赋结构决定的比较优势。如果一个产业违背比较优势，那么其在国内会不会有竞争力？应该不会。因为如果一个产业违背比较优势，企业在开放竞争的市场中就不会有自生能力，就需要保护性补贴，否则活不下去。国家不太可能同时大量贴补很多企业，毕竟资金有限，只能给一两家企业补贴，那就不会产生竞争，也难以形成产业集群。细细思考以后，波特的 4 个因素讲得头头是道，但其实第三、第四个因素都内生于第一个。如果发展的产业符合比较优势，不用保护性补贴，要素生产成本较低，很多企业自然就会进入市场并进行竞争；反过来，如果发展的产业违背第一个因素，即比较优势，那么第三、第四个因素都不成立。这样一来，4 个因素完全可以归纳成两个因素。在剩下的两个因素里，哪一个更重要？应该是符合比较优势更重要，因为一个产业如果符合比较优势，那么其不仅可以在国内市场上有优势，也可以在国际市场上有优势，国际市场比国内市场还大。这样的分析是告诉大家要学会从无数个同时存在的因中找到最根本的因。

再举一个例子。世界范围内发展好的经济体比较少，二战后，有 13 个发展中经济体达到了每年 7% 或更高速度的增长，这种增长维持了 25 年或更长时间，而一般发达国家的年均增长率是 3%~3.5%，这意味着它们可以大幅缩小跟发达国家之间的差距。2008 年，世界银行有一个增长与发展委员会，委员会由罗伯特·索洛和迈克尔·斯彭斯任主席，集合了20多位委员，他们都受过很好的经济学训练，又曾在所在国家担任过政府部长、央行行长甚至总理等职务，行政经验丰富。这个委员会通过研究这13个成功经济体共同的特性，发现5个特征：一是开放经济，二是宏观稳定，三是高储蓄率、高投资率，四是市场经济或是正在走向市场经济，五是政府积极有为。

这项研究报告发布以后产生了很大影响，因为每个国家都想取得成功，都想借鉴相关的经验。那时，罗伯特·索洛年纪较大（生于1924年），一般不再出去演讲，而迈克尔·斯彭斯年轻不少（生于1943年），很多非洲国家领导人都将他奉为座上宾，希望能通过他找到推动自己国家进步的药方。斯彭斯对他们说："这5个特征是药材，并不是药方。"两者有什么差异？治病当然必须要有药材，但如果治病没有药方，那么药材可以是补药，也可以是毒药。在这种情况下，那些非洲国家领导人该怎么做？

其实这5个特征反映出了一个药方，就是按照比较优势发展。为什么？按照比较优势发展有两个前提。一个前提是市场经济。因为按照比较优势发展是经济学家才听得懂的语言，企业家听不懂。企业家不管比较优势，他们只以获得利润为目标。怎么能让企业家在追求利润的同时也能按照该国的比较优势来选择产业？答案是必须有一个能充分反映该国各种要素的相对丰富程度的价格信号，企业家为追求利润最大化，自然会选择能够使用相对丰富而且价格相对低的要素来生产的产业和技术。这也正是波特所讲的第一个因素，利用相对丰富的要素。

怎样才能有这样的价格信号？只有竞争的市场中才会有这样的价格信号，即市场经济是采用比较优势的制度前提。

既然如此，为什么政府还要发挥积极有为的作用？原因是经济发展不是资源的静态配置，而是产业的不断升级，这个过程需要一个愿意尝试新的产业、采用新的技术的先行者，这种尝试可能成功也可能失败。如果失败，企业就需要对此承担所有后果，提醒其他企业小心；如果企业成功了，后来者就会涌进，先行企业会和后来的企业赚取同样的平均利润。先行企业不管成败都会给后来者提供有用的信息，而失败的成本和成功的收益是不对等的。聪明的企业家会愿意做后来者而非先行者，但没有先行者就不会有技术创新、产业升级。因此，对于先行企业所创造的外部性，政府必须给予补偿。同时，先行者能否成功并不完全取决于企业家是否有才能，还要看新产业所需要的劳动力技术能力、金融支持是否存在，电力供应、港口等基础设施是否完善；这些条件也不是企业家自己所能提供的，只能由政府来协调许多企业或政府自己来提供。而且，不同的新产业的需求也不完全一样，而政府的能力和可动用的资源有限，所以，一个积极有为的政府可以针对产业升级的动态变化来优化其有限资源的使用，即制定一个产业政策。

这也是我跟张维迎教授之间的争论。张维迎教授非常推崇企业家和企业家精神，认为这非常重要，对此我完全赞同，但是企业家解决不了基础设施、金融环境完善等公共服务的问题。即便在最发达的国家里，企业家要不断发明新技术、新产品，也离不开两个部分——D和R。D是 development（发展），是开发新产品、新技术，企业家在成功后可以申请专利，获得垄断利润，企业家对此有很大的积极性。但是，D 要建立在 R（research，研究）的基础之上，也就是基础科研。基础科研的投入往往较大，风险也很大，成功的表现可能也只是发表一篇论文，使其内容成为公共知识，企业家对此就没有很高的积极性。但如果不进行基础科研，那么企业家的新产品、新技术开发也只能是无源之水。所以，即便在发达国家，如果国家无法为企业家提供基础科研支持，企业家就很难发挥才能。企业家像冰山露出海面的部分，但如果没有海平面下面的那一大块冰，冰山就显露不出来。

这样一分析，世界银行增长与发展委员会分析的第四、第五个特征其实就是按照比较优势发展的制度前提。比较优势发展的结果必然是开放经济，因为具有比较优势的产品会多生产，并出口到国外，而没有比较优势的产品会相应地不生产或少生产，因此需要进口。如果国家不按照比较优势发展，那么优先发展的产业本来应该进口，现在自己生产，进口就少了，在给定资源下，有比较优势的产业的资源被挤占，发展少了，或发展不起来，出口也必然减少，这样经济就会变得封闭。发展的产业符合比较优势，企业就有自生能力，产业有竞争力，内生的危机就少。如果国家不按照比较优势发展，那么发展的产业就要依靠政府的保护性补贴，短时间内可能会带来投资拉动的快速增长，但这类企业没有竞争力，效率低下，发展将陷于停滞，国家在自身资源有限又想维持经济增长的条件下，就要去国外借债来投资，这也许还能再维持一段时间，但由于经济没有竞争力，等到国家无法偿还国外债务时，经济危机就会爆发，进而产生各种宏观危机。所以，国家按照比较优势发展，宏观经济会相对稳定，反之，宏观经济会不稳定。按照比较优势发展投资的回报率高、剩余多，储蓄率和投资率也会高；反之，回报率低、剩余少，储蓄率和投资率也会低。所以，增长与发展委员会所发现的表现好的经济体的第一、第二、第三个特征，是按照比较优势发展的结果。

这 5 个特征很全面，但研究者必须要去了解其背后的根本原因。当你看到一个现象由很多因素同时决定时，要再深挖一层，看有无更根本的因素，只有这样才能找到这个现象的真正决定性因素。

以上就是我总结出来的"一分析三归纳"，在观察现象、了解其背后原因以构建理论时，分析和归纳经常是交互使用的。有时是从一个现象的本质出发，分析其决定性因素，有时是先做归纳，再根据归纳出来的决定性因素进行分析。

理论需要现实的检验

许多理论都是刻舟求剑、盲人摸象的结果，不同的学者根据不同的观察视角，对同一现象会有不同的解释，孰是孰非仅能由实践来检验。比如，国有企业经营效益往往比较差，从产权理论来说，这是因为国有企业的产权属于国家，厂长是代理人而非企业所有者，会有道德风险问题。如果这个理论是正确的，那么解决之道显然是把国有企业私有化。从我倡导的新结构经济学来看，大部分国企，尤其是大型国企，除了产权归属国家，还有一个特性就是它们所处的行业一般都是资本密集型行业。当初设立这些企业时，中国是一个资本短缺的国家，不具备比较优势，在开放竞争的市场经济中，没有国家保护性补贴的企业就很难存活。企业亏损不能全怪厂长、经理，因为国家需要企业进入这样的行业，国家需要这样的发展战略。

对国有企业进行保护性补贴有两种解释。一种解释是匈牙利经济学家科尔奈提出的，他认为国有企业之所以有软预算约束，是因为其跟国家之间的关系好比儿子与父亲的关系，儿子做生意亏了钱，父亲总要给予补贴。企业一旦有了软预算约束，就会觉得经营不好也没关系，国家会补贴。由这种解释推导出来的解决方案就是以私有化来断绝企业和国家的关系。

另一种解释是新结构经济学所提出的政策性负担，国企所在行业是资本密集型行业，违背了本国比较优势，有些企业所处行业与国防安全有关，新结构经济学将这种情形称为"战略性政策负担"；或者政府让国有企业承担解决就业、维持社会稳定等责任，新结构经济学称之为"社会性政策负担"。不管是战略性政策负担还是社会性政策负担，它们都是政府强加于企业的，统一被称为"政策性负担"。有政策性负担就会有政策性亏损，国家必须为此负责，即使企业私有化以后，国家也需要继续给予保护性补贴。但是国家并不参与实际经营，不知道企业出现亏损究竟是因为政策性负担还是因为经营不善，所以具体负责经营的厂长、经理就有了借口，很容易将自己经营管理不善所导致的亏损，甚至贪污带来的亏空，都归为政策性亏损，并要求国家来承担。在这种情况下，国家也只能继续给予保护性补贴，以维持运营。

这两种解释看起来都很有道理，但要想知道哪一种对，只能通过实证。苏联、东欧实行休克疗法，大型资本密集型国有企业私有化以后，国家给予的保护性补贴不仅没有减少，反而还在增加。有一些国企私有化以后，效率会有所提高，通常这些国企规模较小，所在的是符合本国比较优势的竞争性行业，并且和国防安全及社会就业无关，在这种情况下，私有化是有效的。企业私有化以后，国家不会给予保护性补贴，厂长、经理在经营管理上会尽心尽责，取得较好效果的概率更大。

从中国改革开放到现在，大型国有企业普遍还没有私有化，很多企业经营的效率不高，于是有人认为政府做得不对，没有将这些大型国有企业私有化。可是，只有真正理解这些国企背后所面临的约束条件，我们才能得出正确的结论。现在面临经营困难的国有企业都是大型的资本极端密集的企业。大型企业不论私有还是国有，经营者普遍都不是所有者。产权理论的有效性主要适用于中小型企业，因为经营者往往就是所有者。大型企业所有者一般都需要雇用职业经理人，所有者与经营者的不一致，在实际经营过程中很容易导致理论上的所谓"激励不相容"。对于企业的盈亏情况，所有者并不十分清楚，只有经营者才真正清楚，经营者很容易利用实际经营权去侵吞所有者的利益。这是在任何大型企业里都有可能发生的事，而不仅仅存在于国有企业。

20世纪30年代，经济学界提出一个命题：现代公司制的大企业竞争不过原有的家族企业。当越来越多的大企业上市以后，怎么解决经营者与所有者的信息不对称和激励不相容？最后发现的一个重要标准是，在开放竞争的市场中，把一家企业的经营状况和所在行业的平均状况做比较。如果经营者取得的利润率低于行业平均水平，这就代表两种可能性：要么经营者能力差，要么经营者侵吞了企业利益。不管是哪种可能性，经营者都应该受到惩罚。如果企业经营状况与行业平均状况差不多，这就说明经营者的能力和道德水准还可以。如果企业经营状况比行业平均状况好，这就代表经营者有能力和道德水准，经营者应该得到奖励，这样才能使所有者和经营者的激励相容起来。所以，解决大企业的经营管理问题并不是靠产权，而是靠市场竞争。电力、铁路等自然垄断产业，没有市场化竞争企业作为参考，通常都经营不好，在发达国家也一样。处于垄断行业的企业，不管是国有还是私有，都需要国家加强监管。在竞争性行业，如果某家企业在参与竞争的同时有政策性负担，那么经营亏损的责任由谁承担就很难说清楚了。因此，解决市场化竞争行业里的大型国企亏损问题并不是靠私有化，而是靠消除政策性负担。

当我们把这些状况都搞清楚，在面临国有企业改革时，就会提出和主流产权理论不一样的解决方案，以更好地改造世界。

现实世界就是如此。比如，盖达尔在俄罗斯担任代总理时（1992年6—12月）推行了休克疗法，后来我跟他有过多次交流。他原来是莫斯科大学的经济学教授，也很热爱自己的国家，但是他推行的休克疗法把俄罗斯搞垮了。他想把俄罗斯搞垮吗？当然不是，他当时接受了西方的休克疗法理论，误以为这样能解决俄罗斯众多国企经营不善和预算软约束的问题。

研究经济学的学者必须要关注现实世界的真实现象，不要被现有理论束缚，要坚持从理性人的角度独立地观察世界，分析现象背后更深层、更根本的原因，自己构建理论去做更合理的解释。但解释也不是绝对正确的，毕竟自己和别人一样都是在盲人摸象，正确与否，要看谁的解释能够不为更多的已知事实所证伪。自己对一个现象提出了一个似乎合理的解释以后，也要对这个解释做几个推论，当所有的推论都不为已知的事实所证伪时，这个解释才能被暂时接受。

在这方面，我有很多经验。比如，1959—1961年的大饥荒，通常被称为"三年困难时期"，很多人将其归因为那三年间的气候不好，使农产品产量大幅下滑。饥荒导致很多人死亡。此外，有人认为当时的管理也存在问题，人民公社成立以后，公社干部都不是农民，采取了很多看起来有道理但实际效果很差的措施；还有一种说法是，当时的公社推行按需分配，每个人的收获与劳动力投入的多少无关；公社规模太大，也导致生产效率低下。这些原因貌似都可以解释"农业减产导致饥荒"。但这些因素在1962年以后都没有了，按照这些解释，之后的生产力水平理应很快得到恢复才对，但实际的生产率一直到1979年推行了家庭联产承包责任制以后才逐渐恢复，直到1984年才达到1952年的水平，所以这些理论一时似乎还说得通，但用来解释这一连串的现象就不行，就需要借助新的理论。到目前，我提出的退出权假说可能是唯一一个不为已知的诸多事实所证伪的解释。

中国是新理论的金矿

对于研究经济学的人，当下的中国既提供了大好机会，也存在着巨大挑战。大家按照现有的主流理论来看中国，可以解释许多存在的问题，按此去写文章也相对容易被国外的主流杂志接受，但可能会错过大时代所赋予的理论创新的机会。要抓住这个时代机遇，除了练好基本功之外，诸位还要有"风声雨声读书声，声声入耳；国事家事天下事，事事关心"的关怀，以及"民胞物与"的胸怀。习近平总书记在 2016 年 5 月 17 日的哲学社会科学工作会议上提到，"这是一个需要理论而且一定能够产生理论的时代，这是一个需要思想而且一定能够产生思想的时代"。[①] 我希望你们作为北大国发院的首届本科生，作为北大之子，要有远大的抱负，不辜负这个时代所给予的机遇，以理论创新推动经济学科和社会进步，成为引领时代思潮的经济学大师。

---

① 人民日报评论部：这是需要理论且能产生理论的时代，http: //opinion.people.com. cn/n1/2019/0719/c1003-31243377.html。

姚 洋
中国经济增长的政治经济学分析

北大国发院可以说是个"小北大"，充分体现了北大"思想自由，兼容并包"的理念：这里的任教老师，从学术观点到研究方法都有很大的差异，百家争鸣，和而不同。

对北大国发院的学生来说，最大的优势之一就是"学生少，老师多"。我们本科生每年招 30 人，硕士生每年也招 30 人左右，博士生每年只招 14~16 人，学生有挑选老师的主动权，基本上处于买方市场。学生可以根据老师的研究方向及研究方法，挑到最适合自己的导师。

北大国发院除了明星教授，还有很优秀的年轻教师。比如，张丹丹老师以前发表论文比较少，但她沉得住气，厚积薄发，在 2017 年的一个月内，她的两篇文章被《经济学杂志》接受，这是非常了不起的成绩。

北大国发院的学生不一定要找很有名气的老师做指导，我更鼓励大家找年轻老师，因为他们处于学术的前沿。比如，李力行老师的博士生马光荣有一篇文章在《美国经济评论》上发表，这是顶级经济学刊物之一。

每一位能进入北大国发院的同学，都是千挑万选后的佼佼者，都有巨大的潜力。大家要胸怀更大的梦想，做出一番事业。

要做有意义的学问

我最近主要研究新政治经济学，这并不是我最早的研究重点。我在美国读书时，碰上一位好导师，他手上刚好有一个关于中国土地制度的研究项目，该项目是福特基金会资助的。所以，我的博士论文就围绕中国农村问题，毕业回国十几年来，我基本上还是做这个领域的研究。

但是从经济学的角度出发，我感觉中国农村当下和未来已经没有太多值得研究的问题，农业占 GDP 的比例已经降到 7.9%（2017 年）。现在，有些同学来找我做导师，还想做有关农村问题的研究，但主要关注点已经不是农业经济问题，而是农村里存在的社会问题或政治问题。我有不少研究项目都是由学生推动的，大家找到共同感兴趣的问题后，就一起研究。

结合我自己的研究经历，我特别想告诉大家一个核心观点：要做有意义的学问。

如果仅仅以在国际刊物上的论文发表数量来看，那么北大国发院未必是中国大陆论文发表数量最多的机构，尽管我们发的论文质量都很好，就像上面提到的几个例子。我认为，北大国发院最值得称道的传统不是发论文，而是坚持做有意义的学问。

什么是有意义的学问？我的理解就是它要跟你所在的国家有关

系，你生活在哪里，就做哪里的学问。我们生活在中国，就应该从中国的实践里去提炼理论，这对学术和国家都有贡献。

在学术研究中，我们要防止两个倾向。一个倾向是留学回国之后还在用美国的数据做文章，这非常要命，但很多人这样做，在中国香港和新加坡的学者更是如此。做这种学问有什么意义？能做得比美国人更好吗？特别是宏观经济学，需要研究者具备一定的背景知识，否则研究者不可能写出优秀的文章。我们对中国最熟悉，就应该做中国的学问。中国目前正处在一个剧烈变革时期，有很多课题值得研究，也提供了很多鲜活的案例。另一个倾向是，回到中国就只研究中国，认为把中国问题研究清楚就行，至于这些研究能否为经济学理论、政治学理论或者社会学理论做出贡献，很多人根本不关心。这又走入了另一个极端，同样不可取。

我担任由北大国发院主办的《经济学》（季刊）的主编已经很久，从投稿中发现带有这两个倾向的作者很多。第一类人是还没有对中国问题进行过研究，第二类人则是陷入了对中国问题的研究，不知道其对于全世界的意义。

汪晖（清华大学中文系与历史系教授）说过，要能从特殊性里发现普遍性。很多人知道汪晖是所谓"新左派"的旗手，虽然他并不怎么在网上发言，但新左派的人都非常服他。当然，也有很多人不太喜欢汪晖，但我觉得他至少在努力地从中国的特殊性中发现普遍性的因素。

因此，做有意义的学问，首先就是能推动学术的进步。

另一方面，有意义的学问还能推动社会的进步。在今天的中国，做学问不能仅仅停留于学术贡献。中国还在现代化的路上，就思想境界而言，大约70%的中国人还生活在19世纪，这就需要知识分子去推动整个社会进步。我把这样一种学问称为"和社会共振的学问"，它不是那种华而不实的学问。

在北大中国经济研究中心，老一辈的研究者奠定了这样一种传统，后面的学者之所以加入，其实也是选择的结果。比如，留美经济学会的多位会长，在回国后其实有很多选择机会，最终为什么会加入北大国发院？因为他们的想法和北大国发院的传统最合拍，他们希望自己的研究成果能影响到中国的政治进程、社会进程和经济进程。北大国发院为学生们提供了这样一个平台，大家应该继承北大国发院的传统：接地气，深入认识中国现实，再结合自己的研究课题做学问。

何为新政治经济学

我个人觉得，政治经济学是学术和现实最容易产生共振的领域，因为政治经济学研究的对象是政治和经济，是社会和经济相连接的部分。

什么是新政治经济学？为什么要加上"新"这个前缀？因为政治经济学在国内有比较特定的含义，是指马克思的政治经济学，研究生产力如何决定生产关系等。现在做马克思主义研究的人也开始重新发现政治经济学，也想研究新政治经济学。

马克思主义政治经济学的研究应该是一种比较规范的分析，比如，在分析时，更多地关注分配关系，以及这种分配关系的对错。

而经济学更多的是功能主义，即出现的某种制度会起到什么样的作用。制度经济学也有新老之分，老的政治经济学有点儿像老的制度经济学。

我留学于美国威斯康星大学，它是老制度经济学的大本营。老制度经济学基本上跟马克思主义一样，分析财产关系、权利分割等，没有经济学里那套标准的成本收益分析方法。而新政治经济学研究的面要广泛得多，比如，政治如何影响经济，或者经济反过来如何影响政治等，并不局限于生产关系如何影响生产力。我下面要讲到官员如何影响经济增长，这个主题跟生产关系不太相关，但可以成为新政治经济学的研究对象。当然，新政治经济学和新制度经济学也有差异，后者基本上是用成本收益办法去研究制度问题，而制度问题比较局限于产权。和老制度经济学不一样的是，新制度经济学研究其中的功能，比如，某种产权安排会导致什么样的结果，老制度经济学则基本不研究这些问题。新政治经济学的研究范围比新制度经济学还要广一些，会研究人与人之间的各种活动如何影响经济增长。

这听起来有点儿抽象，接下来我举几个和学生们一起做的研究的实例。

第一个是我和博士生张牧扬做的研究课题。他现在任教于上海财经大学，当时选的研究题目是《市级官员的表现如何影响他们的升迁》。这需要收集很多数据，当时并没有现成的数据，他花了大量时间收集。2001 年之后的数据在网上都能找到，而之前的数据在网上找不到，他就到图书馆去查找当地报纸。因为市里一开党代会就要换届，会公布相应的结果，他就去查找这些公开资料，这是一项非常艰苦的工作，需要逐一去查 300 多个城市的数据。对做学术研究的人来说，特别是博士研究生，如果想要做一项很好的实证研究，数据就非常重要；如果能拿到别人没有的数据，就总能做出一点儿新东西。

张牧扬研究的这个主题很重要，因为官员在中国的经济活动里扮演着非常重要的角色。中国的官员选拔制度和西方不一样，一般是由组织部先去考察、提出人选，再由党委研究做出决定。这种制度的标准是什么？如果我们仔细看一下《党政领导干部选拔任用工作条例》，就会发现其中有很详细的规定，这些规定涉及很多方面。而张牧扬的研究只关注一个指标，就是官员搞经济建设的能力如何影响个人升迁。这篇文章在经济学学术方面也非常有意义。发展经济学界一直存在一个争论——到底是制度更重要还是人力资本更重要。麻省理工学院经济学教授达龙·阿西莫格鲁认为制度最重要，其实我感觉他有点儿投机取巧，因为说这句话的第一个人并不是他，而是道格拉斯·诺斯，后者是 1993 年的诺贝尔经济学奖获得者。诺斯在《西方世界的兴起》（与罗伯斯·托马斯合著）这本书的开篇就明言：制度是经济发展的第一动力。他认为，资本积累、人力资本等是经济发展的过程，而经济发展的原因是制度。阿西莫格鲁对此只是做了一些完善。现在不少年轻人认为，这个提法是阿西莫格鲁首创，其实并不是。

有一本书《国家为什么会失败》由阿西莫格鲁与詹姆斯·罗宾逊合著。这本书描述了一个很戏剧化的场景：站在三八线上，向北望是一个贫困的共产党执政的国家，向南望则是一个富裕的自由民主的国家，所以制度是重要的。书中还提到朝鲜和韩国曾经的起点大致相仿，后来呈现出巨大的差异，就是因为一边为社会主义，另一边为自由资本主义。这种研究方法用一个英语词"cherry picking"来形容很贴切，意思是专门挑选有利于自身结论的证据。我也可以举个例子。位于西非的利比里亚于1847年正式宣布独立，建立国家的是一群在美国被解放的黑人奴隶，他们搬来了美国的宪法，乃至所有的制度。如今，利比里亚已经成立将近200年，人均收入仍然排在全球倒数第二。利比里亚的英语名字Liberia的意思是"自由之国"。我其实是想说明，举一两个例子并不能说服别人，信服者往往也都是对世界历史不够了解的人。阿西莫格鲁的话听起来似乎很有道理，朝鲜和韩国的状况不就是那样吗？但利比里亚就是一个很好的反证，说明制度并不是最重要的。

那么，人力资本是不是最重要的？这存在争论。

张牧扬的研究第一个要回答的问题是，在一个地方的经济发展中，官员到底起不起作用？2005年时，有一篇文章做过国别研究，考察国家或经济体领导人遭遇暗杀、飞机失事等非自然死亡（非正常换届）以后，新任领导人和非正常死亡的领导人的表现是不是有差异。这项研究发现：民主国家中没有差异，而非民主国家中就有差异，这说明至少在非民主国家中，最高领导人是重要的。

第二个要回答的问题是，官员的表现是否会影响其升迁。其实这在本质上是一个问题的两个链条，首先看官员或最高领导人管不管用，如果不管用，第二个问题也就不用问。

张牧扬这项研究的结果表明：官员对地方的经济增长是有贡献的。通过经济增长，我们可以计算出他们的相对表现，尽管我们不知道他们的绝对能力，但可以了解他们的相对能力。在研究中，我们借鉴了一些劳动经济学的办法，研究经理人是不是对企业的业绩表现有贡献。

官员的经济表现是否对升迁有影响？我们研究发现：其对比较年长的官员是有影响的，具体而言是 49~53 岁这个年龄段。这个年龄段是官员竞争最激烈的时期，在市一级的官员里（相当于局级），超过 56 岁就很难再有升迁机会，因为副部级的升迁必须在 57 岁之前。如果官员再年轻一点儿，比如，40 多岁的官员大多还是后备干部，其经济表现对于升迁就没那么重要了。后来，还有一组老师、同学更新了张牧扬的这项研究数据，统计到了 2016 年，目前统计还在进行中。

几项进行中的实证研究

目前我有几个研究课题，其中一个是研究反腐的作用。有一种说法是反腐在某些层面具有挑选性，当我们去看和本届领导之间的关联是否可以保护官员时，发现和本届领导有关联的官员确实不太容易被查，这是一个结论。另一个结论是，经济表现越好的官员，越容易被查。

这两个结论似乎都不太好，虽然大致符合我们的预期。因为一方面，和现任领导关系比较好的，大概会得到一些保护。另一个问题是为什么经济表现好的官员反而容易被查？首先，经济表现好意味着官员有作为，但很容易得罪人；其次，官员做出成绩也容易被人嫉妒。对于一个市级或省级的官位，不知道有多少双眼睛盯着，其他人随时做好了补位的准备，这也是人之常情；还有一点就是，越是真的要做事的官员，所面临的贪污受贿机会就越多。比如，曾经的明星干部仇和，从江苏宿迁一路升至江苏省副省长，之后外调担任昆明市委书记、云南省委副书记。他任昆明市委书记期间（2007年12月—2011年12月）非常忙，拆拆建建。之后，仇和涉嫌严重违纪，被曝出曾把一个占地几平方千米的项目交给一个长期跟随他的浙江商人，这个商人以2 000多万元作为回报。官员做事时，涉及的各个商家往往就会送钱和各种利益。

我估计北大国发院的有些同学将来可能会去做选调生，然后从政。走这条路要做好一定的心理准备。官员做到一定级别时，比如，县长、副县长，就会面临很多诱惑。有人会把钱送来，然后不留姓名走掉，等他需要找你办事时，帮不帮他？官员如果不做事，那么可能没人找过来。官员一旦开始做事，要进行开发建设，马上就会有人来送钱以换取项目机会。

研究这个问题，我们得出上述两个结论，这在理论上有什么贡献呢？如果我们仅仅是做中国的研究，那么到这个程度已经可以了，这两大发现已经足够显著。当然，这样的文章在国内发表是有难度的，在国外的杂志上发表就容易一些。一方面，相关论据已经坐实了中国的反腐在某些层面有一定的挑选性；另一方面，相关论据也提醒高层，有一些干部其实表现很好，做事的干部值得获得一定的保护。

对于这篇文章能否为政治学理论做出贡献，我和席天扬老师、张倩等在撰写时进行了一些讨论，我们的结论是威权体制面临无法解决的两难：不反腐容易失去民心，反腐又不能太触动跟自己有关联的人，要给予他们一定的保护。而要保护这些人，就又会得罪其他人。

因为研究发现，那些没有上层关系但表现不错的人，反而最容易被查到，这就容易把一批能干的官员清退出这个体制。这种两难的境地也反映出体制本身的矛盾，这就能上升到理论高度，有助于对其他威权政体的理解。比如，俄罗斯也反腐，外界都清楚总理梅德韦杰夫很贪，国防部部长也一样，但普京反腐绝不可能把他们两个抓起来，而先抓其他人，包括一些能干的官员。当一项研究的发现能运用到别的国家时，这就能上升到一般化的意义。

万凤和李力行老师合作了一个课题，研究的是影响官员升迁的因素是否主要是当前任期的表现。比如，某人曾在贵州任省委书记，又调到江苏任省委书记，然后被调到了中央，那么研究主题就是影响其升迁的因素是否只是该官员在江苏任上的表现。这会出现一个问题：中央在选拔人时只看其短期表现吗？不看长期吗？万凤的研究发现：省级领导要升到中央去，其担任市级领导期间的表现非常重要，做过市级主官的官员更容易获得升迁。这个发现也很有意思，但怎么上升到理论的高度？其意义何在呢？这项研究有两个贡献。第一，以前的研究都是在做省内的比较，比如，江苏省现任领导和其过去的领导相比，而要从省级领导升到中央，只有少数省份能做到。从来没有一位青海省委书记能直接成为中央政治局委员，想升迁一定要调到东部沿海省份任职。一般来说，北京、上海、天津、重庆这4个直辖市的书记一定由政治局委员担任或将要成为政治局委员的人担任，接下来，广东的省委书记成为政治局委员的概率也很高，其他省份的省委书记则机会不大。这样一来，广大西部地区不存在变数，4个直辖市和广东也不存在变数——永远是升迁的趋势。那么，他们用省级数据做研究，就只能在边际上做研究。在湖北、山东、江苏等省份中，偶尔有一个人升到了中央，贡献了一个变数，才对这项研究有贡献。第二个贡献是更加本质的，即怎样做才能对官员有正向的激励。只看官员的短期表现就是一种激励，即官员表现好就马上获得提拔；而看官员的长期表现是一种挑选过程，官员要经历很长时间才可能被提拔到更高的职位上。这中间是有差异的：纯粹的激励会让一个官员更看重短期行为——反正是一锤子买卖，当市长时拼命表现可能被提拔到省里，在省里继续拼命表现可能被提拔到中央。当官员们想到中组部可能还要看综合素质时，这会使他们更加关注长期表现。这是我们的第一项研究，研究的是官员的升迁和激励部分的关系。

第二项研究是官员的经验和经济增长之间的关系，主要是我和席天扬老师在做。我们收集了二战以来的几乎所有国家领导人的资料，看他们的履历，发现经验对他们的经济表现有比较显著的影响。一个有意思的发现是，影响官员经济表现的不是其经验的长短，而是经验的多样性，即官员做过多少种工作，尤其是政府部门的工作。在私人部门任职是没有显著影响的，比如，特朗普在私人部门做了很长时间，但这些经验对他从政没有太多帮助。而在政府部门做过的工作越多，比如，当过州长、部长或者做过议员等，对从政越有帮助。换个角度讲，官员的任职经验越多，能力往往就越强，跟人打交道的能力也更强，而这是一位政治家必须具备的关键能力。政府部门是可以培养这些工作能力的。我们用领导人经验的多样性来预测其任内的经济表现，这个结果是非常显著的。我们的研究还发现，在民主国家，这个结果比较显著，而在非民主国家，这个结果不太显著。还有一个发现是，在民主国家，选民在选举时往往选择更有经验的人，这并非不理性，说明选举机制还是有效的。这方面的研究刚刚开始，我们还会做进一步探索。

理论研究

上面提到的都是经验研究，但我也会做一些理论研究，理论研究集中在两方面：一方面是研究利益集团如何影响政治决策，另一方面是研究政治哲学。

目前，我跟别人一起做两个题目。一个题目是民主制和选拔制之间的比较，这是我和经济学院的李绍荣老师合作的题目，他是数学专业的博士。我们完全抽象地去看，民主制是靠老百姓的选票把官员选出来的，一人一票，而选拔制是靠一个委员会来选人的。选拔的流程不一样，选拔的质量恐怕也有差异。我们要考察的问题是，通过选拔制选出来的官员，是否能和民主选举产生的官员一样好。理论上讲，民主制度应该能选出最好的人，因为民主对所有的人都是开放的，比如，对于一个待解决的问题，有能力的人总能冒出来，而选民又是理性的，最终就会选择这个人。选拔制在多大程度上能够模拟民主制呢？选拔制是层层选拔，在特定的人群里选领导人，这就有可能导致选出来的人和要解决的问题不匹配。我们研究发现：如果有足够长的时间，允许选拔制下的委员会学习民主制的选拔思路，环境又比较稳定，那么最终选拔制可以和民主制选出的人一样好。

另一个题目是中性政府和经济发展之间的关系，这项研究已经进行了 10 年，模型修改了多次，现在有了一个比较可信的模型。但把这个模型、机制讲清楚还要我们再下一番功夫。"中性政府"这个概念是我在 2008 年提出来的。什么是中性政府？对于社会里的各个利益集团都采取一种不偏不倚的政策，这样的政府就是中性政府，不和任何利益集团结盟，也不为任何利益集团服务。

如果政府是中性的，执政集团就变成了制度经济学家曼瑟·奥尔森所谓的"坐寇"。他提出了"坐寇"和"流寇"的概念，比如，成吉思汗是流寇，因为他永远都在马背上打仗；而他的孙子忽必烈征服了中原以后变成了坐寇，想永远统治下去，不想也不能再一味地征战杀伐，要让老百姓休养生息，政府再来收税。在这种情况下，坐寇显然要比流寇好。其实，并不是说中性政府就是一个好人政府，只不过作为策略性的选择，它更好一些。

我们的研究得出了一个非常积极的结论：比较平均的社会更有利于中性政府的产生。比如，某个社会里有两个群体，一个是认可政府的群体，另一个是想推翻政府的群体，那么政府就会与认可自己的群体结盟，打压反对自己的群体。而如果两个群体的实力比较平均，也都非常强大，政府就要认真对待每个群体的意见，不能随意而为。我们还在继续做这项研究。

我的好多文章其实是在我的硕士研究生的坚持下写出来的。其中有两篇非常好的文章：一篇发表在《美国政治学评论》杂志（美国政治学界最权威的刊物）上，是我与我之前的硕士生徐轶青写的——《非正式制度与中国农村的宗族和公共品投资》。他来国发院之前在复旦大学读书，非常踏实、执着，他写完硕士毕业论文之后，我以为他就会把那篇文章忘掉，但他后来到麻省理工学院政治系读博士，还在继续修改完善论文，在他博士毕业之前，这篇文章成功在《美国政治学评论》上发表。他目前在加州大学圣迭戈分校任教，是美国政治学界的明星级人物，发表了好几篇有影响力的文章。另外一篇文章是我与钟宁桦一起写的，他本科也是在复旦大学读的，和徐轶青是同学。钟宁桦这次还进入了"万人计划"（国家高层次人才特殊支持计划）。他在香港读博士期间，仍在修改硕士毕业论文《中国企业中的工会与工人的福利》，最后这篇文章发表在国际顶级的期刊《劳工经济学杂志》上，该杂志每期只刊发 7 篇文章，一年只有 4 期。这篇文章发表之后，获得了 2014 年度孙冶方经济科学奖的论文奖。

我感觉北大的同学确实普遍存在一个问题——不能执着地去做一件事。北大同学的思维很发散，很爱想新题目，往往这个题目还没做完就在想下一个题目，因为诱惑确实很多。但我希望大家一定要静下心来，想好了一个题目后把它做好，优秀的硕士毕业论文一定是可以发表的，不仅仅是为了毕业交差。

我研究的另一个方面是政治哲学，这方面的兴趣最早始于1998年。我年轻时喜欢看《读书》杂志（20 世纪 80 年代的知识分子几乎人手一册）。当时，它对年轻的学生影响非常大。我现在非常怀念20 世纪 80 年代，那时大家都有一个聚焦点，比如，大家都喜欢《读书》，都想在这个杂志上发表文章。我留学回来之后，就想着自己已经是一个博士，能不能从读者变成作者呢？我就写了一篇文章向《读书》投稿，当时的两位主编汪晖和黄平都很好，他俩都是新左派，后来因不受自由派待见而被换掉了。投稿之后，汪晖说我写得挺好，但问我为什么不写一写阿玛蒂亚·森，因为这位学者刚在1998年底获得诺贝尔经济学奖。我一听就说："行呀，写。"但没想到写阿玛蒂亚·森那么难。虽然我以前读过他的文章，但那些都是学术文章，而且是发展经济学方面的。后来我发现他主要的贡献在社会选择理论，好在我对此也有兴趣，做过一些研究。当时，我花了一个月时间读他的著作，写出了一篇介绍这位关注最底层的经济学家的文章。阿玛蒂亚·森在获得诺贝尔奖之后基本成了政治哲学家，是这一领域里少数几位领军人物之一。他是哈佛大学的校级教授，获得这个头衔的人待遇很高，比如，政治哲学家约翰·罗尔斯也是校级教授，他虽然没有获得诺贝尔奖（因为没有哲学这个奖项），但他说自己能当校级教授已经足够了。这个职位的特权体现在哪里？假设罗尔斯想在物理系开一门课，物理系不能拒绝他。我觉得北大也应该学习这种做法，比如，博雅讲席教授可以到任何一个院系去开课，这是一种荣誉，说明其成就已达到了一定高度。从那时起，我对政治哲学开始有兴趣，并进行一些研究。

有关儒家与当代治理的研究

因为研究政治经济学，最近我开始研究儒家和当代治理。

中国人民大学的哲学系博士秦子忠找到我，对我提出的中性政府理论感兴趣，我们就不停地交流，看能否碰撞出火花，一起写文章。值得注意的是，现在经济学的文章很少是一个人单独写的，基本都是合著的，所以交流极其重要。如果一个人从理论模型一直到实证都是单独做研究，那么很长时间才可能取得有价值的成果，才能获得终身教职。有些人做理论模型很好，有些人做实证很好，合作能发挥各自的优势，事半功倍。秦子忠如今在海南大学教书，主要研究儒家，我们就交流出来一个可以合作研究的方向：儒家怎么对当代治理产生影响。

我曾对自由主义做过一些研究，自由主义主要包含 3 个原则，即个人价值、个人自决、平等，但"平等"是指抽象意义的平等，人与人之间生而平等。这种平等实际上只是一个口号，并不是对现实的描述，因为在现实中，人人生而不平等。好比人人生来就有美丑之分，经济学家对此做过研究，长相的好坏对求职、薪酬水平都有影响。人的出生背景不一样，智力水平也有差异，所以抽象的"平等"其实和个人价值、个人自决是有冲突的。

在一张照片中，一个非洲的小女孩将要饿死，不远处有只秃鹫在等着，这幅名为《饥饿的苏丹》的作品于 1994 年获得普利策奖，可惜的是摄影师凯文·卡特在照片发表后承受着极大的舆论压力，大家认为他太残忍，最后他自杀了。对于这样一个小女孩，我们能说她和比尔·盖茨是平等的吗？或者即便我们强说比尔·盖茨和这个小女孩是平等的，可这有任何意义吗？从这个角度讲，自由主义建立在这样的"平等"观念之上，是虚伪的。

我刚到威斯康星大学读书时，第一个导师是威斯康星人，他的第一份工作是去美国西北部一个很贫困的州当老师，那里的学生普遍很笨。我估计他不敢对美国人这么说，因为我是个外国学生，他就跟我交流这些，还说"你真聪明，数学真好啊"。我告诉他，中国学生的数学都很好，我自己考 GRE（美国研究生入学考试）时的数学分数并不算高。他告诉我，当时有个学生很笨，但他还得说："你可以的，试一试吧。"其实他自己在心里真正想说的是"回家吧，你根本不够格"。这是美国的问题，其实有些学生根本不具备读大学的资格。这映射到选举投票上就产生一个问题：是不是每个人的选票都同等重要？

中国的传统儒家，特别是孔子和荀子都非常现实，我称之为"积极的现实主义"。孔子曾说过"唯上智与下愚不移"，意思是很聪明的人，不可改变；很笨的人，也不可改变；只有中间资质的人可以改变。孟子说人有四端，主张人性本善，只要去努力，每个人都可以变成一个好人。到了荀子，基本上又回到孔子的观点，强调后天的学习、环境等对人性的影响很大。总而言之，儒家除了孟子，基本都坚持人生来有差异，这是一个很现实的描述。但人又是平等的，这种"平等"是建立在承认差异的基础上，我称之为一种"资格的平等"，就是说人要拥有一定的资格后，才能有一定的平等地位。这映射到现代的政治治理结构上，就意味着可能并不是每个人的选票都应该有同等的分量。事实上，美国的开国者们在设计选举制度时已经想到这个问题，采取的是选举团制度，即由各州的选民先选出选举人，再由选举人来选举总统，并非由所有选民直接选举总统。按照一开始定下的宪法原则，这些选举人可以根据自己的意愿做出选择，而无须根据所有选民的意愿做出选择，因为他们有足够的判断力。这显然更符合孔子或儒家的政治哲学，只有拥有一定资格后才可以做这样的事情。当然，经过 200 多年的发展，美国的选举制度越来越趋向于民主，唯一保留下来的是根据各个州的选举人票数来决定最后谁当选总统。在 2016 年美国总统选举中，特朗普实际上占了便宜，他的大众票数比希拉里要少 200 多万，如果选举发生在完全民主的国家，那么希拉里应该当选总统，但特朗普获得的选举人票数更多。

意识形态与学术研究的关系

我的另外一项工作是研究当代的中国体制。这是我一个人在做，因为其涉及理念的问题，很难跟别人合作。

我的理解是，中国体制是一个混合体制，混合了君主制、贵族制和民主制。如果从这个角度来理解当代的中国体制，我们就能得出新的观点。

当然，这个体制不是完美的，还有许多可以并值得改进的地方。如果你对此有兴趣，就可以看我从 2016 年下半年到 2017 年上半年在《南风窗》杂志上发表的一系列文章。在一篇文章中，我讲到可信承诺与宪政之间的关系（题为《可信承诺与国家治理现代化》）。很多人一提宪政就非常害怕，但邓小平说过："计划经济不等于社会主义，资本主义也有计划；市场经济不等于资本主义，社会主义也有市场。"[1] 我想说的是，宪政也不是西方民主的特权，社会主义也可以、也应该搞宪政，我们在共产党领导下也同样需要宪政。因为如果你具

---

[1] 《邓小平文选》（第三卷），人民出版社，1993 年。——编者注

体去分析宪政的功能，就会发现它实际上就是分权和监督。在共产党领导下，最高领导人不可能一个人把所有事情都做了，委托代理的关系仍会存在。对于这些受委托的人，权力应该划分清楚，而且应该有监督。现在的对宪政的讨论过分强调价值，甚至动不动就意识形态化，这不利于讨论的开展，是有害的，我们真正应该做的是，认真考虑其功能，提出建设性的方案。学者可以有意识形态，但更要有做学问的独立态度，不能让学术成为意识形态的附庸。

当然，意识形态会影响甚至决定你的研究兴趣和选题。我心目中的榜样是阿玛蒂亚·森，他选的课题跟个人的意识形态高度相关，而且他从不避讳自己是一个左派经济学家。他选的课题，比如，对饥荒的研究，就好比是西方国家的背上的一根刺，让西方国家感到很疼。他说饥荒并不是因为食物短缺，而是因为食物的分配有问题，西方国家的食物实际上都是过剩的，但宁肯扔掉也不支援发展中国家，也不想让价格降下来。大家都认为阿玛蒂亚·森在 20 世纪 70 年代就应该获得诺贝尔奖，但当时他没能获得诺贝尔奖，因为整个 20 世纪 70 年代西方都在向"右"转，而他是左派。到了 20 世纪 90 年代，西方又都向"左"转，欧洲的左派掌权，美国的民主党上台，所以 1998 年他才最终获得诺贝尔奖。获奖之后他给在印度的母亲打电话说："妈妈，我得奖了。"他甚至都没说自己得的是什么奖，因为在那 20 多年里，大家都认为他应该得到诺贝尔奖。

所以，并不是说学者在研究中不应该有意识形态，而是不能让意识形态指挥自己的研究——具体的研究过程不应该掺入意识形态，更不能让意识形态主导。当你的研究发现和你的意识形态相左时，你应该相信自己的发现而不是屈从于意识形态。罗伯特·福格尔在计量经济史学方面做出了开创性的贡献，在1993年和道格拉斯·诺斯同时获得诺贝尔经济学奖。福格尔年轻时是一个民权运动分子，甚至和一个黑人结了婚。但一段时间后，他发现美国民权运动在20世纪40年代根本搞不起来。20世纪50年代，麦肯锡主义横行，压得美国人喘不过气来，民权运动更没有希望。所以，福格尔决定去读书，他的目标是研究历史，证明美国南方的奴隶制不仅在道义上是失败的，而且在经济上也是失败的，即奴隶制是无效率的。结果他研究了十多年，最后得出了跟自己观点相左的结论：南方奴隶的营养状况比北方自由工人还要好。这让他自己也吓了一跳。对于要不要对外公布这项研究，他犹豫不决。后来，他又用3年时间把数据重新梳理了一遍，发现结论还是一样的，是正确的。最终，他决定让《苦难的时代：美国奴隶制经济学》（与恩格尔曼合著）一书出版。在该书的结尾处，他说："南方奴隶制依然是坏的，这个制度之所以是坏的，是因为它本来就是坏的。"他的研究结论是成立的，奴隶制时期的美国还不富裕，奴隶作为奴隶主的私人财产，是一种生产资料，而且从事重体力劳动，只有获取一定的营养才能把活儿干好。北方的自由工人不是资本家的私有财产，不干活儿就赚不到钱，就算饿死了也不关资本家的事，后面还有很多人等着去干活儿。在福格尔发现这些成果之前，大家根本不知道这些情况，也没有往这方面思考，因此，他的研究结果是非常重要的发现。

罗伯特·福格尔还开创了计量经济史学。我非常鼓励大家去做经济史的研究。我的一个博士生游五岳，立志做经济史研究。她本来跟着汪丁丁教授，结果汪老师退休了，就把她介绍给我，刚好她丈夫也是我的学生。游五岳很下功夫，要做经济史、共和国史、党史的研究，她甚至想把图书馆的县志全都电子化。我支持她的行动，给了她5万多元经费，她找人去进行电子化，前后花了两年多时间，最后还推迟了一年才毕业。功夫不负有心人，在毕业之前，她还担心找不到工作，我告诉她不用担心，她做得非常好，会有人来抢她的。最后，果然有好几个机构抢她，她自己选择了到中央财经大学任教。

在我的印象中，北大国发院至少已经有两个博士研究经济史，游五岳之前还有一个彭凯翔，他是很传奇的一个人，如今是河南大学教授。他在北大国发院没拿到学位（严格地说是他自己拒绝了博士学位），因为他的马列课论文不合格。老师认为论文不合格，他认为老师没看明白论文。按照国发院的规定，如果必修课成绩不及格，学校就不会授予学生学位证书。他说："不毕业就不毕业，我不要这个博士学位了。"为此，北大国发院的老师还去找马克思主义学院的老师沟通，对方说："他重写一篇文章可以，但之前这篇文章想合格，没门儿！"彭凯翔决定不重写，所以他最终是自己拒绝了这个博士学位。现在，他已经成为我国经济史领域年轻学者中的领军人物。我记得当年面试他的时候，他就是候选名单里的最后一名，尽管他的书面考试成绩不怎么突出，但我跟卢锋老师都觉得他非常好，决定录取他，为此还要刷掉前面很多人。结果证明我们的判断是对的，我和卢锋也算是做了一回伯乐。

我讲这些实例是想告诉大家，做学术研究一定要能下笨功夫，否则不太可能获得有影响力的研究成果。

学术合作与人文关怀

我带的学生比较多，通常有十四五个，再加上毕业生也已经不少，所以这些毕业生有时候就说自己是"姚门"。他们这么说，不仅是对我的尊重，更喻示着今天的学术已经不是个人英雄主义的时代，需要更多的合作。

每年都有这么多学生，仅靠我一个人的精力肯定指导不过来，所以我就鼓励学生们之间学会合作，这也是学术趋势。同学们不仅跟其他在读同学合作，还跟已经毕业的师兄师姐们合作。我的办法就是开小组会，小组会特别能体现科学研究中传帮带的过程。对刚入门的学生来说，不上手去做，永远不能真正学会做研究。以整理数据为例，很多同学在拿到数据后，发现其中有所缺失，他们不是去补全数据，而是把数据扔掉，这太浪费了！这么做根本对不起那些中国家庭动态追踪调查、中国健康与养老追踪调查的调查员，因为调查员付出了很多辛勤的工作才取得那些数据。新学生就像过去的学徒工，要在学徒的过程中不停地自我磨炼，我的小组会就是干这件事的，大家有一点儿研究成果就可以拿来讲，其他同学和我给予评论，这其实是一个学术共同体，可以互相促进。每个人的奉献都会有回报，英语里有一句谚语"Nice men finish first"（好人先成功），要记住这一点，积极参与最终会得到回馈。

对于学生们，我的指导办法是共同研究加独立研究。

对于硕士研究生，我一般让他们一起选一个论文题目，同学们自己做研究并跟我讨论，然后再写出来让我评论。对于博士研究生，第一篇论文的题目一般是由我来定，他们写完我再评论，中间不断修改，一定要达到发表的水平；第二篇论文的题目我很有可能只给一个大体的方向，剩下都是他们自己去想该怎么做；再之后的文章，他们就要自己去找选题，做研究，并完成撰写。这也是一个传帮带的过程，我不可能期望大家一开始就能写出一篇很好的文章，这都是慢慢练出来的。我对学生发展方向的看法是，鼓励硕士研究生出国继续深造，但也不是说一定要出国，对于有些同学，我反而不鼓励他们出国。比如，我的第二批硕士研究生里有一个女学生，她叫邱天，也是复旦大学毕业的，非常优秀，但是她的数学基础不是很好。当时她想出国，询问我的建议，我说话比较直接，建议她在国内找工作，不必出国。她后来告诉我，这个建议让她哭了一夜，好像意味着她不如别人。其实，她后来进了麦肯锡工作，她是北大国发院硕士毕业生里第一个找到这么好工作的人，而且进去之后就独当一面，到今天为止的职业生涯都非常漂亮。

当然，许多北大国发院的硕士毕业生都选择了出国留学，有些学生在国外找到了很好的教职，最好的学生进入了哈佛商学院，还有学生进入了普渡大学、加州大学圣迭戈分校、密歇根大学、威斯康星大学、加州大学洛杉矶分校、北卡大学、华盛顿大学等。也有很多学生直接留在国内工作，留在金融界的学生居多，这也形成了一个北大国发院的小团体，使北大国发院在经济分析这个领域占有绝对统治地位，因为这是北大国发院毕业生的长处。有些同学抱怨北大国发院没有实践课，但实际上我们的国际MBA（工商管理硕士）课程完全向研究生开放，喜欢实践课的学生可以去听我们和福坦莫大学合作的全球金融硕士 MBA 课程，学院还有别的 MBA 课程，我们的学位教育项目非常丰富。即使学生不选这些实践性课程，在北大国发院的学习内容也是足够的，我们应该清楚自身的优势在哪里，不用去跟经济学院或者管理学院的学生比。因为他们在前端，更接近实践，而我们在后端，更注重分析。当然，在实践方面，北大国发院培养出来的优秀人才也很多，比如徐高，他已经任职光大证券资产管理有限公司的首席经济学家，这么年轻就已经在业界很有名。我的大多数博士研究生在毕业后都进入高校，粗略统计，2 名学生在北京大学，3 名学生在中央财经大学，其他学生分别在复旦大学、中山大学、南京大学、对外经济贸易大学、中国人民大学、北京师范大学等。当然，也有的毕业生从政或进入其他行业。比如，有个学生叫柳庆刚，他当了选调生，现在是广西壮族自治区一个乡的党委书记，从基层做起。但总体而言，我对于博士生的培养还是希望他们能专注于学术，大家花了 5 年工夫在北大国发院读博士，目标还是要在高校从事学术工作。

我的博士生毕业时，我会尽力推荐。只要我觉得哪个学生有潜力，我就会不停地打电话，告诉对方这个学生有多好。其实，这也是导师的责任之一。国外也是如此，如果导师不帮忙推荐，学生就很难找到合适的工作。当然，导师只能帮到一定程度，到了最后面试那一关，还是得看学生自己的本事。

我对自己的学生是非常在乎的，如果哪个学校在招聘中不平等对待我的学生，我就会据理力争。我的第一位博士生有小儿麻痹，但她的博士毕业论文写得很好，构建了一个很复杂的模型，发表在《经济研究》杂志上。她在应聘时，完全符合南京大学经济学院的录取条件，结果学校的人事部把她刷了下来，称她身体有残疾没办法正常上课。我对此非常气愤，马上给时任南京大学党委书记打电话，投诉他们的歧视行为，因为除此之外没有任何正当的理由刷掉她。我同时还给北大当时负责学生工作的副书记打电话，请他跟南京大学再交涉。最终南京大学履行了聘任，这才是一个合理的结果。

张维迎

中国经济增长——关于市场的两种不同范式

天文学是一门关于天体运行的学说，而经济学则是关于市场运行的学说。天文学史上曾经有过两种范式：一种是地心说，另一种是日心说。地心说在很长一段时期内统治着世界。其实，早在公元前300年左右，古希腊天文学家阿里斯塔克就提出了日心说，但得不到认可。直到1543年，哥白尼发表了《天体运行论》，长期统治世界的所谓托勒密体系最终才被替代。这个过程也很漫长，并不是《天体运行论》一发表，大家很快就接受了日心说。

关于市场运行，经济学领域也有两种范式：一种是主流的、正统的新古典经济学的静态均衡理论，另一种是奥地利学派和熊彼特的动态非均衡学说（可能有些同学很少关注甚至从来没有听说过）。可以说，主流的新古典经济学存在的问题很多，在解释市场运行时漏洞百出、捉襟见肘。但直到今天，统治学界的仍然是新古典经济学，而奥地利学派则处于非常边缘的状态。

主流的新古典经济学在逻辑体系上存在很多悖谬之处，我总结了8个方面，但不止于此。第一，市场的有效性与市场存在的基础是矛盾的；第二，市场的有效性与创新是不相容的；第三，市场的有效性与市场的有序性是不相容的；第四，外部性理论与技术进步的事实是矛盾的；第五，资源的有效配置与经济增长是不相容的；第六，市场的有效性与计划的可行性在逻辑上是等价的；第七，外部性市场失灵与垄断性市场失灵是矛盾的；第八，垄断理论与代理理论是矛盾的。

新古典经济学的 8 个悖论

第一个悖论：市场的有效性与市场存在的基础是矛盾的。

新古典经济学想证明的是，完全竞争的市场是最有效的市场，对于完全竞争的任何偏离都会导致资源配置的效率损失。而我们知道，完全竞争的前提是没有规模经济，没有收益递增，或者说生产函数是一个凸集。这就意味着，完全竞争与规模报酬递增是不相容的。但从另一方面想，为什么会存在市场？因为有分工，而分工的优越性恰恰来自报酬递增。因此，我们可以判断，按照主流的新古典经济学，最有效率的市场是以市场不存在为前提的，分工、专业化等这些导致市场出现的因素反倒成了市场失灵的因素。这被经济学界称为所谓"看不见的手"与"别针工厂"的矛盾："看不见的手"——亚当·斯密用来指称市场的有效；"别针工厂"——亚当·斯密用来分析分工如何促进效率的提高与技术的进步。

第二个悖论：市场的有效性与创新是不相容的。

完全竞争由于是报酬递减的，所以才可能演变出一个原子模式的市场——每个行业都有无数家企业采用相同的技术、以相同的成本生产完全相同的产品，产品之间没有差异。如果我们画出相应的需求曲线，那么每家企业面临的都是具有无限弹性的水平需求曲线。而创新意味着与众不同，是用不同的生产方式生产出了不同的产品，即差异化。差异化就意味着需求曲线不再是水平的，而是向下倾斜的，不可能有无限弹性。因此，完全竞争和创新是完全不相容的。也就是说，要实现完全竞争就不能有创新，因为这会破坏完全竞争的条件；或者说，按照新古典经济学的逻辑，创新一定会导致垄断，带来资源配置的效率损失。

第三个悖论：市场的有效性与市场的有序性是不相容的。

按照主流的经济学理论，最有效的市场是原子模式的市场，每个生产者都是无名小卒，不能有自己的品牌。消费者也无法在众多的生产者中做出区分，任何一家企业卖的产品都是完全一样的。但是，在真实的市场上，由于信息不对称，品牌是非常重要的。生产者对消费者的承诺，是生产者吸引消费者以及消费者监督生产者的重要手段，是市场有效运行不可或缺的机制。我们可以想象，假如一个行业里没有品牌企业，全是原子模式的企业，生产者就不可能获得消费者的信任，不可能解决坑蒙拐骗等欺诈行为，市场无法有效运行。因此，按照新古典经济学的逻辑，最有效率的市场必然是无序的市场；反过来说，有序的市场一定是没有效率的市场。

第四个悖论：外部性理论与技术进步的事实是矛盾的。

按照主流经济学的理论，外部性的存在会导致个人最优与社会最优的不一致。尤其是如果市场存在着正的外部性，如创新和技术进步存在溢出效应，那么在竞争的市场上，创新的个人和企业并不能获得创新带来的所有好处，因而一定没有足够的积极性进行创新。这样的话，在市场经济中，技术进步一定会很慢，只有当创新者得到政府补贴时，创新速度才会足够快。

而我们观察到的事实如何呢？从全世界范围来看，市场经济的存在只有200多年的历史，但这一时期的技术进步是人类有史以来最快的。自第一次工业革命以来，全世界已发生了三次工业革命，眼下第四次工业革命正在进行中。这几次工业革命都是创新的结果，新技术层出不穷，新产品不断涌现。马克思在1848年与恩格斯合著《共产党宣言》，他讲得非常清楚：资产阶级在不到100年的阶级统治中所创造的生产力，比过去一切世代所创造的生产力还要多、还要大。正是市场经济中快速的技术进步才使得人类走出了长期以来的马尔萨斯陷阱。所谓的"马尔萨斯陷阱"是指任何生产的增长都会被人口的增长抵消，所以人类的生活水平得不到提升，这在第一次工业革命之前基本上是事实。另一方面，那些经济由政府主导的国家的技术进步往往是最慢的，甚至是停滞的，即使其有技术进步，技术进步也主要集中在少数军事工业上，或者说其主要利用市场经济国家开发出来的技术，甚至盗用新技术。

第五个悖论：资源的有效配置与经济增长是不相容的。

这一悖论是由前四个悖论推导而来的。按照主流的经济学理论，最优的资源配置要求市场是完全竞争的，不能有规模报酬递增，不能有创新，不能有品牌，但经济增长的真正源泉来自分工和专业化、创新和技术进步以及市场规模的扩大。而这些都依赖于规模报酬递增和品牌，如果一个市场中都是没有品牌的企业，市场规模就不可能扩大。因此，按照新古典经济学理论推导出来的结论是，市场要有效，经济就不能增长；反之，经济要增长，市场就不可能有效。两者只能选其一。

第六个悖论：市场的有效性与计划的可行性在逻辑上是等价的。

新古典经济学是证明市场有效性的理论，为此采用了一整套严格的数学方法，需要一系列假设条件，包括偏好、资源、技术给定、完全竞争和完全信息等。这意味着：一方面，市场的有效性以这些假设为前提，任何一个假设的不满足都会导致市场的失灵；另一方面，如果这些假设都得到了满足，市场就是有效的，但如果同样的条件得到满足，那么中央计划也是有效的。所以从理论上讲，市场经济的有效性和计划经济的有效性是等价的。

关于这一点，波兰经济学家奥斯卡·R.兰格在20世纪30年代就用新古典经济学的模型证明了计划经济的可行性，他和米塞斯、哈耶克等人进行了激烈的争论。在兰格的文章发表后，很多经济学家认为他的证明在逻辑上无懈可击，这场争论中米塞斯、哈耶克是失败的一方。因此，如果某个人真的认为新古典经济学是一套好的市场理论，在逻辑上就不可能是计划经济的反对者，至少不可能在计划与市场之间做出优劣之分。

第七个悖论：外部性市场失灵与垄断性市场失灵是矛盾的。

按照新古典经济学理论，市场失灵有几个原因：第一，外部性；第二，垄断；第三，信息不对称。前两类市场失灵，都是单独地与完全竞争模型相对应而产生的，并且都成为政府干预市场的理由。但很少有人想过，这两种理论本身是相互矛盾的。按照外部性市场失灵理论，如果负的外部性（比如企业在生产时排污）存在，那么利润最大化的决策将导致产量大于社会最优，因为没有考虑到外部成本。而按照垄断性市场失灵理论，如果企业有垄断市场的定价权，那么利润最大化的产量将小于社会最优。这意味着：一方面，如果负的外部性导致生产过多，那么垄断倒是一件好事，因为垄断的存在使得生产者不会生产那么多，可以矫正负的外部性带来的效率损失；反过来，如果垄断存在，那么负的外部性也成为一件好事，因为外部性可以使生产者生产更多，矫正垄断导致的效率损失。至于矫正到何种程度，最终的产量究竟是过多还是不足，或是刚好等于社会最优，这是个经验问题。至少理论上不能既反对负外部性又反对垄断！

第八个悖论：垄断理论与代理理论是矛盾的。

根据新古典经济学理论，垄断者利润最大化的产量低于完全竞争情况下的均衡产量，因而会带来效率损失——生产不足。但根据代理理论，信息不对称会导致道德风险。由于存在道德风险，企业经理人的目标不是利润最大化，而是销售收入最大化或市场规模最大化、影响最大化，因为他不是企业的完全所有者，更在乎自己的权利，比如，建立了一个商业帝国，哪怕这样做可能导致利润减少。如此看来，如果垄断利润最大化的产量不是社会最优的，那么道德风险可以缓解垄断导致的效率损失；或者说，如果道德风险代表一件坏事，那么垄断反倒可以缓解道德风险带来的效率损失。至少理论上不能同时反对垄断和道德风险。

上面所列出的这8个悖论，并不是我提出的什么新主张或新观点，而是完全的逻辑推导出来的结果。这意味着主流的新古典经济学的范式存在很大问题。对于新古典经济学，很多人都在批评，但大部分的批评都针对其美化了"市场"的作用。我不这样看。

静态均衡范式和动态非均衡范式的六大差异

接着，我们看奥地利学派和熊彼特的动态非均衡学说有何不同。在广义上，奥地利学派包含了熊彼特经济学，但现在的奥地利学派经济学家一般认为熊彼特不属于这个门派。尽管无论从他的出身（生于奥地利），还是其导师庞巴维克来看，他都跟奥地利学派颇有渊源，但他所走的道路跟其他奥地利学派经济学家不太一样。不过，我认为两者的差别并不是那么大。

静态均衡范式和动态非均衡范式的差别主要有以下几点。

第一，如何理解"人"——对人有什么样的假设条件？第二，如何理解经济决策——究竟是给定目标-手段下的计算问题，还是选择目标和手段本身的判断问题？第三，如何理解市场和竞争——市场是一种状态还是一个过程？第四，如何理解价格的功能——价格是否包含了所有信息，价格怎么调节人的行为？第五，如何理解变化——变化是内生的还是外生的？第六，如何理解企业家精神？

这些问题并不一定是相互独立的，可能是相互交错在一起的，尤其是第一个问题（如何理解"人"）在其余几个问题的探讨中都回避不了。

第一，新古典经济学最基本的模型都假设人是无所不知的、具有无限理性的，而且所有人是一样的，相互之间没有差异，具有同等的理性程度。所以，经济学模型经常使用代表性的企业或个人，这意味着研究了这个所谓的"代表"就等于研究了所有人。后来，信息不对称理论出现了，恰恰是在无所不知的情况下，市场有效性才能得到证明，信息不对称理论由此变成了市场失灵理论。比如，约瑟夫·斯蒂格利茨对信息不对称理论做出了巨大贡献，他就是一个反市场的人，大力宣扬信息不对称是如何导致市场失灵的。第二，新古典经济学模型假定市场是一种状态，认为市场的基本特征是均衡和稳定，如果这两个任务完成了，那么对于市场有效性的证明就大功告成了。第三，市场的基本功能是在给定资源、技术和偏好等条件下，如何在竞争性的目标之间分配不充分的资源，比如，面对个人消费的选择——年收入给定、偏好给定、有一定的消费技术（比如，一个人吃了一个苹果会转化成多少热量），以及假定价格是唯一的协调机制，这时该如何分配给定的收入以使效用最大化。这里所说的价格是非人格化的，每个人做出自己的预算时都是价格的接受者，而价格会根据众多的生产者和消费者的行为不断调整，达到均衡。

新古典经济学还有一个假定——变化是存在的，但都是外生的，而一旦外生变化发生了，内生的均衡就会发生一定的变化，市场会自动达到新的均衡，这在经济学中叫"比较静态分析"。技术进步在主流经济学中都长期被假定为外生的，著名的例子是索洛增长模型。近年来的内生增长理论似乎把原先假定为外生的技术进步变成了假定为内生的，但我们看到的第一个模型是用完全竞争框架来证明内生增长的，这个模型其实是有矛盾的。另外，这里所谓的内生性是把技术进步假定成一个知识的生产函数，这也是有问题的。

最后，新古典经济学理论模型里没有企业家，企业家既没必要也不可能存在。

而对奥地利学派来说，第一，人是无知的，其前提是每个人只拥有局部的主观信息，不仅判断能力和计算能力很有限，而且人与人之间是有差别的；第二，市场竞争是一个竞争性过程，所以其特征是持续不断，而不是一种状态，被称为"market in the process（市场过程）"；第三，市场的基本功能不是资源的配置，而是发现信息和知识、协调人的行为、推动合作，通过交换使每个人的知识都得到最有效的利用，从而获得好处，而不是给定资源由市场来决定应该生产哪种产品。奥地利学派并非不承认均衡概念的价值，但认为经济分析的重点不是作为状态的均衡，而是作为过程的不均衡，这才是经济学家要解决的问题。如果状态均衡一开始就得到认定，那么应该分析的问题都被排除掉了。

对于市场中的变化，奥地利学派承认有些变化是外生的，称之为"基础变化"，有些变化则是内生的。

另外，关于价格在资源配置中的作用，奥地利学派认为价格的功能并不在于"均衡价格"能够准确无误地传递有关信息，从而达到资源的有效配置，而在于非均衡的价格能够提供纯粹的赢利机会，引起了逐利的企业家的注意。这样的不均衡使得人们的行动有了动力。而所谓的均衡状态没有任何获得更高利润的机会，因此市场不是因为均衡才有意义，而是因为不均衡才反映出某种错配，使得企业家能够利用这种机会。所以，奥地利学派认为企业家是市场过程的基本力量，通过发现赢利机会使得市场从不均衡趋向均衡。在奥地利学派看来，没有企业家，市场就不可能趋向均衡。均衡概念的重要性在于它是人们分析经济学问题的磁石和参照系，人们通过它知道了企业家是如何使不均衡走向均衡的。

换言之，在奥地利学派看来，就资源配置而言，市场的优越性不在于它能随时随地实现资源的最优配置，而在于它提供了一种有效的激励，这种激励使得企业家不断改进和优化资源配置。对奥地利学派来说，企业家非常重要。

再来看熊彼特经济学，其人性假设是，人与人之间是有差别的——有些人是领袖，有些人则是追随者；有些人是行动者、不断突破规则的人，有些人则是循规蹈矩、按照规则行事的人。

熊彼特经济学认为，市场的基本特征不是均衡，而是不均衡和变化。他有一句著名的话，大意是静态的社会主义还是社会主义，但"静态的资本主义"是一个自相矛盾的说法。他的意思很清楚，资本主义不可能是静态的，静态的不可能是资本主义。市场的基本功能是"变"（不是稳定，不是不变），是推动进步——创造新的产品、新的市场、新的生产方式、新的资源。

所以，在熊彼特经济学中，新古典的所谓瓦尔拉斯均衡其实是一个循环流经济。这个循环流机制的重要性在于能够帮助人们理解：如果没有变化的话，那么经济会是什么样子。均衡不能成为人们分析的重点，而只能是分析的起点，因为资本主义经济的本质特征是"变化"。而变化在熊彼特看来都是内生的，不是外生的，是由企业家的创新产生的。所以，企业家是打破均衡的力量，是创新者，没有企业家就没有进步、没有发展。市场上的主要竞争不是价格的竞争，而是产品、技术、服务的竞争。这是熊彼特经济学的基本理论。

我们把熊彼特经济学和奥地利学派放在一起看就会发现，它们都认为企业家是最重要的，都认为经济是一个不均衡状态。这种不均衡，从奥地利学派的角度来看，给企业家提供了套利的机会；而从熊彼特经济学的角度来看，企业家的功能是打破均衡——如果没有企业家，经济就会陷入一个循环流，做着日复一日、年复一年的决策；经济有了企业家就打破了循环流，创造了不均衡，从而实现了进步。

什么样的理论才是好的市场理论

为什么说新古典经济学理论不是一套好的市场理论？我先提出个标准：好的市场理论应当是有关真实市场的理论，能告诉人们真实市场是如何运行的。而新古典经济学中的市场，是经济学家想象的市场，不是真实的市场，不能告诉人们真实市场是如何运行的。

为了解释市场的有效性，新古典经济学做了一些很强大但又非常不现实的假设，扭曲了人们对市场的理解。结果是，新古典经济学应用到现实中不是市场的有效，而是市场的失灵，因为这个理论本身的有效性就是现实的无效（理论上的有效性是基于那些假设条件的，当现实中这些假设不存在、无法得到满足时，市场自然就失灵了）。过去，人们批评新古典经济学的一个主要观点是它美化了市场，但我认为它非但没有美化市场，而是丑化了市场。因为它证明市场有效性所用的条件，在现实中都得不到满足，现实市场的有效运行不需要这些条件。2002年获得诺贝尔经济学奖的弗农·L.史密斯的实验经济学也证明了这一点。

那为什么说奥地利学派经济学是一套好的市场理论呢？这当然不是说它完美。相对于新古典经济学，奥地利学派经济学和熊彼特经济学都是好的，因为它们研究的是真实的市场，而不是想象中的市场。比如，其理论假设人是相对无知的，因为真实市场中的人们拥有的信息确实非常有限，因此判断力和想象力在行为中会起到重要作用。当然它们也不是完美无缺的，只是相对于新古典经济学，奥地利学派经济学和熊彼特经济学好得多。

经济学里有一个被经常提及的场景：假如你在地上发现了一张20美元的钞票，应该弯下腰捡起来还是不捡？从新古典经济学的角度来看，你不能捡，因为它肯定是假的——如果是真的，它早就被人捡走了。因为新古典经济学的市场总是处于均衡之中，每个人都无所不知，任何套利机会转瞬即逝。而从奥地利学派或者熊彼特经济学的角度来看：有些人会认为它是真的，有些人会认为它是假的，因为每个人的判断力是不一样的。所以，企业家的伟大之处在于，他们有不同于别人的判断力，能看到别人看不到的东西，才能从中发现赚钱的机会。

这样来看，用新古典经济学的标准衡量市场是否失灵本身就是错误的，因为市场是一个发现和创造的过程，在这个过程中，资源、技术和偏好都不是给定的，而是不断变化的。我一直在用"给定的""变化的"来说明这两种理论的区别：在新古典经济学中，这些条件都是给定的，而奥地利学派或熊彼特经济学则认为，由于人的无知，市场会出现失灵和资源的错配，但这和新古典经济学所说的市场失灵是两码事。因为在奥地利学派看来，调节资源配置与解决市场失灵靠的是企业家精神，这是市场本身解决问题的方式，而不是政府干预的依据。在奥地利学派看来，市场的好处是有一种力量，它可以通过企业家精神发挥出来：有失灵就意味着有赚钱的机会，企业家可以利用这个机会。所以，市场的优越性不在于它不会出现失灵，而在于能通过企业家的套利和创新不断纠正失灵，推动经济不断增长。

3 种错误的市场失灵理论

前面提到，在新古典经济学理论中，市场失灵有几个原因：垄断、外部性、信息不对称。这几种市场失灵理论都是错误的。

第一，现行的垄断理论是错误的。

我们从前面讲到的悖论里可以看出，新古典经济学的竞争市场中恰恰是没有竞争的——所有生产者都以同样的技艺、同样的规模、同样的原料生产出同样的产品，以同样的价格销售，这是所谓的完全竞争最理想的状态。所以，新古典经济学的这种竞争并没有竞争，而新古典经济学所讲的垄断，事实上才是竞争。也就是说，新古典经济学教科书上定义的垄断和常人理解的不一样，其竞争和垄断的概念是非常混乱的。我反复强调创新是竞争最重要的方式，创新就是企业要生产与别人不一样的产品，创新越成功，企业在市场上的地位就越强，"垄断"程度就越高。从历史上看，所有受到政府反垄断政策管控的企业都是最具创新意识的企业。有人说过，如果我们要找出美国历史上的哪些企业最具创新力，那么只需查找那些经历过反垄断调查的企业即可，美洲铝业、IBM（国际商业机器公司）、微软、谷歌等，都是最有创新力的企业。但政府对垄断的定义就是这样的，因为这些企业最有创新力、占据了最大的市场份额，所以是垄断者；而缺乏创新的企业，在市场上没有影响力，就不会被调查。

另外，新古典经济学把价格偏离边际成本当作市场失灵，是完全错误的。新古典经济学认为，价格等于边际成本时，市场最有效，所以边际成本定价是社会的最优法则，这种看法已深入人心（至少在很多经济学家的心目中如此）。

这为什么是错的？因为新古典经济学假定产品都是给定的，所有人都可以生产，因此边际成本定价是最好的。但是，在现实世界中，所有产品都是企业家创造出来的，其创造产品时不会设想着按边际成本定价，否则就没人愿意创新了。比如，研发一种新药往往需要10年甚至更长时间，投资可达10亿美元以上，如果研发成功了，那么其边际成本当然很低了；如果新药只能按照边际成本定价，那么谁会愿意冒着风险投入巨资进行研发呢？这是垄断理论的错误之处。

第二，外部性理论和公共产品导致市场失灵的理论是错误的。

新古典经济学中所讲的外部性，其实是产权界定问题。如果外部性的假定是成立的，那么外部性一定是无处不在的；如果外部性能导致市场失灵、需要政府干预，那么政府干预应该是无处不在的。再从权利的角度来看，一个人应该做什么，可以还是不可以，这是权利问题。这是科斯强调的，但是不彻底。经济学家总是说保护利益，这其实是错的，"利益"是没法被保护的，只有人的"权利"才能被保护。比如，一个人买卖股票时，怎么能保证他的利益呢？能保证的只是他的权利——不受大股东的操控和误导，或者没有内幕交易所带来的损失等。如果一个人遇到这些情况，就可以获得赔偿，但不能说一个人的利益受到损害了就能获得赔偿，因为那样的话，股价下跌也能产生赔偿了。外部性实际上是有关"利益"的，而不是"权利"。

再看公共产品的问题。真正的公共产品比大家想象的要少得多。人们经常把道路、铁路、河流都定义成公共产品，认为这些产品或设施如果由私人提供的话，就会产生所谓的"囚徒困境"，私人不愿意提供了。但实际情况并非如此，历史上有很多重要的公共产品都是私人提供的，包括运河、铁路、公路、灯塔等（科斯的一项重要研究就是关于灯塔，萨缪尔森认为灯塔不可能由私人建造，而科斯发现早期的大多数灯塔都是由私人建造的）。再比如，广播电视信号这种公共产品，也不是只能由政府提供，只要市场准入放开了，想进入的民营企业多的是。尤其是在互联网时代，民营企业创造了大量的免费品——微信、微博、邮箱等，它们都是免费的，它们能通过另外的方式获得收入。这是市场的逻辑，而不像有些经济学家所讲的那样，由于这些是公共产品，没有私人愿意提供。

我们可以回顾一下英国运河建设的历史。在1759年之前，英国没有一条真正的人工运河，都是自然河流，但这些河流都很小、很浅，不具备大规模运输的能力。英国的第一条运河从1759年开始修建，叫沃尔斯利运河，是由英国一位大贵族——布里奇沃特公爵倡导开凿的。他为什么要做这件事呢？因为他在沃尔斯利运河附近拥有一处重要的煤矿，之前开采出的煤都由骡子运送到新兴城市曼彻斯特，速度很慢，成本很高，煤炭资源没有得到有效开发。所以他决定开掘运河，得到了一位工程师詹姆斯·布林德利的协助，他的成功让英国的第一条运河诞生了。运河投入使用之后，运到曼彻斯特的煤炭价格下降了一半。这一事例证明了运河航道网络的重要性。有此先例，英国的企业家开始一个接一个地开掘运河。到了18世纪90年代，整个大不列颠的土地上出现了四通八达的运河。这些运河的建造者全是企业家，他们发起工程、筹集经费，要冒市场风险，而政府的作用是派人调查、批准。在建造运河的人群中，两类人最为重要：第一类是大贵族、大地主，他们有很多矿产（煤矿、锡矿等）；还有一类是新兴的工业巨头，韦奇伍德、博尔顿就在工业革命历史上非常重要。韦奇伍德是生产创新瓷器的，是达尔文的外祖父，正因为有其财力做后盾，达尔文才能在全世界进行科考，最后发表了进化论。博尔顿则在经济上支持瓦特，瓦特最终发明了蒸汽机。

第三，信息不对称导致市场失灵的理论是错误的。

新古典经济学的逻辑很简单，因为有效市场以完全信息博弈为前提，所以一旦信息不对称出现了，市场就失灵了，政府需要用管制来解决市场失灵。但事实上，信息不对称是市场的基本特征，甚至可以说是市场产生的前提。因为市场以分工为基础，分工的优越性来自每个人只需要了解一小部分信息。以我个人为例，我教授经济学课程，不需要知道那么多的历史或天文知识。同样的道理，生产汽车的企业也不需要知道面包是怎么生产的。分工是市场优越性的来源，所以信息不对称是市场的特征，而不是导致市场失灵的原因。如果说信息不对称会导致市场失灵，需要政府的干预，那么就像上面所说的外部性那样，市场失灵就会无处不在，政府的干预也应该无处不在。

新古典经济学的错误在于忽略了利润所包含的连带责任，企业做了坏事就得负责，而且不能仅对自身负责，还要对其他人负责。比如老板要对员工的行为负责——如果员工在食品生产的过程中加入了有害的物质，那么即使老板并不知情，他也对此负有责任。最近几年我一直强调的观点是"市场不仅是看不见的手，而且是隐形的眼睛"，所谓"天网恢恢，疏而不漏"，市场在盯着每个生产者：坑蒙拐骗的人会有，但这种行为是不能持续的。竞争是商誉的竞争。

学习经济学的人真正要感到惊讶的是市场居然如此有效。市场上的消费者愿意从那些素未谋面的生产者手里购买商品和服务，这是一件多么奇特的事啊！

企业家之于市场的作用

新古典经济学和奥地利学派这两种范式之间最大的差别是如何理解企业家在市场中的地位和作用。如前所述，新古典经济学中没有企业家，因为其假定已经排除了企业家存在的空间——假定技术、偏好、资源都是给定的，又假定每个人都无所不知，所有人都一样。而在奥地利学派和熊彼特经济学里，企业家处于市场的中心地位。没有企业家就没有市场经济，只能有一些小的交易。大部分市场参与者都是无知的，习惯于循规蹈矩，如果市场中没有企业家，资源就得不到有效配置，经济增长也无法实现。正是通过企业家的创新精神，人们才看到市场上不断出现新的技术和产品，社会不断向前发展，人口有了近200年的持续增长。

决策人有两类。第一类是新古典经济学的决策人——在给定的目标-手段下，让选择最优化。所有学习过微观经济学的人都知道：一个人的收入、偏好给定后，消费者决策都基于效用的最大化，生产者决策都基于利润的最大化，这就是罗宾斯式的经济人。罗宾斯曾是伦敦政治经济学院的教授，最具代表性的著作是《经济科学的性质和意义》，现在流行的对"经济学"的定义——"稀缺资源的配置理论"，就是他给出的。在这些决策者看来，他们都是这样的决策者，简单地针对一个假定的技术背景（偏好、技术、资源）采取最优化的行动。对他们而言，决策就是计算，数据本身就包含了结论。

但是在奥地利学派和熊彼特经济学中，最重要的不是这一类决策者，而是富有想象力和判断力的企业家。企业家要在市场上至今未被注意到的信息中发现机会：对他们而言，目标-手段不是给定的，偏好、技术、资源都不是一致的，而是有待他们发现的。他们的决策不完全包含在已有的数据中（已有数据中只有一部分信息），而更多地依靠直觉、想象力和判断力。

这是两类不同的决策人。简单总结一下：新古典经济学的决策是计算问题，有一套公式可以用；而奥地利学派和熊彼特经济学的决策是判断问题。凡是能够从现有数据中计算出的决策，都不是企业家的决策。当代奥地利学派的代表人物柯兹纳曾这样讲："在罗宾斯式决策者看来是错误信息的情形，对纯粹企业家寻利行为而言将会是有利可图的机会。"两类决策人的判断完全不一样。

在新古典经济学里，由于数据是给定的，因此所有人都有相同的选择，这和现实中企业家的决策根本不同。新古典经济学的决策就好比老师给同学们出了一道题，比如企业的生产函数是什么，各要素价格和产品价格是多少，要学生计算出最优投入和产出。答案是标准的，所以同学们可以相互抄袭答案。但企业家并不是这样决策的，即使给定相同的数据、同样的知识，不同企业家的决策也是完全不同的。一个人之所以是企业家，正是因为他和大部分人看问题的角度不一样，不仅关注现在的数据，更需要在未来市场前景、技术前景、资源可获得性等方面有独到的洞察力。

我们不妨引用两句有关企业家的话。柯兹纳说："企业家精神体现的正是那些市场认为没用的甚至不需要用的东西。"专门研究企业家的经济学家卡森说："每个人都认为错误的时候，企业家认为是正确的，所以企业家精神的本质就是拥有对未来不同的预期。"

我最想强调的企业家精神是"创新"。创新是判断而不是计算。比如，博尔顿支持瓦特研发蒸汽机，斯蒂芬森父子发明火车，爱迪生发明照明系统，卡尔·本茨发明汽车，吉列发明剃须刀，莱特兄弟发明飞机，乔布斯和沃兹尼亚克发明个人电脑，还有创建软件产业的比尔·盖茨，创办谷歌的布林和佩奇，创建淘宝的马云，推出微信的马化腾……如此不胜枚举的企业家的创造成果都不是基于数据计算而是基于判断。正因如此，大数据和人工智能无法代替企业家。如果所有的决策都是基于数据计算，那么大数据和人工智能完全可以做到，人类就没有存在的意义了。因此，真正好的商学院，应该教给学生判断力，而不是使其成为计算工具。当然，企业家才能很大程度上是天生的。

我还要强调的一点是，企业家的目标不只是利润。新古典经济学家认为，企业家的唯一目标是最大化利润。但就像熊彼特所指出的，真正的企业家要追求利润之外的东西。第一，建立自己的商业王国。企业家在企业中的地位有点儿类似于旧时的国王。第二，有战斗的冲动，有英雄主义情结，追求自我实现。第三，对创造性的享受，不是追求某个结果，而是创造过程本身带来的享受。这一点很重要，这是理解市场的重点。如果每个人都像新古典经济学的假设那样只追求利润，创新就不会出现。熊彼特认为："取得这些成就的可能性发挥着一种更大的激励作用，比能够按照理性计算证明的成功概率与利润量之积来标识的那个激励更大。对那些没有实现这种前景的企业家来说，这种前景也似乎是具有吸引力的'报酬'。"成就可能性的力量远比预期利润更大，这是熊彼特的观念，也是吸引企业家不断创新的动力。熊彼特的厉害之处在于，他看出了企业家不仅仅计算利润（利润很重要，如果企业持续亏损，企业家就不可能建立商业王国）。利润也远没有那么重要，企业家会从事很多看起来不确定性很高、前途渺茫的产业甚至公共事业，比如，上面提到的修铁路、开掘运河甚至保护大自然、救助贫困人口等，都是企业家的追求。这些行为对经济非常重要。

上面讲到布里奇沃特公爵开掘了英国第一条运河，类似的例子有很多：阿克莱特创建了第　家现代工厂，特里维西克发明了第一辆蒸汽机车，罗伯特·富尔顿制造了第一艘商业蒸汽机轮船，亚历山大·贝尔铺设了第一条电话线，马可尼发送了第一封跨大西洋的电报。

许多受过正统经济学训练的人首先想的是这种大事。这样的大事没有政府出钱，怎么可能办得成？但这就是史实，记录了企业家推动一项项发明创造的历史。

我们以一个例子看看经理人和企业家行为之间的区别。所谓的经理人主要负责管理，决策以计算为主。但企业决策一旦依靠计算，时间一长就会出问题。苹果公司在研发了 iPhone（苹果手机）之后，乔布斯曾找到时任英特尔 CEO（首席执行官）欧德宁，想让英特尔为 iPhone 提供芯片，为一部手机提供芯片的利润是 10 美元。英特尔的管理团队经过计算，认为这笔生意不划算，所以拒绝了。但他们没有看到智能手机可能达到的市场规模，严重低估了智能手机的发展前景。后来，苹果与三星达成合作。欧德宁于 2012 年 12 月宣布辞职，拒绝与苹果合作可能是他最大的决策失误。经理人喜欢计算现有的数据，企业家还要加上想象力、洞察力，甚至直觉。

期待学术企业家的出现

通过上述内容，我其实是想提出一个观点——经济学的范式要发生一次大的转变。亚当·斯密于 1776 年发表《国富论》，开创了经济学这门学科。《国富论》的主题是分工和资源的有效配置如何推动国民财富的增长，亚当·斯密关注的是发展，而不是均衡。为了论证这个问题，他提出了两个核心定理：一个是为后人所总结的所谓"看不见的手"，另一个是分工定理。

但后来的新古典经济学在逻辑上推导出"看不见的手"和"别针工厂"是完全矛盾的（参见之前第一个悖论相关论述），两者不能同时为真。根据奥地利学派和熊彼特的理论，亚当·斯密并没有错，"看不见的手"和"别针工厂"是完全一致的。错的不是亚当·斯密，而是新古典经济学范式。所以，我认为从新古典经济学的静态均衡范式转向奥地利学派和熊彼特的动态非均衡范式，其实是回归了亚当·斯密的基本命题——市场推动了国民财富的增长。而且，我认为只有这样的经济学才能成为一种好的市场理论，当然，这不是要完全否定新古典经济学理论，而是其局限性太大。

这种范式转变之路会很漫长，因为现在经济学已经被锁定在一个坏的演化稳定均衡之中。所谓的演化稳定均衡，意味着如果你要偏离这一均衡行为，就很难生存。一个学习经济学的人想要成为经济学家，就要在权威的期刊上发表论文，还要有一定的支持者或跟随者，那么最好的生存策略是跟随主流。所以，要打破这种状态是很难的。

但我要强调的是，无论自然界的演化还是人类社会的演化，都离不开"变异""突变"。经济学也不例外。主流经济学现在已处于均衡状态，后面发展的空间不大，最缺少的不是主流体系内的追随者和套利者，而是变革者和创新者。经济学所需要的不是改良式的微观创新，而是颠覆式的宏观创新。比如，在汽车行业，改进发动机的效率、安全性等，可以看作改良式的微观创新，而生产新能源汽车或智能汽车就是颠覆式的宏观创新。

经济学眼下就面临类似的问题，继续在原来的框架里进行改良式的微观创新当然是可以的。但年轻的经济学者应该看到更大的图景，去进行颠覆式的宏观创新。所以，我提出经济学界需要所谓的"学术企业家"，也就是具有创新精神、敢于冒险的学者。这个词是褒义，而非贬义。在我写的《博弈与社会》（北京大学出版社 2013 年版）这本书里，最后一章专门讲了"制度企业家"。

现在我就借用学术企业家的概念表达一些期望——经济学者研究哪些问题、发表什么样的观点，不应只看罗宾斯式的经济人的计算（论文发表的可能性有多大、发表以后对自己的晋升有多少帮助等），而应基于更重要的判断和战略。这就要求学术企业家敢于对抗主流，具有企业家的冒险精神。当然，这样做会很困难，但值得一试，唯如此，方能真正推动经济学的发展和人类的进步。（本文的基本内容曾发表于《经济观察报》2018 年 3 月 2 日"观察家版"。）

傅 军

增长理论和收敛战略——对公理选项和奥卡姆剃刀的再思考 ①

"为什么有的国家的经济发展了，而有的国家的经济停滞了？"这是《科学》杂志在其纪念年刊中提出的第 116 个问题，号召全球科学家争取在 2025 年前攻克此难题。

一、题目的说明

今天我讲的内容主要围绕两个方面展开：增长理论和收敛战略。话题中涉及不少源于英语（或拉丁语）② 的专业词汇或概念，不仅仅涉及经济学，还会涉及哲学、数学、科学和其他学科。为了尽可能准确无误地交流，我时常使用一些专业词汇，不厌其烦地进行解释性说明，特别是解释原来中文没有但是翻译又不精准的外来词。老

---

① 感谢李诗云、王翰池、李鸿丞、王婕茹、徐臻阳、胡毅喆基于课堂录音的初步文字整理。
② 出现时用斜体字标注。

子说："道可道，非常道；名可名，非常名。"俗话说："魔鬼都在细节中。"

无论是概念还是语言的表述，这里会涉及科学哲学家托马斯·库恩所谓的"范式"之间的不般配性或不通约性的挑战，如数学中的无理数，永远除不尽。为了减少跨文化交流的障碍，我们只能尽力而为了。

我的题目的原名是 *Heuristic Growth Equations and Convergence Strategies*。这里暗含了"理论和战略是相关的但不一定是相同的"的话题，所以需要分开处理。不难想象，同一理论可以用不同的战略来实施，为什么？理论必须具有一般性和超越性，不然就称不上理论，而战略是应用理论的实践。因此，战略必须考虑所处时空条件的不同。我们可以把战略看作理论的降维，理论是"展望星空"，战略（及其配套政策）是"脚踏实地"，是连接"天气"（超越的理论）和"地气"（实际的情况）的桥梁。地形不一，河有宽窄，桥梁要有大小之分。所以理论要趋一，战略政策要看实际情况。

我的副标题是《对公理选项和奥卡姆剃刀的再思考》，原名是 *Reconsideration of Axiomatic Choice and Ockham's Razor*。

思维清晰要求用词精准，这样交流时可以尽量减少异议。

我题目中的"Heuristic"是计算机领域的常用词。其中文翻译是"启发性的"。如果不了解一点儿认知科学的知识，那么光凭这个词的中文翻译，人们还是不知所云。在人工智能领域，"heuristic"的意思是，相关的算法是概然性的，而不是决定性的，决定性意味着100%的确定性。

从哲学上讲，除非形式逻辑演绎，一般的经验归纳不可能达到100%的确定性，都有某种程度的不确定性。在通常情况下，人脑的认知基本属于经验归纳性的，而非逻辑演绎性的，都有直觉的成分，不可能100%正确无误，或100%理性，所以用heuristic更合适。

由此可见，经济学对人性理性的假设与现实的人有出入，不够精准，需要修正。其实，修正工作已经开始。什么是rationality（理性）？哲学意义上的"理性"是绝对的、永恒的、超时间、无条件的理念的代号，而哲学、科学就是要将人的这种趋向普遍和理性之精神彰显出来的历史运动。与此相关，在形式逻辑中，基于假定的推理判断，英语说的是"true"（真）或"false"（假），而中文语境中只能说"对"或"错"。这种看似翻译上的不一致性，其实反映了东西方在逻辑演绎和经验归纳上的不同哲学传统。另一方面，基于经验的直觉的概念皆是"实"，但"实"的或是"表象"的，未必是"真"的。（分清两者之间的差异性很重要，下面我还要多说几句来加以澄清）。如果一个学科不是纯逻辑、纯数学，那就要在"真"与"实"之间找平衡，力求做到"求真务实"，这样才能"理论联系实际"（*theoria cum praxi*）。

例如，诺贝尔经济学奖获得者赫伯特·A.西蒙为了更接近现实的人，提出了"有限理性"的假设，把我们关于现实人性的知识在"真"与"实"之间调整。然而，西蒙并没有说清楚"有限理性"边界划在哪里才合适。我自己的研究说到底就是在探寻"理性"的边界，需要建两个模型。一个是外部环境影响的模型，相对而言，它的演化更容易；另一个是内部边界作用的模型，相对而言，它的演化是下意识的，所以更缓慢。前者的思路是制度经济学，后者的思路借鉴认知科学。所谓"建模"是理论建设的中间环节。

关于经济增长，邓小平说过："依我看，科学技术是第一生产力。"[①] 要解锁这个命题，我们还必须回答科学技术的来源是什么，科学和技术的关系是什么，以及思维有什么不同。很显然，我们必须深入探寻人的思维与人的理性的外因和内因相关的议题。归根结底，如果我们真的把这些问题解锁了，经济增长的终极理论也就完成了。相比之下，别的都只是"衍生品"而已，或所谓"中层"或"次层"的小理论。接下来才是战略问题，即以理论为灯塔，根据实际情况，尽可能最有效地朝着正确的方向前进。

拿破仑曾说，在刀剑与思想之间，从长远看，思想会击败刀剑。

例如，在题目的英语表述中，方程式（Equations）和战略（Strategies）都是用复数表述的，不是单数。复数形式暗含了两方面的思考。第一，一个理论可以由一个以上的方程式组成，或称复合方程式，如麦克斯韦方程组就是由 4 个方程式组成的。第二，收敛战略是指发展中国家追赶发达经济体。这里战略用复数表达是因为考虑到各国的条件不尽相同，应用同一理论不应该只是一个战略。在中文语境中，说话是时常不分单数还是复数的，明言不足、暗示有余。但分清单数、复数对因果分析很关键，例如，做回归分析时，单元回归与多元回归的含义是不同的。但是，如果表达复数形式，我们就要说方程（们）和战略（们），这听起来就很别扭，但表达更精准。你一听

---

① 《邓小平文选》（第三卷），人民出版社，1993 年。——编者注

就明白，原因不止一个。

　　再比如，亚当·斯密的《国富论》，原书名为 *An Inquiry into the Nature and Causes of the Wealth of Nations*，因此中文书名的全称为《国民财富的性质和原因的研究》。请注意，原文中说的原因（causes）是复数，是原因（们）。翻译看不出来。如果你看原文，书名本身就告诉你了。斯密在强调市场时，还考虑了别的原因。同理，如果你做回归分析，书名本身就告诉你了，不是单元回归，而是多元回归，独立变量一定不止一个。这样看书就容易，不是被动看书，而是主动看书，直入主题，解锁核心因果机制，看看逻辑和证据的契合性。

　　事实也是如此，除了市场外，斯密也花了不少篇幅讲了政府正反两方面的作用。再注意，nations 的中文翻译是"国民"，原文表述也是复数。① 与此一致，斯密的理论不只是对英国经验的总结，检验理论的证据也不仅限于英国。虽然其"证明"的严谨度远没上升到形式逻辑或计量经济的标准，但所涉及范围远超出了英国及其他欧洲国家。其范围几乎是全球性的，涵盖了如非洲、美洲、地中海、埃及、中国、印度、日本等国家和地区。

　　可见，对于反映思维的理性和严密与否，语言也是一面镜子，所以认知科学也常受语言学的启迪。顺便一提，许多社会科学类著作的翻译不到位，你最好直接看原著。翻译不精准会导致认知的盲区。其实，这不是语言或翻译的问题，而是思维问题。或进一步说，这是哲

---

① 在中世纪欧洲的大学中，nations 这个词代表"同乡会"。

学的问题，如果我们把哲学定义为"思考思想的思想"，或"反思的思想"。

在副标题中我还用了"公理"这个词。什么是公理？这里说的公理并非指公众同意的某个理。公众的那个理或许只是直觉的，来自经验，不是形式逻辑。而与经验相反，这里说的公理是基于纯逻辑演绎，是建设理论大厦的"基本原则"，或称"第一原理"。

公理化逻辑严密的系统思维是中国传统思想（一般地说）或中国传统哲学（专业地说）所缺乏的。相关的问题涉及的更是知识精英，而不是大众。其实，各国的大众都不擅长，也不会对形式逻辑和严密思维感兴趣，一般都喜欢娱乐、修辞、视觉，由此也容易受广告左右。关键是要看受良好教育的知识精英的思维。但是，好的教育毕竟是极其稀缺的产品，特别是专注正确思维或纠正错误思维的那种，而不是抱团取暖、人云亦云、死记硬背的那种。所以爱因斯坦才能自信地说："所谓常识只不过是一个人在 18 岁以前积累的偏见而已。"即便在科学各个领域中，科学哲学家库恩也提醒，科学作为一种"范式"，多数科学家在做所谓的"常态"的研究只是看看数据，发发论文；但是从科学的历史上看，上乘的研究往往是"反直觉"的那种。如爱因斯坦所说，时空是弯曲的。

中国传统哲学主要是实践智慧，习惯用名言隽语、比喻例证的形式表达思想。但是这种明言不足而暗示有余的诗意般的思想及其表述，影响了中国现代科学发展的进程。

在近代历史上，中国在科学上明显地落后了。今天培育现代科学思维的"文化土壤"也并不丰厚。这不仅是个理论的命题，更是个经验的命题。经验数据在那里摆着，除非统计数据有误，剩下的任务是解释。解释需要理论。理论不是随意选择性或甚至自相矛盾的描述，理论强调概念清晰，逻辑自洽，前后连贯，一以贯之。

以欧几里得几何为例。欧几里得几何宛如一座宏伟的大厦，其最底层是由所谓自证的 5 个公理组成。何为自证？既是因，又是果，因果合一。如果你再追问，就只能诉诸上帝，如果你信上帝的话，那么你的信仰最好是斯宾诺莎的那种，即非人格化的。以公理为起点，欧几里得几何演绎出一系列确定无疑的定理。整个推理过程逻辑严密，环环相扣，思路清晰。一先不能后，一后不能先。然而，作为逻辑演绎的一个系统，几何这座大厦也经历了一个不断完善的过程。

例如，数学家黎曼发现欧几里得几何底层第五公理有问题，不是唯一解，把它拿出来再思考，结果产生了非欧几里得几何，或称黎曼数学。爱因斯坦就借用黎曼数学清晰地描述了曲率的时空，产生了广义相对论，超越了牛顿物理。同样值得一提的还有，公理化的逻辑思维还使哥德尔看到了数学的不完备性，即"哥德尔不完备定理"。看来，如此严密的思维不是泛泛的东西文化比较可以解释的。其一，西方绝大多数人不会有如此思维；其二，文化比较一般都是基于直觉性描述，修辞多于逻辑，可证伪性不在考虑范畴之中。

由此可见，公理对演绎思维和理论建设的重要性。公理是几何大厦的根部，是基石，是第一原理。

在副标题中我还提到了奥卡姆剃刀。奥卡姆剃刀是理论建设遵循的简洁原则（ lex parsimoniae），该原则由中世纪神学家、逻辑学家奥卡姆提出。要建设理论就要强调简洁，不然无法增加解释力。奥卡姆说："切勿浪费较多东西去做用较少的东西同样可以做好的事情（*Entia non sunt multphicanda praeter necessitatem*）。"换言之，如果同一类现象有多种理论可以解释，那么在其他条件同等的情况下，我们应选择其中使用假设最少的理论。就理论建设而言，简洁性很重要。理论的底层原则越简洁，理论的解释力就越大，相反是非理论的，只是现象的描述而已。一个典型的例子是爱因斯坦那个解释大千世界众多物理现象的公式 $E=mc^2$。公式中只有三个可以互相转换的变量，是三生万物的物理表述，剩下的是集合数学而已。这种超越表象深度的探寻是一般的行为主义做不到的。

科学思维和理论判则

我要讲的增长理论是关于经济增长的社会科学的理论。观察和判断经济增长相对容易，作为初步观察，我们可以以 GDP 指标为衡量工具，如果关心增长效率，那么我们可以看看人均 GDP。但到底什么是科学？什么是理论？什么才算得上科学知识？如何判断理论水平的高低？

关于这些知识论的问题，我们应该事先有个交代，把关键的判则说清楚，使这些判则本身经得起评判和考验，不然大家都会声称自己的理论和知识是最科学的、最可靠的。

社会科学是科学吗？如果是，那么它与自然科学的思维到底有什么共性？局限性是什么？

所谓科学思维是一个生产知识或判断知识可靠性的过程，它涉及自然科学，也涉及社会科学，包括经济学。简单地说，这是个逻辑理性的数学分析与系统有序的经验观察之间的对话过程。对话两者之间的严谨程度必须不断地拉紧，两者之间越精准，知识就越确定，或者说越接近"真"。这个不断拉紧的探索过程即所谓"求真"的过程（*veritas*）。大家知道，这个拉丁语"*veritas*"是哈佛大学的校训。为此，在人类历史上，牛顿发明了微积分，虽然在当时，牛顿在其微积分底层并没有把零与无穷在理论上说清楚，但是微积分很实用。此数学工具可以让你不断地拉近两者之间的距离并进行比较，看看边际效应，分析可细微到无穷之小。

在社会科学中，经济学对微积分和边际效应也是情有独钟，特别是在经济学家马歇尔以后。自然科学和社会科学的主要区别是研究对象不同，一个是自然的世界，一个是人的世界。牛顿的巨作《自然哲学的数学原理》（*Mathematical Principles of Natural Philosophy*）的书名本身就说明了这种科学思维。在牛顿以前，科学家都被称为"自然哲学家"。

更具体地说，这个科学思维过程的要件包括：

你必须提出一个疑惑，最好是探寻因果关系的"为什么"的问题。

你必须有工具箱，注意其中"工具"的英语是复数（tools），其暗含了思维方法（们）和实验工具（们），如思想实验、计量工具、实验室设备。

你必须给混乱的现象以结构，如：$y=f(x)$。如果你在此公式的变量中再标上空间 s 和时间 t 的符号——$y_{st} = f(x)_{st}$，那么这个公式表述的理论就能考虑不同地区、不同时间的具体情况了。

你必须在结构的基础上提出可验证的假说或一系列假说，注意英语的单数与复数。

你必须回到经验（现实）世界里去检验假说。如果有经验证据支持，这个知识的可信性就会提高；如果被证伪，理论就得被修正。修正要考量的问题是整体扬弃还是边际调整，在多大范围内纠正。这个验证的过程同时包括证实和证伪两个方面。

对科学研究而言，这个科学思维和验证的过程贵在深入，而不是浅出，除非目的是做科普。深入是关乎探寻因果链的源头，要试图在事物的更深层面探寻更深的原理，这种努力会涉及哲学的本体论问题，同时还必须借助哲学范畴中的形而上学，如纯数学。（计量和统计等应用数学是形而下学。）浅出只是传播策略的问题，其实就是打比喻而已。名言隽语或比喻例证虽然有利于大众传播，但会影响科学理论思维的严谨性。它或许更适合商学，因为商业需要大众的规模效应，而大多数人日常生活中也确实是更接近现实而不是科学，但是它并不适合科学研究或致力于科学方法的经济学。如果不强调思维的精准度，仅热衷于日常语言的模糊性而不能自拔，科学理论就没有可证伪性可言了。

就科学知识的确切性而言，与基于逻辑演绎的证伪性相比，基于经验归纳证实的台阶要低得多。或换个角度说，学问做深并不难，难的是可证伪性。3—4 世纪，当时中国最有影响力的哲学是新道家，史称玄学。当时有本叫《世说新语》的书，记载了汉晋以来许多名士的佳话和韵事。说的话大都很简短，只有几个字。得意忘形，得意妄言，相见不言，玄之又玄，让人觉得高深莫测，但都是不可证伪也。

各个学科科学的成熟度往往与该学科运用数学的程度相关联。为什么？因为这关乎思维逻辑的严密性和观察世界的精准度。即便数学领域，也可再细分为纯数学和应用数学。就思维和逻辑的严密性而言，应用数学不如纯数学，数据、数字不如数纯粹。物理学与形而下学在英语中是同一个词，即 physics，不如纯数学或形式逻辑等形而上学严密。这不，量子物理学必须遵循海森堡测不准原理。再例如，严格地说，在物理世界中，或形而下学的世界中，我们看见的只是实圆，是不可能看见十全十美的真圆的，真圆只存在于柏拉图所谓的"理念"中，因为圆周率 π 是个超越的无理数，永远除不尽。

相比这种思维和分析的严谨度，社会科学的诸学科包括经济学粗犷得像幼儿做的游戏。当然，从另一个角度看，从事社会科学的难度更大，他们不仅应该拥有和掌握做自然科学的思维和分析工具，而且还要把似乎难以琢磨的"人的意愿"作为研究的对象，可见挑战之巨。要胜任这项工作，在科学与人文之间，他们必须把握分寸，游刃有余。

什么是理论？便于国际交流。理论的英语是 theory。什么意思？我们需要寻根问底，更深入一步。古希腊语是 *theoria*，注意这里的词根 *theo* 与神学 *theology* 的词根有相同之处，而神学是关乎精神完美的学问，具有强烈的逻辑推理的色彩（是 *logia* 加 *theos*）。假设神是万能的，思维清晰，100%确定，毫不模糊，所以亚里士多德发明了三段论来帮助人获得正确思维。*Theoria*的拉丁语是*scientia*（科学）。但在当时，科学是不分形而上学知识和形而下学知识的（现代科学是牛顿以后的事），无论是*theoria*还是*scientia*，指的都是真知。一般有宗教信仰的人认为真知不在人间，只有神才掌握。

所谓哲学philosophy也与这个意思相关联。我们先看看词根，*philia*是"友爱"的意思，*sophie*是"智慧"的意思，两个部分加在一起，philosophy（哲学）即"爱智慧"。但是哲学同时假定真正的智慧不在人间，而在神间。人是通过爱智慧产生不同层次的"知识"（knowledge，希腊语*episteme*）的。所以哲学亦被看作知识的接生婆，是人间的科学和天堂的神学之间的桥梁。至今学术界的最高学位是Ph.D.，即各个学术领域的哲学博士，他们的目标在于提高理论水平，创造"真知"，或创造从感性到知性到理性不断趋向"真、善、美"的知识，而不只是应用已有的知识（*praxi*）。比如商学院就是以应用性专业为主业的学院，致用为主，致知为辅。

泛泛而言，中国文化是儒释道的结合，但是主体还是儒学，儒学却形而上学；相比之下，佛学的形而上学更强，关于真知，佛学有真谛和俗谛之分。可见理论构建不容易，绝不是华丽的词汇包装。佛学同时提醒，文字着相，有碍于"色即是空，空即是色"的抽象思维。5世纪的鸠摩罗什，是把佛经翻译成汉文的大翻译家，他说过，翻译如同嚼饭喂人，一个人如果不能自己嚼饭，就只能吃别人嚼过的饭，饭的原味一定是少多了。

理论水平有高有低，判断标准是什么？我们可以总结为五要点：

（1）简洁性，（2）一致性，（3）精确性，（4）普适性，（5）成果性。

- 简洁性关乎相关理论的解释力。原则越简洁，解释力越大。相反，材料丰富、解释贫乏的东西，基本上是描述性的絮絮叨叨的东西。
- 一致性要强调的是逻辑自洽性和非矛盾性的原则。没有这个原则，就无所谓理论，或正好与理论背道而驰，因为理论对矛盾性毫不容忍。
- 精确性指的是概念的清晰度、可测量度以及与客观（现实）世界对应的问题，包括实验所涉及的设备、仪器、衡量和统计工具。
- 普适性指的是理论可适用范围。范围越大，理论越可信；范围越小，理论的高度就越低，或降维到一时一地的经验而已，只能描述，不能解释。与此相联系，在发展更高理论或应用理论的途中，中间环节是模型建设。
- 成果性指的是理论建设的中间环节是否有效果，或是拓展理论，或是应用理论。

以上要点是知识论或判断理论知识是否可靠的核心标准。

由此可见，科学理论建设不再是文学词汇的包装。或者说，前者与后者的发展方向正好背道而驰。言外之意的模糊反而会增加不可证伪性，而不可证伪性是发展科学理论的大忌。不然，是前进，是倒退，还是原地踏步，就会不得而知。"言有尽而意无穷"或许是好诗句，但科学理论强调每个相关的概念或变量的边界必须清晰无误。也正因如此，理论如不上升到一定的数学高度，也就无科学性可言，理论前沿因此亦无法界定。一般用名言隽语、比喻例证表述的多是此一时彼一时的实践智慧。逻辑少直觉多，明言少暗示多，时常先后不相联系，甚至互相矛盾。

由此，严格地说，建构理论就是要上升到数学语言的一般性和抽象性。所谓科学，无论研究对象是自然还是社会，都是在严谨的数学分析与缤纷的经验观察之间架起桥梁，并试图找出自然或社会规律。

为了进一步说明理论问题，我们必须涉及两组对应的、与世界观相关的问题：演绎与归纳，真与实。

先说演绎与归纳。极端地说，人的思维都是两种极端类型的不同比例的组合，一种极端是纯逻辑（或形式逻辑）的演绎，另一种极端是纯经验的归纳，前者被称为理性主义，后者被称为经验主义，两者的混合是"演归"。强调理性主义是形而上学产生的动力，如形式逻辑以及逻辑严谨的理论数学体系，并对纯理论和基于理论的科学情有独钟，倾向于学以致知，而非学以致用；注重经验主义一般偏向于功利、技术、实用，往往会忽视知识的超越性和系统性，并习惯性地把"经验"等同于"知识"。两者之间不同的平衡点即构成一个人的世界观。

理性主义和经验主义之间不同程度的互动产生了合理思维以及相关的合理感受。这个思维过程的出发点很关键，先从演绎（假设的概念）出发，还是先从归纳（直觉的概念）出发，会造成合理感受的不同。在这里，"理性"和"合理"是两个相关但并不相同的概念；而强调理论就是增加理性成分。100% 确切的"证明"必须基于形式逻辑；与此相比，基于经验的"证明"，或更严格地说是"证实"，顶多是概然性的，并时常是不确定的，因为经验本身与形而上学正好相反，是局部的、片面的，犹如盲人摸象①。但是无论如何，理性主义和经验主义两者之间的互动和由此引起的张力是现代科学理论产生的基础，并因此也成为知识论的核心议题。而中国哲学传统偏向基于经验的实践智慧，长期忽视形而上学或形式逻辑，导致两者之间缺乏张力，由此可以推出其知识论也不会发达，这其实是可以预料的。

为什么在中国哲学里知识论从来没有发展起来？这是"冯友兰之

---

① 与柏拉图不同，亚里士多德的求知方法总体属于基础经验的"归纳推理"。或意识到了这种方法的不确定性，亚里士多德发明了三段论，使其成为思维精准的辅助，但是三段论终属柏拉图强调的"演绎推理"的一种。可见，亚里士多德毕竟是柏拉图的学生，起码对归纳推理的缺陷是有意识的。难怪，亚里士多德的一些结论后来被伽利略更精准的基于数学演绎 + 经验观察的科学方法推翻了。基于经验归纳推理的缺陷，包括基于经验的"直觉"，人们从中可见一斑。一般而言，归纳推理容易造成偷换概念的逻辑错误。在社会科学的诸学科中，所涉及的概念常常模糊有余清晰不足，而且"事先"界定与"事后"观察往往不分，这些思维的漏洞是普遍存在的问题，然而常常处于无意识，得到的关注远远不够。在这种情况下，所谓社会科学的"科学理论"很容易堕入修辞学的陷阱，并由此阉割了科学思维的要义之一，即可证伪性，这不仅不能增加科学知识为之而努力的知识的普适性和精确性，反而与此背道而驰。其结果是，学问的矢量不是"理性的"社会"科学"（致知，episteme），而是"实用的"社会"艺术"（致用，techne）。总体而言，中国哲学传统和学术传统注重的是致用。虽然明代哲学家王阳明给传统的儒学增加了形而上的成分并提出了"知行合一"，但是他的"知"还停留在"直觉"之中。至少，他并没有提供"可证伪性"的思维工具。由此，近代历史上中国"科学"落后了，也是在预料之中。今天，人们习惯说"科技"，这是把科学和技术一起说。或许，这反映了人们还是没有把科学与技术底层思维的不同搞清楚。

问"。相关地，所谓"李约瑟之谜"是语言悖论被包装成了逻辑悖论。换言之，它实质上属于语言悖论，而不是逻辑悖论。用词上，"科技"合在一起说，忽略了科学和技术的不同。前者更在于"知所以然"，与此相应的问题是"为什么"，而后者只在于"知其然"，与此相应的问题是"如何"。毕竟，科学的底层思维和技术的底层思维不一样。进一步说，在演绎思维与归纳思维之间，两者的出发点和权重不同，合在一起可称为"逻辑＋实在主义"的构建，此乃现代科学的本质。技术思维更倾向经验归纳，科学思维更倾向逻辑演绎，虽然两者皆有之，但平衡不一样。例如，同样是研究天体运行规律，牛顿的出发点偏于数学演绎，哈雷的出发点偏于经验归纳。

再比如，爱因斯坦的思维也偏向于演绎。他曾说："是我们的理论决定了我们能观察到什么。"在 100 多年前，在人们根本没有设备和仪器验证以前，他就"预言"了引力波。100 多年后，他的预言被证实了，成了科学知识，可信度在 99% 以上。严格地说，爱因斯坦的"预言"是理论的"预测"（prediction），不是"预报"（forecasting），也不是"猜想"（conjecture）。在形式逻辑的命题中，"prediction"是确定的预言，"forecasting"是有条件的而且条件并不确定的预言，而"conjecture"则是有初步证据证明，但不能穷尽证明，也无证据可证伪的命题。这里说的"猜想"不是瞎猜，是清晰界定的。典型例子是哥德巴赫猜想，即大于 2 的偶数是两个素数之和。在证明"猜想"时，思维中不能有半点儿含糊。只有这样，我们才能真正做到"知之为知之，不知为不知，是知也"。

以上这些都是思维训练中极其需要澄清的关键概念，涉及知识论的核心问题，即如何评判知识的可靠性或确定性。把这些概念搞明白了，我们才能对知识保持自信和谦卑。不然，我们将无从判断自己到底在说什么。是知识吗？可靠性有多少？愿望、偏见、感受、修辞，即便是数据或大数据，也都时常在迷惑和误导我们。

从知识论看，现代科学只能解释过去，不能预测未来，因为它必须依赖经验证据来检验理论假说，而经验证据都是过去的，属于历史。由此，对那些对未来无知无畏、夸夸其谈的人，我们要保持高度警惕。作为生产知识的学者，更要知道自己的局限性，对知识保持谦卑。

前面已经说过，科学思维要保持高度的严谨性，必要时还要借助形式逻辑。而形式逻辑与修辞学是正好相反的，后者更适合表述情感、感受、直觉。人非神也，需要人文关怀。认识世界时，我们要面临随机性、认知性、知识论的不确定性以及未知和未知的未知。

看来，探寻宇宙规律，在严谨思维的穷尽之处，是需要信仰的。

爱因斯坦有句名言：科学没有宗教，是跛足的；宗教没有科学，则是盲目的。他还说"上帝不掷骰子"。显然，他心中有个斯宾诺莎非人格化的上帝，这个本身就代表宇宙，代表有规律有理性的宇宙。所以他说："关于宇宙最不可理解的事是，它居然是可以理解的。"在中文语境中，何为"宇宙"？四方上下曰宇，往古来今曰宙。

从爱因斯坦的话中，你可以看到他的灵魂。

再说真与实。真是真，实是实，在英语的日常语境中，真与实是分开说的，真是 true（或 truth），实是 real（或 reality）。严格地说，真的未必是实的，实的未必是真的。例如，1+1=2 这个命题是 100% 真的，但不是实的。 一个苹果加一个苹果等于两个苹果是实的，但不是 100% 真的，除非你假设两个苹果 100% 完全一样，这在（现）实世界中是不可能的。

然而，在日常中文语境中，真与实往往是合在一起说的，即"真实"，相关的词汇还有"真相""真理"，这些词汇中都含有"真"。但是，这类合成词汇往往是明言不足而暗示有余，前者从后者得到补偿，容易造成所谓认知的"矛盾性"。因为合成词汇更多地反映了合成思维（多属于归纳性）而不是分析思维（多属于演绎性），前者重直觉、感受、归纳，后者重逻辑、分析、演绎。总之，如果哲学界定为有系统的反思的思想，那么合成思维是一种图画式的想象思维，它不是哲学的，不是形而上学的，即使不说是反其道而行之的话。

例如，合成思维的人会下意识地说"真圆"，而分析思维的人会说，人能看到的只是"实圆"，"真圆"是肉眼看不见的，"真圆"永远躲在圆周率 π 无穷无尽的最后一个小数点之后。而"实圆"永远只是"真圆"的一个近似值而已，在物理世界中可以无限接近所谓普朗克长度，即 10~33cm。

此乃清晰的批判性思维，也是一般人直觉不可能企及的。从知识论的高度说，直觉不是知识。柏拉图在其《理想国》中说，哲学家必须从感觉世界的"洞穴"上升到理性的世界，即所谓从感性到知性到理性的过程，中间有一道思维训练的门槛，为此他在学院门上挂了一块牌，上面写着"不会几何的免进"。如此产生的超越形而下学的严密的逻辑思维为现代科学的兴起奠定了思想基础。真与实之间的对话和由此产生的张力，外加演绎和归纳的相互配合，即所谓"演归"的哲学观，其终于结出了现代科学知识论的果实，伽利略、牛顿、莱布尼兹、爱因斯坦等现代科学的巨人随后相继出现。

在社会科学领域，例如，政治学有托马斯·霍布斯，经济学有亚当·斯密。前者是从人性（理性假设）出发，在理论上初步论证了国家的必要性；后者也是从人性（理性假设）出发，在理论上初步论证了市场的有效性。以概念的抽象性和非人格化的角度看，国家与市场是一组对应；更具象一点儿，政府与企业是一组对应。在思维上，特别是霍布斯，其论证国家的过程明显地受了欧几里得几何的启发。无论如何，两者的论证过程都有显著的逻辑演绎性，遵循非矛盾性，一先不能后，一后不能先，所以构成了一个所谓理论的初步体系，供后来人根据知识论的评判标准，去批评、去修正、去扩展、去深入、去增加逻辑严谨性或可证伪性，以期创新再创新。

但是注意，无论是霍布斯还是斯密，他们理论体系逻辑演绎的第一原则都是假设"理性经济人"（*homo economicus*），并认为理性经济人是给定的，因此不再追问人的理性的源泉是什么，以及是否受内部（如心理和认知）或外部因素（如社会和制度）影响。但是，如果答案是"是"，那么代表人物是卡尔·马克思（政治与经济的互动）和马克斯·韦伯（社会学）。两者都不认为人的"理性"是给定的，而是要受外部因素的影响的，如社会分层或阶级。哲学上，相对于逻辑演绎，他们理论体系更接近经验归纳。思维上，这与中国的传统哲学更接近，归纳多于演绎，模糊胜于清晰，虽然是下意识的。

逻辑演绎是"真"的、简洁的，经验归纳是"实"的、复杂的。从知识论的判则看，科学理论构建"不分东西"，关键是根据所要研究问题的性质，游刃有余地用好所谓奥卡姆剃刀。要提高理论的高度，必须加强逻辑性；要注重一时一地的实践，矢量相反。

至此，你或许已有所"感悟"（最好是已经"理解"）知识论对生产科学理论和科学知识的重要性。没有知识论，我们就无法"厘清"经验、理论与科学知识的关系。这个厘清的过程包括阐释、说明、表明、定义各个环节。不然，我们就无法判断我们所说的知识到了什么水准，是科学的，还是非科学的？是感性的、知性的，还是理性的？

经济增长理论的构建

对于某一段时间内一个经济体的经济增长与否，我们可以先粗犷地看看 GDP 的变化，或更能体现效率的变化是人均 GDP。前面说过，所谓建模是理论建设的中间环节（intermediate steps），注意英语是复数，是中间环节（们）。在我们数学表述的模型（们）中，经济增长是"应变量"，我们的任务是系统地找出"自变量（们）"（independent variables，注意英语用的也是复数），即能解释经济增长最关键的"原因（们）"（causes，注意是复数）。在探寻和挑选相关原因时，我遵循所谓"奥卡姆剃刀"简洁原则：能少一个，就不多一个；重要的排先，次要的排后，不能眉毛胡子一把抓。

自亚当·斯密以降，所谓现代经济学的特点就是加强了数学逻辑的演绎性，而不是原来仅依赖于经验描述的归纳而已。

数学家伊萨克·巴罗认为，数学是科学不可动摇的基础，也是对研究人类事物有充量优势的基础。但是说到底，这更是受了牛顿的现代科学范式的启示，即演绎的"真"再加归纳的"实"，如此大大加强了所谓"现代科学"理论的分析力和解释力。逻辑演绎必须基于"公理"，或"第一原理"，不然就成了无源之水（源头是否清晰可以再讨论）。关于源头之问，牛顿也留下名言，"*hypotheses non fingo*"（不再做假说），他在最后的章节中还加了一句说明，他目前的逻辑设定对实验哲学而言，已经足够了。这里说到了判断理论的五标准之一，即所谓的成果性。其他四个，我再重复一遍，是简洁性、一致性、精确性、普适性。

可见牛顿思维的逻辑之严密、分析之精细，在理性主义和经验主义之间游刃有余。当然，他还发明了微积分这种数学工具，来帮助自己的思维，同时提高理论的精确性和普适性。看来，所谓数学好，不只是会做题、会数数，要害关乎思维。牛顿是 17 世纪的人，与他这种清晰的思维相比，今天有多少人的思维能超越呢？可见教育的重要性和迫切性。柏拉图曾说，大多数人在黑暗的"洞穴"中，现在看来不无道理。

放在公理化系统的思维中做对比，①现代经济学的"公理"或"第

---

① 在数学领域，德国数学家戴维·希尔伯特是近代形式公理学派的创始人。他于 1899 年出版了《几何基础》，不依靠任何空间，直接推出欧几里得几何的所有定理，透彻地阐述了公理系统的逻辑结构与内在联系，是近代公理化工作的代表作。《几何基础》一书揭示了公理法的实质，开创了现代公理法思想的新阶段，并对整个数学以至科学的理论建设产生了深远的影响。

一原理"是什么？是所谓"理性经济人"的假设，或是常常被称为经济分析或理论建设的"微观基础"。公理一般被认为是自证的。但是，分解欧几里得几何第五公理，导致了非几何数学，非几何数学导致了广义的相对论。类似地，如果打开经济学公理——"理性经济人"这个"黑匣子"，我们就会发现其实至少还有三个维度的内容，每一个都不是唯一解。其一，人是利己的；其二，人是理性的；其三，人是效用最大化的。

为什么说每个维度都不是唯一解？以下我多说几句，分别加以说明。

其一，关于利己的假设。思维不严谨的人往往在这个概念上闪烁其词，分不清自利与自私的区别，及其对国家与市场之间划界的含义。私人领域是有空间和时间界定的，在界内效用最大化，这就是自利；没有征得同意，进入别人的私人领域，这就从自利变成了自私。这时发生利益冲突，就需要国家介入市场。可见，如果起步假设是自私，那么国家的作用是全天候的；如果起步假设只是自利，那么国家的作用是选择性的。总之，自私是损害别人，自己获利；而自利是自己获利，但同时也有使别人获利的可能，可能还会形成双赢格局。

显然，就是在这种微妙之间，托马斯·霍布斯国家理论的起步公理是"人是自私的"，所以他强调了国家的作用；而亚当·斯密市场理论的起步公理是"人是自利的"，而不是自私，所以他不认为国家的作用是全天候的，只倡议有限政府，更强调市场的有效率性。但是，另一方面，斯密也从来没有说过市场是完美的。其实，在严密的逻辑推理中，这些都是可以预料的。

前面说过，魔鬼都在细节中。如果再在自私与自利之间加入微积分进行分析，这就会折射出罗纳德·科斯的经典之问，或更严格地说，从逻辑上可以推出科斯定理，即市场上的交易成本不是零；因此，下一个问题就是国家与市场的界限在哪里。我们由此可见数学逻辑思维的重要性。就理论的"成果性"而言，我的建议是先进行第一段分析，这是关于离散变量的分析；如果有可能，那么我们再进行第二段分析，由粗犷到细微，这是关于持续变量的分析。如果分析还要不断细分、不断深入，那么在建模中，我们可以借鉴集合数学的思路，亚集以及亚集的亚集，一直可以分下去，直到无穷无尽。可是，我们大可不必庸人自扰，经济学远没有达到这种精密度。

其二，关于"理性"的假设。现代经济学在社会科学的各门学科中，可谓是"理性"假设的最忠实的捍卫者。但是，即便如此，他们所说的"理性"这个概念也只是俗话说的"理性"，有大量"直觉"的成分，并没有上升到哲学的高度。在哲学上，理性和直觉是两个互为对应又互为排斥的概念。严格地说，理性是"绝对、永恒、无时空"的符号，要超越物理学，按爱因斯坦的表述，是"上帝不掷骰子"。

如果以此为标杆，那么现代自然科学只是趋向理性的，而社会科学即便是经济学也要远远排在后头。原因之一是经济学研究的对象是人，而人的思维总体是"靠经验感知而直觉"，而不是"依逻辑演绎而理性"，或者说，感性多于理性。（实）人不是（真）人，能做的只是合理，而不是理性。所以人工智能的"算法"用的表述是启发性而非决定性。从理性和合理的中间地带切入，我的增长理论公式表述为"启发性的增长公式"。

从哲学形而上学高度看理性假设的意义，经济学家保罗·萨缪尔森具有洞察力，他能分清"原理知识"（*cognito ex principlis*）和"授受知识"（*cognito ex datis*）的关系。前者如几何，后者如历史。所以他说过，经济学不仅是"实证性研究"，也是"规范性研究"。他暗示哲学、科学或以科学为向导的经济学的任务，就是完成理性的历史过程。这其中离不开教育和学习，既包括投身经济学的研究者，也包括他们研究对象的教育和学习，学习不仅包括科技，还包括更合理的制度。不然，即便从功利主义的角度看，学习和教育也失去了意义。显然，这里涉及人力资本和知识经济的议题。经济学家代表是罗伯特·索洛和保罗·罗默。

我自己的研究也是在探寻"理性"的边界问题。前面说过，建模是理论建设的中间环节，我要建两个模型：一个是外部环境影响的模型，一个是内部边界作用的模型，以及两者的合力最终是如何影响人的"趋向理性"的思维。既然命题是"趋向理性"，那就不是简单的行为经济学的问题，会有教育的或规范性的含义，包括因起点和条件不同而不同的学习战略。

其三，关于效用最大化的假设。在我看来，经济学中的"效用"是相当含糊其词的，即便在英语语境中，效用是单数还是复数也没有说清楚。如果效用是复数，那么如何排序？不然，由此所建理论的预测力和解释力会成问题，成为"事后"（*ex poste*）的描述，即马后炮。没有"事先"（*ex ante*）的界定，科学理论就失去可证伪性，这是知识论的忌讳。

关于"效用最大化"的假设，同意不同意，经济学或可以从社会学中受到启迪。社会心理学家亚伯拉罕·马斯洛提出过人需求的由低到高的五个层次：（1）生理需求，（2）安全需求，（3）社交需求，（4）尊重需求，（5）自我实现需求。

显然，这是个从物质向精神提升的过程，在公理层面对经济增长理论和制定发展战略具有意义。说到底，这也与哲学意义的理性有异曲同工之处。所谓哲学意义的理性就是真正的"自由"，是"真、善、美"最终的统一；向着这个理性的目标，人类发展是个漫长的过程。所以，诺贝尔经济学奖得主道格拉斯·诺斯不无感叹地说："经济史基本是一个各个经济体失败的故事。"依我看，相对表现好的，也只是基于"概然逻辑"的"贝叶斯方法"，而不是基于"形式逻辑"的"帕累托方法"。

有道是，路漫漫其修远兮，吾将上下而求索。

2012—2016 年，我受世界经济论坛邀请，与诺贝尔经济学奖得主迈克尔·斯宾塞共同主持了世界经济论坛全球议程新增长模型委员会的工作。这项工作引发了我对经济增长理论进一步系统的思考和关注。基于上述，特别是关于人的理性两个模型（外部环境和内部边界作用）的思考，我的经济增长理论框架包含了四类由浅入深、互相作用的起因：物理性起因，场景性起因，激励性起因，思想性起因。几个层面叠加在一起，发展思路类似人脑的神经网络系统以及人工智能的深度学习。

这里说的是理论框架，而不仅仅是分析框架，因为框架内的变量中有第一原理，其推演规则（*modus ponens*）可以演绎推理，符号表

示为 α，$\alpha \rightarrow \beta$，$\vdash \beta$。演绎推理没到决定性的形式逻辑的严谨程度，还属于概然性逻辑，所以说是启示性的增长理论。但是注意，这样的理论构建也更符合实际情况。在现实中，由于人的次理性，或西蒙所说的有限理性，经济发展基本上是归纳性调整，俗话说"吃一堑，长一智"；往好的说也只能是"演绎性试错"，所谓"创新"也是如此，决策都要面临各种大小不同的不确定，如果到了知识的最前沿，就要面临未知，即"摸着石头过河"。

相应地，考虑到理论的五个关键判则：简洁性、一致性、精确性、普适性、成果性，我用四个公式表述如下：

$$G_{t,w} \approx f\left(K_N,\ K_H,\ K_P\right) t_{t,w}$$

$$G_{t,w} \approx f\left(K_i^v,\ K_i^h,\ K_i^s\right)_{t,w}$$

$$G_{t,w} \approx f\left(R_P \rightarrow R_S\right)_{t,w}$$

$$G_{t,w} \approx f\left(K_H \Longleftrightarrow K_P\right)_{t,w}$$

$$\text{假定，} \quad K_i^v > 0$$

$$K_i^h > 0$$

$$K_i^s > 0$$

$$R_S = R_P + \Delta$$

从上往下，第一个公式表示物理性起因，第二个公式表示场景性起因，第三个公式表示激励性起因，第四个公式表示思想性起因。

解读公式中某个符号表达的变量时，遵循控制其他变量的方法，即"*ceteris paribus*"（在其他条件不变的情况下）。公式中，G 表示经济表现，以人均 GDP 看。下沉小写 t 代表时间，下沉小写 w 代表地点；由此可见，四个公式对时间和空间敏感，即会考虑当地发展阶段的不同条件或实际情况。

第一个公式中的 K_N 代表自然资本，[1]这个符号包括了所有"天上"和"地下"资源及其"约束"，如环境污染和气候变化挑战；K_H 代表人力资本；[2] K_p 代表物质资本。[3]从世界经济论坛全球议程新增长模型委员会的角度看，我们的一个重要任务就是探讨在"自然资本"有强力约束的条件下，全球经济何以"公平、包容、可持续发展"，相关的管理应对标"基金"，即只动利息，不动本金。

在嵌入第二个公式以前，作为思想实验，以上的各资本要素组合可以看作是在真空（in vacuum）情况下进行实验，先假设阻力或摩擦力为零。先控制变量，以后再一一加入其他变量，这样可以更有条不紊地厘清各自的作用。这种清晰有序的思维早期体现于伽利略，他可谓是现代科学进行精确思维的第一人。他先假设没有空气，这是一

---

[1] 经济学对自然资本的关注，或者更狭义地说是土地，始于 18 世纪法国的经济学家，当时他们称自己是"physiocrats"（重农主义经济学家）。这些重农主义经济学家的信条是，政府对经济要"放任自流"，认为土地才是财富和政府税收的真正来源。那是当时，到了今天全球化经济时期，过分依赖土地的经济体，往往容易陷入所谓"资源诅咒"的陷阱。

[2] 经济学对人力资本的关注，或者更狭义地说是劳动力，始于亚当·斯密。他的贡献是把"劳动分工"或"专业化"看作经济增长的来源，这中间也隐含了"配置效率"的提高。他在《国富论》中举的例子是分工合作的"别针工厂"。显然，他在企业内部的微观层面也看到了生产关系对经济增长（生产效率）的作用。

[3] 马克思在其《资本论》中对"资本"的来源进行了专门的讨论。关于资本产生和积累的因果机制，他提出的假说是通过"剩余价值"索取。

个"反经验的思想实验",由此他看清了自由落体的规律。这就是思想的力量,不然经验会时不时地迷惑我们,正如在自由落体这个问题上,经验迷惑了伽利略以前所有的人,包括亚里士多德。

类似地,在我们的经济增长的理论框架中,我们首先要清楚"真"与"实"之间的区别。加入关乎场景性起因的第二个公式之后,原来的真空条件就不再真空了,由此我们又回到了"现实世界"。我们的第一个公式与第二个公式之间的关系类似牛顿物理学中物体运动第一规律和第二规律之间的关系,即第一是在没有阻力的媒介中,而第二是在有阻力的媒介中。

在现实世界中,因为各国之间政治、经济、社会等形态不是均匀的,我们必须考虑分布在时空中非均匀的场景及其对经济表现的影响,因为不同制度安排意味着不同程度的摩擦力,以及所引起的不同程度的"配置效率",不论在国际层面、国家层面还是企业层面。不然,改革和开放就无从说起了,与此同时,熊彼特所说的"创新"或"创造性毁灭"也会失去意义。

可以说,由此我们将进入解锁经济学的所谓全要素生产率之门,即进入罗伯特·索洛的增长会计式模型中那个无法厘清的"垃圾桶"。在一般的计量分析中,这个垃圾桶往往以误差项表示,反正解释不清的任何东西都可以往那里扔。这是个肉眼看不见的"黑箱",但是黑箱中深藏着各国经济发展的秘密。在此处耕耘的人属于"制度经济学派",早期是卡尔·马克思,更近期的是罗纳德·科斯和道格拉斯·诺斯。作为科学范式中的研究,制度经济学派有三句话:(1)制度是起作用的,(2)制度是可以分析的,(3)现在的任务是展示作用。

我的那本英语专著 *Institutions and Investments* 就是用计量回归分析的方法来展示制度对投资行为的作用的。含义有两点，其一，人的所谓理性不是给定的，而是制度环境的函数；其二，这也回应了罗伯特·卢卡斯的经典之问，即"为什么资本多的国家的资本不流向资本少的国家"。之后，用计量方法研究制度的还有达龙·阿西莫格鲁等。这是个充满挑战、新兴的研究领域，因为从某种角度上说，制度都是"看不见的手"，其摩擦力的不同深刻地影响经济发展。在我的经济增长理论框架中，这属于场景性起因。

相应地，第二个公式中的 K_i^v 代表纵向制度资本，如实现法治就表示制度资本深厚，即减少权力的傲慢，有效地把权力关进笼子，减少寻租与力克腐败；K_i^h 代表横向制度资本，如开放和成熟的市场，包括可以直接融资（相对于间接融资）的资本市场；减少垄断包括行政垄断，降低市场准入台阶；K_i^s 代表处于纵横之间的社会资本。

第三个公式中的 R_p 代表个人收益，R_s 代表社会收益。$R_s = R_p + x$ 意味着，当个人收益越接近社会收益，激励就越强，政策导向就越是藏富于民。但是，在一个国家中，个人收益不可能等于社会收益，始终会有一个 Δ，它不可能是零，这是定理。这也暗示了维护社会秩序是有必要的成本，如通过税收。与此逻辑一致，我们还可以得出三个定理，符号表述为：$K_i^v > 0$；$K_i^h > 0$；$K_i^s > 0$。[①]

---

① 整个数学向近代数学发展的过程中，符号化是重要的一个环节。虽然这个环节不产生新的数学思想，但它是推动数学向近代数学发展最关键的因素，它的作用是使人类的思维更加抽象、简练、精准。

为了便于深入理解，以上各个变量的实体可以用集合数学的集做考量；随着研究的不断深入和细致，集合还可包括其无限可分的亚集。但是，从知识论的角度看，为了避免科学研究的碎片化，所得的知识构不成体系，科学建立标准模型，哪怕是初步的标准模型，是很有必要的。这方面的工作，物理学做得最好，其"标准模型"的内容和边界定得很清楚，包括强力、弱力、电磁力和基本粒子。如此，虽然"标准模型"并不完美，还没有完成大统一理论，但是物理学被誉为"科学的国王"。而更具精密思维的理论数学，一路上辅佐物理学精进，所以被誉为"科学的王后"。虽然研究的对象不同，但物理学这种清晰有序的科学思维很值得社会科学家借鉴。

在我的理论框架中，第四个公式中 K_H 与 K_P 越趋近，就越表示知识是内生的，创新是原创的，其中要投入大量的基础教育和研发费用。这表述了人走向哲学意义上"理性"的漫长黑夜的过程。拉丁语有个词叫"*homo deus*"，意思是"智人"（*homo sapiens*）变为"神人"，这个词隐含了亚里士多德的观点，认为神就是"形式的形式"，有潜能性和实现性之分，而学习就是透过自由活动，将"潜能"变为"实现"。这与教育哲学家杜威提倡的"进步的、演化的及发展式"教育理念似有异曲同工之妙。作为初步测量，我们不妨先去看看全球两万名顶尖科学家在各国的分布，以及各国获得菲尔兹奖、诺贝尔奖、图灵奖的人数，因为他们代表了人类思想和知识的最前沿。

科学理论需要回到经验世界中进行验证。为此，我的电脑中已建立了一个相当庞大的数据库，有上万个一手和二手数据。数据来源包括：世界发展指标（World Development Indicators），经合组织数据（OECD Data），麦迪森数据库（Maddison Project Database），世界自由（Freedom in the World），第四政体（Polity IV），全球治理指标（World Governance Indicators），国家脆弱性工作组报告（State Fragility Taskforce Report），经济自由（Economic Freedom），人类发展指数（Human Development Index），三大奖项（Top 3 Prizes），世界十大科学家（World Top 100K Scientists），社会资本调查（Social Capital Survey）。因为受限于时间与篇幅，关于回归分析的技术细节我就不在这里一一展开了，总之，全球的经验数据"显著地""有力地"支持这个由"四个公式"表述的经济增长理论，我把它简称为"4-F 增长理论"。我之所以称之为理论，是因为它不仅有归纳功能，还有基于所谓现实人性理性的微观基础，由此具有可以进行"概然性逻辑"的"演绎功能"。权衡"从下往上"和"从上往下"的视角后，我称之为"启发性的增长理论"。

再加两点注释性说明。

其一，自从二战以后，因为全球市场经济的扩充，对于 K_N "自然资本"的关键问题已经不再是"拥有"，而是根据市场价格"可得"的问题。其二，从全球看，K_i^s 表示"社会资本"，它与经济发展不成正相关的线性关系。高浓度的社会资本，例如"部落""乡情""黑手帮派"，或可以在小范围内促进交易，但是反而会阻碍"现代市场和法治"的建立，因此与经济发展呈反比。从全球再看中国的发展，例如，过去 40 多年深圳快速发展的部分原因是不排外，"来了就是深圳人"。深圳的人口规模超过世界上许多国家。

此外，如果对全球经验数据感兴趣，那么你不妨去读读我的《国富之道》，书中的许多耳熟能详的各国的史实是进一步验证理论的证据。我希望你有一个额外的收益，即发现原来各国经济发展历史的背后其实是有规律可循的，可以用概然性的数学逻辑解释。不然，如果没有逻辑演绎，你就很难给浩瀚的历史资料以一以贯之的结构。什么是科学研究？前面说过了，我在这里再重复一遍：你必须提出一个疑惑，你必须有工具箱，你必须给混乱的现象以结构，你必须在结构的基础上提出可验证的假说或一系列假说，你必须回到经验（现实）世界里去检验假说。

最后，基于奥卡姆剃刀，即"如无必要，勿增实体"，同时基于前面所说的建设理论的五个判则，或称理论选择的算法[①]，即简洁性、一致性、精确性、普适性、成果性，我再把以上表述的 4-F 增长理论整体合并为一个数学公式，表述如下：

$$G_t \approx \int \left\{ \left[\frac{K_N^\alpha \cdot K_H^\beta \cdot K_P^\gamma}{(1-K_i^v)(1-K_i^h)(1-K_i^s)} \right] / (1-\delta_R) / (1-\delta_I) \right\} dt$$

$$\text{假定，} \quad \alpha + \beta + \gamma = 1$$

$$K_i^v \in (0, 1)$$

$$K_i^h \in (0, 1)$$

---

① 这里的算法就是指一系列使我们能算出关于特定问题的答案的规则。例如，乘法的算法就是一种把它运用于任何两个数字上就能得出乘积的一套规则。类似地，理论选择的算法就是指当一系列规则被运用到两个竞争理论中时，它们能告诉我们应该如何选择更优的理论。

$$K_i^s \in (0, 1)$$

$$\delta_R \in (0, 1)$$

$$\delta_I \in (0, 1)$$

说到这里，我再强调两点。第一，这个公式的变量 δ_I 表述了我前面说过的哲学意义上的"理性"，是这个经济增长理论的"第一原理"（*ab initio*），也是公理化系统的起步。目前这个变量取值一定不是 0，因为人的思想远远超过一般动物，但也一定不是 1。如果变量取值是1，那就意味着人性潜能中"真、善、美"已达到最终统一，即终极的理性。目前，这远不可能，因为 1-1=0，任何数除以 0 都是无穷。朝着这个"理性"目标奋进是哲学和科学的任务，但切不可忘记，人类发展之路将是漫漫长夜，所以我们要对知识保持谦卑。

第二，从这个公式整体看，除了上述有公理化演绎的可能，等式左边的以经验数据（人均 GDP）衡量各国不同经济发展水平，也提醒我们关注概然性、启示性归纳推理的重要性，因为我们问题的起点是要回答为什么有的国家经济发达了，而有的国家经济相对落后了。由此，作为基于经验的学习，我们需要先看看等式左边的因变量，然后再系统地看看等式右边的自变量，以试图解锁经济发展或落后的原因。

在哲学上，以上两个点加在一起便是所谓的演归，即演绎与归纳之间的互动，涉及人类知识及其创新的内因和外因的来源问题。因此，除了哲学家笛卡儿所强调的内因，即"我思故我在"（*cogito ergo sum*），如果你也不忽视外因对学习的重要性，那么保持开放心态、通过融入世界来发展自己的经济就变得关键了，虽然这总体上还是属于归纳推理的经验主义的范畴。

总之，就构建经济增长理论而言，我们所要思考的是可及性理论，而非纯真理论，如数论。毕竟我们要面对的是现实世界，所以要对极端的、非此即彼的教条主义保持健康的警觉，用启蒙运动哲学家康德的话说，就是从"教条的沉睡"中醒来，在经验与理性之间保持适当的平衡。[①] 这个动态的中间环节是人类思维不同于其他动物的特点，即合理性。注意，合理并不是理性的本身，[②] 而是趋向理性（或顶多是近似理性）的思维或认知过程，同时会受到内因和外因的制约；就知识论而言，现代科学知识的拓展亦是如此，是概然性的，不是绝对的。

由此，就研究经济发展而言，我们比起亚当·斯密探寻财富起因进入了一个更深的层次。层次越是深刻，我们就越有洞见，而不是平面描述所谓"所有事实"，这样，理论的解释力就越强。亚当·斯密关心的主要是媒介或场景的非均质性，如市场的成熟度、对生产效率的影响。但在哲学上，他并没有对人的"理性"、"知识"或"创新"的来源做更深入的剖析。顺便提醒一下，比较而言，流行的行为经济学似乎更是掉入经验主义的陷阱，在关于因果关系的理论方

[①] 当然，从科学历史的发展中看，有时为了认知的"洞见"，我们时不时也需要从另一个（哪怕是极端的）视角看看问题，如"反经验的思想实验"。例如，伽利略为了解锁自由落体的规律，先假设没有空气，虽然这种假设与现实是不相符的。

[②] 哲学家康德的一个重要代表作是 *Critique of Pure Reason*。中文书名为《纯粹理性批判》。我认为，把这里的 reason 翻译成"理性"是个错误，有误导性。"理性"对应的是 rationality。

面建树不多，或批判得更严厉些，其是非理论的。有鉴于此，我更认同经济学家保罗·萨缪尔森说过的一句话，即经济学不仅是实证的研究，也是规范的研究。毕竟，经济发展或发展阶段是一个时间函数，在我们现有的工具箱中，要在新古典模型和行为主义之间保持动态的平衡。

如果我们进一步探讨，这里所体现的张力就会涉及乔姆斯基与福柯关于人性的思考和争论，包括与其相关的科学性、历史性、行为主义、伦理、自由和创造。说到底，任何社会科学理论或社会发展理论都必须基于对人性的思考，即回答什么是人性，以及人是如何正确认知的。[①]

基于以上认识，在我们经济增长的理论框架中，与其说有所谓"中等收入陷阱"，还不如说有"中等知识陷阱"。前者如果有的话，那么只是观察到的现象而已，而后者是深层的原因，在我们的增长理论中用符号 δ_l 表示，代表了各个知识领域的最前沿；无论是自觉的还是不自觉的，其发展或演进无疑也受内因和外因的制约，包括所谓"思想市场"的成熟度。

因地制宜的追赶战略

对广大发展中国家而言，收敛战略就是提高经济发展水平的追赶战略，所谓收敛就是低水平向高水平拉齐或追赶。注意，这里用的是

---

① 这方面的科学研究的前沿是认知科学和神经科学。

经济发展水平，用人均 GDP 衡量比较合适，因为这个衡量关乎的不只是生产，更是生产效率，而发展水平与经济增长率和发展路径是相关但是不同的概念。对某个发展中国家而言，发展或追赶具体走什么路径最有效，这更是战略选择的问题，不可能一刀切，必须因地制宜，并要充分考量路径依赖的挑战。

为什么增长理论与发展（或追赶）战略是相关的，但是要分开考虑？这是为了舒缓共性（或理性主义）与个性（或经验主义）之间的张力，即从理想状态降低到近似情景，而根据某时某地的实际形势适度地把握这种张力更是属于艺术的范畴，而不只是科学。[①] 你或许可以称之为务实主义；不过如果过于务实了，就会有失去原则的风险，所以你必须张弛有度。理论知识，这里指的是高阶的理性知识，是普遍的、抽象的、恒常的，而实际经验是个别的、具体的、易变的。由此可见理论联系实际的张力，并由此引发战略思考作为一个中间过渡环节的必要性。与此同时，我们可见远见卓著、脚踏实地的领导力或政治企业家的重要性。

古希腊人爱好理论，古罗马人爱好战略。

更直白地说，战略是理论的降维，政策是战略的再降维。从理论知识升华和知识的应用而言，理论、战略、政策之间的格局和作用是不同等的，不能搞混；相对于前者，后者更是一时一地的关注。前者

---

① 这也是为什么中国著名的关于军事战略的《孙子兵法》的英语翻译是 *the art of war*，即战争艺术。

更是关乎基础研究，或者更是关乎应用研究。[①] 这不，中国在实行改革开放的发展战略中，还建立过经济特区，实行过涉及土地、劳力、资本等方面的特殊政策。等这些政策成功之后，国家再逐步推广。

所谓科学理论就是要从多样性背后找出共性，而战略则是要在理论的指导下根据实际情况保持一定的灵活性和多样性。理论必须具有一般性和超越性，不然就称不上理论，而战略是对理论的应用，要考虑所处时空的具体条件。以集合数学的视角看，多样性可以理解为一类集合中多种亚集的具体体现。这时，如果每个变量再给予时间和空间的考量，那么我们增长理论框架中四类起因（物理性起因、场景性起因、激励性起因、思想性起因）的"集合"之间，就可以产生无数种不同的"组合"。而这种不同的组合，因为有了"时间"和"空间"的考量，就不会脱离实际情况，可以"因地制宜"地做出追赶战略（们）的选择（注意英语是复数 strategies），无论是在国家层面、企业层面，还是在其他层面。

---

① 在应用研究成功的基础上，市场还要考虑可以接收的"研发"。一般而言，基础性科学研究是为人类提供公共产品，理论上，国家更应提供资金支持；与此不同，面向市场的开发研究是个人或公司的"私人产品"，国家的作用是给予"专利"保护，而不是提供资金或各种补贴。这类研究成果的激励更是应该来源于市场而不是国家。面向市场的开发研究需要考虑市场对产品的接受程度。例如，大型计算机的小型化，让价格可以被大众接受、使用方便的个人电脑诞生。总体而言，要成为知识强国，就必须同时有涵盖基础研究、应用研究和面向市场开发研究的三驾马车，缺一不可。说到底，正如我们的增长理论的最后一个公式所示，这也是收敛战略的最核心的议题。就中国而言，从人均 GDP 在全球的排位看，目前收敛战略大约走到了中场，下半场的短板是基础性科学研究不足。这个问题深层次涉及中国传统哲学和文化，即功利色彩浓厚，学问更在于"致用"而不是"致知"。无意识之中，眼下各种"智库"泛滥或又是急功近利的表象之一。

例如，在自然资本这个 K_N 变量中，土地可以看作是一个集合；但在中国，这个集合还可再分成两个亚集，即农村土地和城市土地。虽然它们的改革方向总体上是市场化，即从 K_i^y 转向 K_i^h，但转向并不是简单的 0 或 1，而是在 0 和 1 之间做选择。类似地，"企业"还分国有企业和乡镇企业，它们改革和发展的战略、政策也不尽相同。中国还有"转轨经济"的特点，如价格双轨制以及分割城乡的户籍制度，等等。讲到横向制度安排 K_i^h 的"市场"，我在这里再提醒一下复数与单数含义的不同，是复数，是市场（们）。例如，劳动力市场和金融市场所需要的条件是不同的，不能混为一谈，后者更多地涉及全球知识和法律体系。从全球看，实证数据表明，发达的金融市场与普通法（相比大陆法）传统更相关。可见，发展金融市场是不可能一蹴而就的，或进行所谓休克疗法，这一定是个艰难的学习过程。事实也是如此，中国在这方面的开放速度也相对较慢，现在或许应该加速了。

就追赶战略而言，既然知识和技术的前沿总体上在发达经济体一边，那么对追赶者来说，学习的机会就变得十分关键。把握节奏、有序开放就不失为一种有效的学习方法。学习的逻辑——包括示范、模仿、边干边学、边看边学，边听边学——适合一切所谓"幼稚企业"的成长。它们的"青少年时期"的学习和发展需要平台、需要时间，但保护期不能太长了。

总之，如前所说，"理论和战略是相关的但不一定是相同的"的话题，有必要先分开分析，然后再连接、综合使用，这叫方向明确、因地制宜、理论联系实际。为了便于传播，让我打个比方。理论与战略的关系是，理论是"展望星空"，战略（及其配套政策）则是"脚踏实地"，灵活机动的战略战术则是连接"天气"和"地气"的桥梁。打完比方后，我需要提醒一句，类比毕竟不是精确思维的方法，也不是精准传播知识的方法。使用比喻要特别慎重，除非表达的只是感性知识，不是理性知识。当然，人在多数情况下只能如此，往往把直觉混同为知识。康德提醒："没有概念的直觉是盲目的。"

所谓收敛战略（追赶战略），就是发展中国家的经济，以人均GDP计，努力与发达国家的经济靠近。与全球相比，中国改革之前在哪里？现在到了哪里？战略远景是什么？挑战是什么？我们要心中有数。所谓远景，就是远见加上可行性，或称有可行性的远见。

从目前看（见图1），以人均GDP衡量，美国大约是6万美元，发达国家在4万美元以上，全球平均水平是1.2万美元。中国在改革开放前夕是156美元，比许多撒哈拉以南非洲国家都低好多。过去40多年来中国通过改革开放，有了快速发展，缩短了与发达国家的距离，现在经济总量已排在世界第二，但从人均GDP看，现在为1万美元，与发达经济体还有一定的差距。从现在再往前，中国的远景

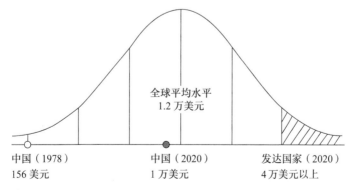

图1　高斯正态分布示意图

是，争取跨过中线、进入右边第一标准方差区间。之后，中国整体进入第二标准方差极其艰难，将面临所谓增长极限，主要是因为人口基数庞大，受自然资本包括气候变化和能源供给等条件的硬约束。

根据阿格纳斯·安德森统计，200多年前，中国经济相对于全球经济而言就是这个水平，即处于右边第一方差区间。当时，中国大约有全球1/3的人口，生产的经济总量占全球的1/3以上。那时，全球总体上还处于农耕经济均衡中，而中国代表了农耕时代最发达的技术，包括制度技术的均衡水平。

根据过去30年左右的经验数据，美国经济年增长率是2%~3%，这基本上是来自知识边疆的持续拓展、技术的持续创新（但是注意，经验也顶多只能概然性地说过去，更不可能证明未来，因为我们总会面临黑天鹅的挑战）。基于经验数据，我的回归分析显示，发达经济体的物质资本投入在下降，而非物质资本的贡献正在上升。这初步证实了所谓知识经济的假说，或者说其经济进入后工业时期。但是无论如何，如果发展中国家的经济年增长率不大于3%，那就无从谈追赶战略了，所以每个发展中国家都要有紧迫感，不然会继续拉大与发达国家的财富鸿沟。过去40年来，中国经济发展出现高峰时，增长率超过两位数；近些年与高峰时期比，增长率已显著放慢，但还在6%以上。[①] 如果能保持这个势头，那么中国经济总量大约再需要10年时间就能超过美国。

如果把中国经济放在我们的增长理论的框架中看（这个理论框架对时间和空间敏感），那么中国的发展战略总体上显示了一个学习的

---

① 本文写在新冠肺炎爆发前。新冠肺炎疫情及抗疫措施，包括封城、隔离、旅行限制、避免积聚等，对各国经济的影响不可低估。

过程和顺序：在物质资本上，在改革开放时期，中国先是发挥比较优势，如相对便宜的土地和劳力；在制度调整中，即从计划经济转向社会主义市场经济的过程中，中国渐近式地推行改革和开放，或增量改革，即尽可能遵循帕累托改进的原则，还与时俱进地从比较优势转向竞争优势。

考虑到国家的辽阔和各地实际情况的不同，或是因为改革会面临不确定性，或是因为打破任何均衡会面临阻力，中国改革开放战略的一个显著特点是，以点连线再到面的铺开。例如，从经济特区的设立（包括在更微观层面的产业链的发展）到沿海开放城市，再到内陆拓展。这样便于试错、示范、学习、提高。这种发展战略和路径值得其他发展中国家学习和借鉴。

回顾改革开放 40 多年，中国取得的成就非凡。经济增长从人均 GDP 156 美元快速增加到 1 万美元。展望未来，中国将面临人口和自然资源硬约束的更多挑战。所以对于中国发展的下半场，创新不是选择，而是必由之路，不仅包括硬件，还包括软件。这些都与中国教育的质量息息相关。邓小平曾说科学技术是第一生产力①，这是关于知识边疆的拓展。

还有，中国改革开放还有待于进一步深入，主要是两大方面，正如十八大报告指出的，其一是依法治国，其二是让市场在资源配置中起决定性作用。

说到这里，我们回到了 4-F 增长理论中的第二个公式。科斯有过

---

① 《邓小平文选》（第三卷），人民出版社，1993 年。——编者注

经典之问，即在"科层"（hierarchies）①和市场之间，如何精准划定界限？注意，英语用的是复数，由此你可以想到很多所谓场景性起因。界限划得精准与否，决定了不同的摩擦力，即经济学术语中的配置效率。理论上，当纵向制度所需的行政成本正好等于横向制度所导致的交易成本时，我们可以说，这就是精准的界限。然而在现实世界中，我们永远不能 100% 确定，所采取的战略只能是通过实验性的探索（"试错"）获得；为了控制或减少试错的成本，试点实验或设立经济特区等政策可以理解为战略的举措。

对于全球经济，特别是关于金融市场（市场是全球的）与监管（监管是国内的）之间界限的划法，差之毫厘，谬之千里。在国际关系体系上，全球市场处于一个"无政府"的现实状态，因此，严格地说，监管之界皆在主权范围之内。发展中国家对此需要特别警惕。2008 年的那场全球金融危机只是又一个提醒而已，互联经济，福祸所依，收敛需要超越纯经济的战略思路。

200 多年前，从人均 GDP 看，各国的经济发展水平基本相当。之后，由于启蒙运动和科学革命，有些国家跑到了前面。工业革命只是现象，关键是培根的那句话——知识就是力量。

今天，在全球化的条件下，实现经济表现收敛的重要前提之一是发达经济体的知识前沿有可及性，由此发展中国家可以先模仿，进而

①　Hierarchies 在英语中是常用的词，是一个重要的概念，中文翻译成科层或等级并不到位。在宏观层面，国家相对于市场，hierarchies 指的是国家。在公司内部，例如，经理层相对于员工层，hierarchies 可指经理层。总之，相对于横向的制度安排，hierarchics 指的是纵向的制度安排。

再创新；毕竟在其他同等条件下，学习现有的知识要比创造新的知识的速度来得快。但是，正因为如此，随着越来越接近人类的知识前沿，如果发展中国家的收敛战略只是仅仅考虑经济因素而不考虑政治因素，那么追赶的行程将会变得越来越艰辛。

许多单纯地强调经济自由的经济学者往往把政治秩序看作是给定的，但是现实世界其实不是，特别是当一个国家或国际社会处于大的变革中时。

哲学家可专事理想，政治家却必须面对现实。在现实世界中，经济毕竟是离不开政治的，这不仅在有主权国家的国内如此，国际社会更是如此，因为国际社会并没有中央主权政府。为了保持逻辑一致、思维清晰，在理论上，除了霍布斯，科斯的科斯定理也在提醒我们，市场上的交易成本不是零。而这些提醒，也如前所示，已包含在我们的增长理论的公式之中了。

我以爱因斯坦的话做个总结："如果你不能简单地解释事物，那么你离'真'的距离一定还很远。"这与我们前面说过的理论选择的算法其实是兼容的，即在强调简洁性、一致性、精确性、普适性的同时，还要考虑现实世界的成果性。就广义相对论的成果性而言，爱因斯坦也降维了，他把时/空这个场用非欧几里得几何的张量写进了方程式，因为这个场不是绝对的，有曲率，不是零。

虽然所研究对象不同，但是爱因斯坦那种超强大的理论联系实际[①]的思维值得从事社会科学的学者学习和共勉。

---

① 这里说的"实际"是指实际的物理世界，而非纯理论数学。

02

专题篇

闵维方

张晓波

卢　锋

黄益平

闵维方
教育与经济增长

　　教育经济学是一门生机勃勃的年轻学科，是现代经济学和现代教育学最新发展的结晶之一，至今只有 50 多年的历史。"教育与经济增长"是教育经济学的重要内容之一。正是对教育在经济增长中作用的探索，催生了现代教育经济学。因此，我先谈谈教育经济学的诞生，然后结合我国国情，谈谈教育促进经济增长的作用机制。

教育经济学的诞生

早期的教育经济思想

　　教育经济思想源远流长。早在几千年前，人们就已经认识到教育对促进经济发展、建设富强国家的极端重要性。例如，我国春秋时期的政治家和思想家管仲就深刻认识到培养人才方面的投入具有很高收益，他说："一年之计，莫如树谷；十年之计，莫如树木；终身之计，莫如树人。一树一获者，谷也；一树十获者，木也；一树百获者，人也。"也就是说，培养人才的投入是收益最大、最长久的投资。

第一次产业革命之后，随着机器大工业生产的发展，特别是科学技术在经济发展中日益广泛的应用，通过教育和培训提高劳动者素质的重要性日益凸显。许多早期的古典经济学家，如英国的配第和法国的魁奈，指出教育培养人的重要性。最早对教育的经济功能进行详细论述的是英国古典经济学集大成者亚当·斯密。他指出，教育和培训所形成的知识技能能够提高人的劳动生产率。人们通过教育投入所获得的知识技能是固化在学习者身上的资本。他说："这些才能，对于他个人自然是财产的一部分……工人增进的熟练程度，可和便利劳动、节省劳动的机器和工具同样看作社会上的固定资本。学习的时候，固然要花一笔费用，但这种费用可以转化为利润。"斯密的思想对后来的经济学家具有重大影响。

马克思的经济理论中也包含许多重要的教育经济思想。马克思认为，劳动者是生产力中最积极、最活跃的因素。在现代化大生产中，随着科学技术的进步和生产力的发展，劳动者要从事生产就需要掌握一定的科学文化知识和技能，因此，企业必须对劳动者进行教育和培训。从这个意义上说，"教育会生产劳动能力"，可以把非熟练劳动力训练为熟练劳动力，把普通劳动力培养成专业劳动力，如科学家和工程师等，并提高劳动者对工作变换的适应能力。他说："比社会平均劳动更高级、更复杂的劳动，是这样一种劳动力的表现：这种劳动力需要较高的教育费用，它的生产要花费较多的劳动时间，因此它具有较高的价值。"这种受过更多教育的劳动力的价值较高，表现为能够在同样长的时间内生产较多的价值，他们从事的复杂劳动等于加倍的简单劳动。马克思的这一思想在分析教育投资的必要性和教育的社会经济效益中具有重要意义。

从 19 世纪末到 20 世纪 50 年代，许多国家不同学派的经济学家提出了更加丰富的教育经济思想。如新古典经济学的主要代表人物之一马歇尔继承了斯密的观点，他认为，一个受过良好教育的人，类似一台价格昂贵的机器。一个人为了将来更好地工作而对自身进行的教育投资，同建设一个企业而进行的投资是一样的。马歇尔在其于 1890 年出版的《经济学原理》中明确指出，教育具有重要的生产性。他看到了教育可以发展人的才能，认为"有助于物质财富之迅速增加的变化，无过于我们学校的改良"，指出"优良的教育，即使对于普通工人也予以很大的间接利益。……它是物质财富生产上的一个重要手段"。他还看到了教育投资可以获得很大的回报，认为"一个伟大的工业天才的经济价值，足以抵偿整个城市的教育费用"。因此他指出"最有价值的资本是投资人力的资本"，提出"把教育作为国家的投资"，由国家和学生家庭分担教育费用。

苏联的斯特鲁米林、美国的沃尔什等都从不同角度提出了许多重要的教育经济思想。斯特鲁米林在其于 1924 年发表的《国民教育的经济意义》一文，运用马克思的劳动价值理论第一次计量了教育投资对国民收入的贡献。沃尔什则于 1935 年发表了《人力资本观》，首次明确提出人力资本的概念，并用数量分析的方式研究了大学阶段教育与经济收入问题。但是，由于受到经济发展水平和教育发展水平等客观因素的限制，教育经济学在当时还没有成为一门相对独立的学科。

现代教育经济学的形成

任何一门学科的产生都同特定的社会历史条件密切相关。现代教育经济学诞生于 20 世纪 50 年代末 60 年代初，1970 年前后达到了顶峰。这是因为，二战以后西方各发达国家的经济迅速恢复并实现了较长时间的持续增长。这时，许多经济学家都在试图解释这种经济增长的原因。根据传统的经济学理论和方法，经济增长是由土地、资本和劳动的投入决定的。由于土地是相对固定的，因此，当时的经济增长模型主要包括资本和劳动力的量的投入。但是当沿用传统的计量经济增长的方法（即各种生产函数模型，如柯布-道格拉斯模型）测算经济增长时，人们普遍发现，国民经济产出增长率大于国民经济资源投入增长率，回归计算的结果出现了一个很大的"剩余"。这个"剩余"被当时经济学界称为"经济之谜"。正是对这个谜的探索催生了现代教育经济学，而这一时期发展经济学和计量经济学的发展则对教育经济学的形成做出了重要的理论和方法论方面的贡献。

要解开这个"经济之谜"，就必须在传统的经济模型所包含的生产要素之外去寻找促进经济增长的原因。一批杰出的经济学家开始以更广阔的视角观察和研究这个时期经济和社会各方面发生的变化，他们不约而同地把目光投向科技和教育。当时正是发达国家科学技术突飞猛进的时期，也是教育高速发展的时期，人们平均受教育程度大大提高。教育能够增加人们的知识，提高人们的工作技能，增强人们消化、吸收和应用新的科学技术成果的能力。这些知识和能力被运用到生产过程中，就会大大提高生产效率，增加产出的数量，提高产出的质量，促进经济增长。这种新的发展现实推动一些学者去深入研究教育与经济的关系。

诺贝尔经济学奖获得者、美国著名经济学家舒尔茨在这方面做出了开创性的贡献。1960年，他以美国经济学会会长的身份在第73届经济学年会上发表了《人力资本投资》重要演讲，对人力资本的观点做了系统阐述，这是其人力资本理论形成的重要标志之一。1961年，他又发表了《教育与经济增长》等一系列重要论著，分析了为什么使用传统的经济理论和经济计量模型解释许多国家的经济增长不能令人满意，并进一步指出，教育的发展，即对人力的投资，是这种增长的主要原因。在1963年发表的《教育的经济价值》中，他写道："教育的经济价值是这样体现的：人们通过对自身的投资来提高作为生产者和消费者的能力，而学校教育则是对人力资本的最大投资。这一命题的含义是，人们拥有的经济能力绝大部分并不是与生俱来的，也并不是进入校门之时就已经具备的。换言之，后天获得的这方面能力非同小可。其能量之大，可在根本上改变通常的储蓄与资本形成的现行标准，亦可改变工资结构及劳动与财产收入的相对数额。人们长期以来在经济增长、工资结构变化和个人收入变化等方面的困惑，经过引进人力资本概念后，便可迎刃而解。"舒尔茨的理论贡献奠定了作为现代教育经济学核心的人力资本理论的基础，并在宏观上实证检验了教育对经济增长的重要作用，他借此获得了1979年诺贝尔经济学奖。

继舒尔茨之后，另一位诺贝尔经济学奖获得者、美国著名经济学家贝克尔在1964年出版了经典著作《人力资本》。贝克尔特别强调正规教育和职业培训支出所形成的人力资本的重要性。他指出，人们为自己和孩子支出的各种教育费用，不仅是为了现在获得效用和得到某种需求的满足，同时也考虑到未来获得效用和得到满足。而未来的满足可以是货币的，也可以是非货币的。在一般情况下，只有当预期收益的现值至少等于支出的现值时，人们才愿意支出。这种支出就是人们为了未来满足而进行的投资。贝克尔对正规学校教育和在职培训的支出和收入以及"年龄－收入"曲线等问题展开了深入的理论分析和探讨，并做了系统的实证研究，分析了人力资本投资对个人就业和经济收入的各种重大影响，提出了估算人力资本投资量及其收益的若干方法，从而在微观经济分析方面为人力资本理论奠定了坚实的基础，并使之数量化和精细化。贝克尔的若干理论观点和分析方法也具有开创性和广泛的学术影响，以至他在发表诺贝尔经济学奖获奖感言时自豪地说："收入方程可能是微观经济学中最为常用的根据经验得出的回归方程。"

美国著名经济学家丹尼森，从 20 世纪 60 年代初开始，根据美国的历史统计资料对经济增长因素进行分析和估计，并度量各因素所起的作用，以此作为美国经济加速增长的参考。他于 1962 年出版的《美国经济增长因素和我们面临的选择》以对经济增长因素的详尽分析而著称于世。其中，有关教育年限和知识增进等经济增长因素的分析和计量，以及因素分析法这一计量方法，具有重要价值。他认为通过增加正规教育年限而提高劳动者的受教育程度，不但可以解释过去的经济增长，而且有可能促进未来的经济增长。知识增进对经济增长具有促进作用，这种知识的进展应归功于社会生产方面重要知识的增加。人类知识的扩展，通过教育传授更多、更好的信息，以及较好教师的积极影响提高了学生们所获知识的质量，都被看作知识增进因素对经济增长贡献的一部分。知识增进能促使同样的劳动、资本和土地生产出更多、更好的产品，对经济增长越来越重要。这些重要思想都被今天的知识经济发展证实。丹尼森的一系列研究为推动人力资本理论的发展和教育经济学的形成做出了重要贡献。

另一位著名经济学家明瑟有关收入方程的经典工作更是给教育经济学以巨大的实证研究支持。他在 1974 年出版的《教育、经验与收入》一书中，从微观经济分析的角度把受教育年限纳入收入方程，建立了以他名字命名的明瑟收入方程，并以此计算教育投资的收益率。大量的实证研究运用明瑟收入方程证明了通过教育积累起来的人力资本的确能够增加个人的经济收入。尽管明瑟收入方程有一定局限性，但是到目前为止，明瑟收入方程依然是最常用的度量教育收益率的方法之一。

如前所述，传统的经济理论忽视了人的质量因素在经济活动中的作用，国民收入分配理论的基础仍然是三要素理论，即土地、资本和劳动。人力资本理论的提出，是对传统观念的巨大冲击。过去许多人都认为，如果把人们受教育看成一种创造资本的形式，那就是对人格的侮辱，在道德上是错误的，是对教育的崇高意义的贬低。他们认为，教育的宗旨是文化的、哲学的，而不是经济的；教育的目的在于提供一种理解自己所拥有的价值的机会，以及对所设想的生活进行评价的机会，从而使个人发展成为有能力的、可以承担责任的公民。舒尔茨指出，人们的这种传统认识是片面的，教育除了实现以上目标外，还可能改进人们工作和管理自己事务的能力，并且这种改进还可能增加国民收入。文化和经济的共同作用是教育的结果，这绝不是贬低教育在文化方面的作用。事实证明舒尔茨的观点是正确的，在现代社会中，教育功能并不是单一的，而是具有政治、经济、文化多方面的作用。从这个特定意义上说，人力资本理论的提出是具有划时代意义的观念变革，也奠定了教育经济学的理论基础。（在西方权威的《新帕尔格雷夫经济学大辞典》中，"教育经济学"和"人力资本理论"是同一个词条。）

教育经济学的发展

以人力资本理论为基础的教育经济学于20世纪60年代初形成后，很快为许多国家特别是发展中国家的决策者所接受，成为他们扩大教育投资、促进教育发展的理论依据。在这一理论的推动下，世界范围内迅速出现了教育大发展的热潮。然而十多年之后，人们发现人力资本的许多论断与经济社会的发展现实相差很大，各国政府赋予教育发展的目标也未完全实现。例如，教育推动劳动生产率提高的目标没有完全实现，扩大人们受教育机会并没有促进经济收入分配趋向均等化，教育的大发展并没有降低失业率等。这种状况的出现同国际经济发展的大环境密切相关，如20世纪70年代的石油危机导致许多发达国家和发展中国家发生经济危机，出现经济衰退、通货膨胀以及高失业率等。冷酷的现实说明，教育并不是影响经济增长的唯一因素，经济增长还受到许多其他因素的影响。的确，新的经济发展现实使人力资本理论在理论上和实践上都面临巨大的挑战。然而，教育经济学作为一门学科并没有消失，恰恰相反，这种挑战激发了人们对教育经济问题的新思考和新探索，进一步拓宽了教育经济学的思想理论基础。

20世纪70年代产生的众多的教育经济思想流派，大体上可以分为两大类。一类是教育与劳动力市场相关的系列理论，包括诺贝尔经济学奖获得者斯宾塞于1973年提出的信号传递理论，诺贝尔经济学奖获得者斯蒂格利茨于1975年提出的筛选假设理论，以及多林格尔和皮奥里于1971年提出并于1985年再次系统论述的劳动力市场分割理论。另一类是比较激进的教育社会功能理论，包括鲍尔斯和金蒂斯于1976年提出的社会化理论，以及卡诺伊和列文于1984年提出的教育的政治经济学等。这些理论从不同的角度探讨教育与经济的关系，进一步丰富了教育经济学的内涵，使得这门学科向着新的更广阔的理论领域进军，但并没有推翻教育经济学的"合理内核"，即"教育可以增加人们的知识和能力，进而提高人们的劳动生产率，促进经济增长"。

教育在经济增长中的意义

随着科学技术的突飞猛进，特别是20世纪80年代以来的信息技术革命和网络社会的兴起，知识信息的传输和扩散成本大大降低，知识的创造、加工、传播和应用越来越成为新的世界经济增长的重要源泉。人们通过教育所获得的更多更好的知识和能力不仅在生产中的作用比以往任何时代都更加重要，而且也为从业者的"干中学"和在工作中的不断创新奠定了基础，教育在经济增长中的意义更加凸显。

　　新的经济发展现实催生了新经济增长理论，其代表人物罗默于1986年发表了《收益递增与长期增长》，1990年又发表了《内生技术变迁》。其核心思想基于三个基本前提：一是技术进步是经济增长的核心，而技术进步依赖于受过良好教育的、具有创新意识和创新能力的人才；二是大部分技术进步源于市场激励而致的有意识的投资行为，即技术是内生的；三是创新能使知识经过产业化的过程而成为商品。在此基础上，罗默指出经济能够不依赖外力推动实现持续增长，内生的技术进步是保证经济持续增长的决定性因素。这一思想的经济含义和政策结论是，经济增长率随着研发的人力资本的增加而增加，大力投资于教育和研究开发有利于经济增长。这使他获得了2018年诺贝尔经济学奖。新经济增长理论的另一重要代表人物卢卡斯从1988年开始，发表了以人力资本为核心的《论经济发展的机制》等一系列研究论文，论证了经济增长的根本动力在于人力资本的不断增长，并指出人力资本投资收益具有溢出效应。总之，新经济增长理论认为通过教育（包括在职培训和"干中学"）形成的人力资本是经济长期增长的决定性因素，并使之内生化，从而使得人力资本在主流经济增长理论中占据了重要地位。

　　2017年2月，时任世界银行行长金墉在迪拜召开的世界各国政府首脑会议上发表了《教育促进增长与繁荣》主题演讲，也特别强调了教育在经济增长中的重要作用。2015年哈努谢克和沃斯曼因在研究了全球100多个国家自1960年以来的经济增长状况后撰写了《国家的知识资本：教育与经济增长》一书，更进一步阐述了教育发展水平和质量在长期经济增长中起到了极其重要的作用。

图 2 和图 3 来自斯坦福大学教授哈努谢克和沃斯曼因在 2015 年通过麻省理工学院出版社出版的《国家的知识资本：教育与经济增长》一书，图 4 来自世界银行 2018 年的研究报告《人力资本研究》，更进一步展示了教育发展水平和质量在长期经济增长中起到了极其重要的作用。

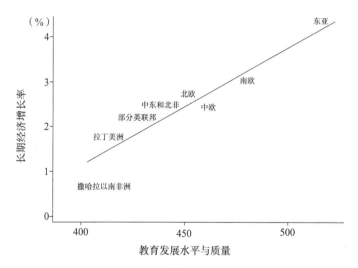

图2 1960—2009 年教育与经济增长的关系（地区）

资料来源：Hanushek，E.A.，& Woessmann，L.（2005）. *The knowledge capital of nations*：*Education and economics of growth*. MIT Press：4.

哈努谢克和沃斯曼因要探讨的是，为什么从 20 世纪 60 年代到现在，世界各国经济发展的表现差别如此之大。有好几十个经济体在 20 世纪 70 年代都已经达到了中等收入阶段，其中有些经济体顺利跨越中等收入陷阱达到高收入阶段，比如"亚洲四小龙"，而有些经济

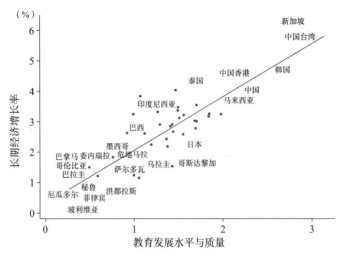

图3 1960—2010 教育与经济增长的关系（国家和地区）

资料来源：Hanushek，E.A.，& Woessmann，L.（2005）. *The knowledge capital of nations：Education and economics of growth.* MIT Press：134.

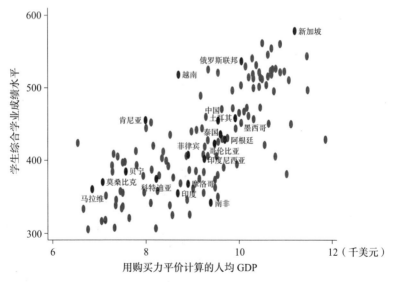

图4 学生综合学业成绩水平对人均 GDP 的影响

资料来源：Human Capital Project，The World Bank，2018：21.

体直到现在还处于中等收入阶段，比如阿根廷等拉美八国，尚未找到新的发展路径。图2以世界各大地区为单位，图3以部分代表性国家为单位，横坐标是教育发展的水平和取得的成就，纵坐标是经济增长的速度。不难发现，1960—2009年，东亚地区的长期经济增长速度远远高于其他地区，比如拉丁美洲。这两张图简单地说明了教育与经济增长的密切关系。具体而言，日本1974年人均GDP达到4 000美元，只用了12年就跨越了中等收入陷阱。1960—1975年，日本GDP增长了3倍，但同期教育投入增加了10倍之多。日本的国土面积不大，资源较为匮乏，因而非常重视人力资本的生产，也顺利跨越了中等收入陷阱；很多拉美国家自然资源丰富，但对教育重视不足，人力资本积累不够，目前仍在中等收入陷阱里挣扎。

如前所述，早在20世纪60年代初，教育经济学的代表人物舒尔茨就指出了教育在经济增长中的重要作用。丹尼森在《美国经济增长因素和我们面临的选择》等一系列论著中，做了大量详尽的实证分析。1980年以后，罗默和卢卡斯从内生增长理论角度论证了通过教育形成的人力资本对经济增长的促进作用。近年来，希克斯、哈努谢克、沃斯曼因、巴罗等人通过实证研究，进一步证明了教育发展水平和质量能够显著促进经济增长。

大量的理论和实证研究表明，在科学技术突飞猛进、网络社会蓬勃发展、知识经济高速发展、智能化制造革命蓬勃兴起的新时代，教育在经济增长中的作用从来没有像今天这样重要。一个受过良好教育的人往往有很强的创新意识、创新精神和创新能力，甚至可以从一无所有成为世界首富，比如比尔·盖茨。我刚去美国留学时，他开始创业不久。后来我在北大做管理工作，1995 年在学校接待他时，曾经同他讨论过一个问题——如何估量微软的财富。盖茨说："微软的财富都在人的大脑里，如果别人把微软 50 个最好的大脑挖走了，微软就什么都没有了。"

我曾前后在世界银行做过专职和兼职的教育投资工作。世界银行的领导和专家经常会同世界各国首脑和发展经济学专家探讨全球的经济社会发展问题，探讨影响国家经济社会的因素。一个国家的政府首脑曾经问时任世界银行行长沃尔芬森（1995—2005 年任职）："在众多影响国家经济社会发展的因素中，如果我请你只说一个最重要的因素，那么这个因素是什么？"沃尔芬森毫不犹豫地回答："如果我只能说一个促进经济社会发展的最重要的因素，那就是教育。"

既然教育对经济增长的作用如此重要，那么，在当前中国特定的社会经济条件下，教育能够通过哪些具体机制促进中国实现长期可持续的经济增长，使中国得以顺利跨越中等收入陷阱，成为一个富强的高收入国家呢？

中国经济增长面临的特殊挑战

为了理解教育在促进经济增长中的重要作用，特别是在转型中的中国经济增长中的特殊重要作用，我们必须首先理解中国当前和今后相当长的一个时期内经济增长所面临的特殊挑战。在这里，经济增长是指更多的产出，既包括由于扩大投资所增加的产出，也包括由于科学技术进步和劳动者素质提高所实现的更高的劳动生产率，即单位投入所带来的产品的增加。中国当前及今后一个时期内面临的最大、最紧迫的问题之一就是，如何通过深化改革、扩大开放等各种有效措施，使经济继续保持一定的增长速度。我们之所以要保持一定的经济增长速度，是因为：

- 只有经济保持一定的增长速度，我们才能够不断提高人均收入，确保跨越中等收入陷阱。
- 只有经济保持一定的增长速度，我们才能解决充分就业这一最大的民生问题。
- 只有经济保持一定的增长速度，我们才有能力扶贫，实现每年1 000万人口脱贫的目标。
- 只有经济保持一定的增长速度，我们才有足够的财政资源进行二次分配，从而调整收入分配结构，促进社会公平与和谐，全面建成小康社会。
- 只有经济保持一定的增长速度，我们才能不断增强综合国力，进一步提高我国的国际地位，应对各种复杂的国际挑战。

然而，要实现我国经济的长期可持续增长并非易事。尽管我国在过去改革开放40多年里的经济发展取得了举世瞩目的成就，但我国当前的经济发展也面临着很多严峻的挑战，具体包括以下六个方面。

1.结构性矛盾

我国的经济结构长期以来存在不协调、不平衡、不可持续的问题，供求结构、产业结构、城乡结构、区域结构都存在许多亟待解决的问题，掣肘我国的经济增长。

2. 人均资源相对短缺，单位产出消耗高

在水资源方面，中国人均拥有的水资源大约相当于全球人均水平的 29%，但每万美元 GDP 消耗的水资源是 1 340 吨。美国、德国和日本的人均水资源比中国丰富得多，而每万美元 GDP 分别只消耗水资源 430 吨、220 吨和 190 吨。人均水资源如此之少，生产消耗却如此之大，这样的发展怎么可能长期持续？石油资源也一样，目前中国 60% 左右的石油依靠进口，油船主要经海路运输。一旦海上运输线出问题，整个经济就将面临巨大挑战。从土地资源看，我国以全球 7% 的土地养活 22% 的人口，这当然显示了中国在农业上取得的巨大成就。但如果我们进行国际比较，那么情况并不乐观。中国人均耕地比世界人均水平少得多，甚至不到印度的一半，而且土壤污染严重，劳动生产率很低。2015 年的数据表明，美国、加拿大等国生产的小麦、玉米和大豆运到中国港口的到岸价，每吨比中国自己生产的还要便宜 500~1 000 元。在提高农业生产效率、发展现代化大农业方面，我们还有很大的提升空间。不仅如此，中国 90% 以上的高端蔬菜、花卉种子也都依靠进口。可以说，中国的各项自然资源都相对短缺（人均水平比较低），但消耗很高，这是很严峻的挑战。

3. 科技创新能力亟待提高

我国近年来确实取得了不少科技成果，但同发达国家相比，我国科技创新能力还亟待提高，真正的科技领军人才在全球来说还很少。中国目前能够称得上世界一流的科学家大概只占全球的 4%，而美国这一比例超过40%。如果再算上英国、法国、德国、日本等国家，那么全球发达国家的一流科学家比例能高达90%。科技领军人才是占领科学制高点的，而科技创新对经济增长的贡献率已经超过了其他所有要素投入贡献率的总和。在关键技术上，我国对外依存度还很高。比如联想是全球数一数二的电脑制造商，但所需芯片几乎全靠进口。苹果手机大部分在中国制造，但其中的核心技术、知识产权和关键设备全都来自美国，生产手机确实为中国贡献了GDP，但大部分利润都是美国的。再比如，中国人引以为豪的高铁，关键不在于铺了多长的铁轨、造了多少节车厢，而是在高速运转的高温条件下仍保持不变形的轴承等关键部件，也还只能依靠进口。中国现在有了自己的航母、先进的舰载机，但还是生产不了高性能的战斗机发动机。美国、英国、法国都可以生产，但在技术上对中国严密封锁，我们只能购买俄罗斯的发动机。我国于2016年专门成立了一个航空发动机集团公司，希望能解决这个问题。2012年，我在中国教育发展战略学会的会议上，私下询问一位中国工程院的相关专家："中国还需要多少年才能自己生产高性能的飞机发动机？"这位专家拿出一张纸，写了"10年以上"四个字。当时我想，"10年以上"是什么概念呢？是11年？还是19年？还是更长的时间？

4. 财政金融风险

中国的负债率在2017年稍有下降，但还在GDP的200%以上。最近几年，中央一直强调"去杠杆"，就是为了控制、化解财政金融风险。

5. 基尼系数高

如果一个国家的基尼系数超过 0.45，居民收入差距就过大，社会的公平性和稳定性可能就会受到严重影响，进而可能产生严重的社会问题。中国自 2003 年统计基尼系数以来，一直都处在 0.45 这一警戒线以上，其在 2008 年达到峰值 0.491，近年来有所下降，但 2016 年仍为 0.465。

6. 跨越中等收入陷阱的挑战

中等收入陷阱是指当一个经济体的人均收入达到中等水平后，由于不能顺利实现经济发展方式的转变，导致经济增长动力不足，最终出现经济回落或停滞的一种状态。通常这些经济体都有着多年比较稳定、高速的经济发展，国民收入水平到了中等收入阶段以后，经济发展徘徊不前，社会矛盾加重。其共同特点是在经济发展过程中忽视通过教育发展来提高自身的人力资本质量和创新能力，经济上过于依赖国际社会的产业转移。比如苹果手机等在中国生产就是国际社会产业转移的体现。改革开放初期，耐克的产品大多在中国生产，但在中国达到中等收入之后，随着劳动力成本提高，耐克就把生产转移到了劳动力更为廉价的越南等地。

陷入中等收入陷阱的国家，自主创新能力弱，经济发展会逐步面临需求疲软、投资动力减弱、产业升级空间狭小等一系列问题。长期发展下去，这些国家既无法在工资方面与低收入国家竞争，又无法在尖端科技研发方面与发达国家竞争，进入一个既不能重复又难以摆脱以往由低收入进入中等收入阶段的发展模式。同时，在经济快速发展的过程中，社会矛盾积累、集中凸显，结构性问题无法解决。阿根廷等拉美八国在 20 世纪 70 年代就进入了中等收入国家行列，但直到现在，人均 GDP 仍然徘徊在 4 000~12 000 美元，找不到新的增长动力，无法向高收入国家行列迈进。在中等收入陷阱里挣扎的国家大都有以下特征：经济增长回落或停滞、贫富分化严重、就业困难、社会公共服务短缺、腐败多发、社会动荡等。日本、韩国、新加坡等则与之形成了鲜明的对照，充足的教育投资和高质量的人力资本积累，使这些经济体顺利跨越了中等收入陷阱。

清楚地了解中国经济目前所面临的各项挑战，才能更好地理解教育是如何有助于我们应对这些挑战的。

教育促进经济增长的作用机制

那么，教育是通过哪些机制促进经济增长的？

教育促进全要素生产率的提高，推动经济增长

全要素生产率在一些文献中也被称为全要素生产力，主要是指物质资本和劳动力的量的投入所不能解释的那部分经济增值，即导致经济增长的所有其他要素的总和。这些要素包括人力资本、技术进步、组织创新、生产创新、管理创新、专业化程度以及社会经济制度进步等，其中人力资本在驱动全要素生产率提升方面发挥了重要作用。

人力资本是指人们在教育和培训过程中形成的能够创造个人和社会经济福祉的知识和能力，而正规学校教育在人力资本生产中发挥着决定性作用，因为良好的学校教育是人们知识、能力和品格形成的主

要途径，也是劳动者的工作岗位培训和"干中学"的必要基础。作为当今以知识为基础的经济增长的重要源泉，人力资本已经成为全要素生产率的核心要素。全要素生产率的所有其他构成要素都或多或少地依赖于人力资本的数量和质量。因此，在当今世界上，通过教育形成的人力资本是一个国家核心竞争力的基础。大力发展教育，提升人力资本数量和质量，已经成为世界主要国家和国际开发投资机构促进经济增长的共同的政策取向。实际上，从投资驱动转向创新驱动的经济增长方式，就是使经济增长转向全要素生产率驱动。教育正是通过提高人力资本质量，促进全要素生产率的提升，进而促进经济增长的，这一过程主要体现在以下三个方面。

第一，教育通过提高劳动者的认知技能，进而提高工人在生产中的劳动生产率，这是促进经济增长的重要途径之一。特别是在一个国家的劳动力数量不再增长，而劳动力成本不断上升的情况下，即"刘易斯转折点"到来，劳动生产率的提高就成为经济增长的重要源泉之一。教育可以通过提高劳动者的认知技能，如熟练的读写算能力、良好的文化和科学技术素质、分析和解决问题的能力，以及各种非认知能力，如良好的道德规范和社会表现、适当的职业期望、有效的时间管理、积极的工作态度、规范的劳动行为和善于与人合作的团队精神等，来提高劳动生产率。大量的实证研究表明，在一定范围内，随着教育水平的提高，劳动者能够更快地接受和掌握工作岗位培训技能，在获得和提高生产技能方面的时间会相应地减少，而且能够更快地熟悉新的生产设备，掌握新的操作技术，从而进一步促进劳动生产率的提高。例如，具有完全中等教育水平的工人所完成的生产定额指标，比只受过八年教育的工人要高 25%。随着教育水平的提高，工人花费在掌握新工种、获得和提高生产技能上的时间会减少，生产中的废品率、损坏工具和设备的数量会显著降低。一个受过五六年教育的钳工若提升一级，则接受训练的平均时间为 5 年，受过八九年教育的钳工若提升一级需要被训练 2~3 年，而受过 10 年教育的钳工提升一级则只需要被训练一年（或偶尔一年半）。

教育经济学家在长期的研究中发现，教育不仅能提高劳动者在从事标准化的工作任务方面或者从事更复杂、要求更高的生产活动方面的劳动生产率，而且能提高整个工作组织的生产能力。原因之一在于受过良好教育的劳动者能够更有效率地分配和使用各种资源。在使用各种生产性资源的过程中，劳动者常常要做出各种各样的决定，这些决定影响着劳动生产率，即便是劳动者如何分配他们的工作时间都会对劳动生产率有重要的影响。受过更多教育的个人具有更强的能力来获取、分析和处理生产过程中的各种信息，而这些信息与资源的有效使用与降低相对成本密切相关，有利于提高劳动生产率。

舒尔茨将这种观点进一步扩展为处理生产过程中不均衡状态的能力。这里的不均衡是指由于生产过程和技术的变化，相对于成本来说，生产中出现的不是产出最大化的投入组合，而是次优的投入组合。尤其是在生产要素的投入价格、生产效率以及可能存在的生产瓶颈不断变化的动态过程中，受过良好教育的劳动者能够独立地做出适当的决策，使生产过程重新获得均衡并实现产出最大化。处理生产中不均衡状态的能力是一种随着受教育水平提高而提高的能力。尽管这种能力在整体受教育水平相对较低的部分行业的劳动者中也不同程度地存在，但受过高等教育的劳动者具有更强的理解整个生产过程和优化资源配置的能力，进而提高了劳动生产率。

图 5 以各国劳动者的平均受教育年限为横坐标，以各国的相对劳动生产率为纵坐标，各国散点图显示出二者之间存在显著正相关。图 6 以各国的人均受教育年限为横坐标，以人均产出为纵坐标，各国散点图的分布显示出二者之间存在正相关关系。

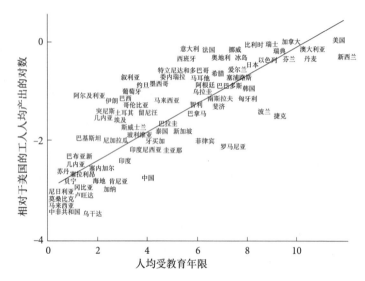

图5　各个国家和地区的劳动者平均受教育年限与相对劳动生产率

数据来源：Acemoglu, K.D. Human Capital and the Nature of Technological Progress[C]. The AstraZeneca and StoraEnso Lecture, Stockholm, Sweden, 2003.

以单位劳动产出作为国家经济增长的代理变量的优点是，单位劳动产出考察的是在一定时期内一国创造的劳动成果与其相对应的劳动消耗量的比值，与人均 GDP 相比，其剔除了总人口中非劳动人员的效应。单位劳动产出是生产技术水平、经营管理水平、职工技术熟练

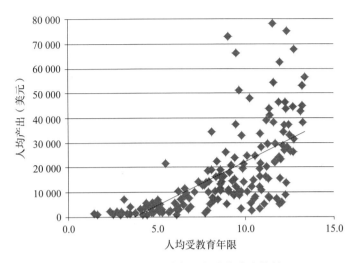

图6 各国人均受教育年限与人均产出的关系

数据来源：联合国开发署，2016 年，http:// www.undp.org。

程度和劳动积极性的综合表现，单位劳动产出的提高是科技进步以及创新活动、教育培训等无形资产投资增加的结果，也是经济长期增长状况的体现，因而是衡量一国经济发展水平、全要素生产率和潜在增长动力的标志性指标。

第二，教育通过培养创新人才，促进知识创新和科技创新，推动生产过程中的技术进步和产品不断更新，促进经济的长期可持续增长，这是全要素生产率的重要组成部分。首先，在经济增长中，所谓创新驱动实质上是人才驱动。教育在培养具有创新精神和创新能力的人才方面具有不可替代的作用。当今世界主要国家都把深化教育改革、提高教育质量、培养创新人才作为促进经济增长的重要国策。其次，尽管各国的科研体制有所不同，但大学在国家创新体系中的重要地位不容忽视，特别是研究型大学在一个国家的基础研究中通常都占有主导性地位，在国家知识创新和科技创新中发挥着不可替代的作用。相当多的科研机构，如中国科学院等，在开展科学研究的同时也在培养创新型人才。基础研究是技术创新的源头活水，国家正是因为有这些基础性研究成果，才有一切战略性、原创性的重大科技进步。没有 20 世纪一系列基础研究的重大成果，就不会有今天科学技术的突飞猛进和知识经济的高速发展。例如，十几年前，美国的大学在基础研究领域提出了压缩传感理论①，使得应用领域的科技工作者有可能以此理论为基础，在图像处理、医疗成像、模式识别和地质勘探等方面取得重大突破，形成重要科技成果。这样的例子在世界上比比皆是。因此，如果一个国家的教育办不好，特别是大学的教学科研质量不高、不能持续不断地产生创新人才和创新成果，就不能实现创新驱动的发展和经济可持续增长。

斯坦福大学在促进经济增长方面提供了一个典型案例。美国硅谷是促进科技不断创新和经济持续增长的典范，它的发展同该地区的优质教育密切相关。位于硅谷的斯坦福大学连续被评为全球最具创新性大学（见路透社 2016 年 9 月 28 日《"路透 100"：世界上最具创新力大学》），十分注重科技创新和创新成果的产业化，致力于推动经济增长。斯坦福大学前校长卡斯帕尔在"北京大学百年校庆校长论坛"上发表了《研究密集型大学的优势》的演讲，他指出："1995 年，硅谷

①　压缩传感或压缩感知是一种新的信息获取指导理论。该理论一经提出，就在信息论、信号 / 图像处理、医疗成像、模式识别、地质勘探、光学 / 雷达成像、无线通信等领域受到高度关注，并被《麻省理工科技评论》评为 2007 年度十大科技进展。

的高科技公司营业收入高达850亿美元。据估计，这些利润的62%来自一些公司，这些公司的创办人曾经和斯坦福大学有关系。他们也创造了几十万个就业机会。"位于硅谷北部的加利福尼亚大学伯克利分校也发挥了重要作用。正是由于以斯坦福大学为代表的高校发挥了作用，硅谷这片山谷成为美国高科技产业发展的中心之一，实现了跨越式的经济增长。2012年一项详细的统计研究显示，大约有40 000家企业可以寻根到斯坦福大学。如果我们把这些企业的产值加起来，那么其相当于世界第十大经济体。图7对大学创新能力与经济增长的关系进行了简要的机理分析。

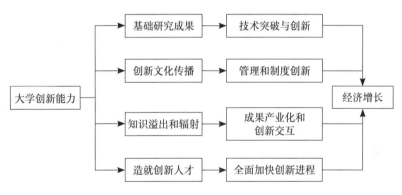

图7 大学创新能力与经济增长的内在机制

资料来源：余继，闵维方，王家齐．大学创新能力与国家经济增长 [J]．北京大学教育评论，2019（4）：109-123.

中国大学在国家科技创新和经济增长中也发挥了重要作用。据中国科技部的统计，2000—2009年，中国高校共承担了国家重点基础研究发展计划（"973计划"）、国家高技术研究发展计划（"863计划"）和国家科技支撑计划等各类国家科技计划项目27 700多个，获得科技经费总额约 277.5 亿元。"973 计划"项目中高校作为第一承担单位并任首席科学家的项目有 43 项，占立项总数的 58.1%；重大科学研究计划中高校作为第一承担单位的项目有 20 项，占立项总数的 57.1%。这些都充分反映出中国的高校具有强大的科研实力，在国家科技创新中占有重要地位。2006—2010 年，中国的大学科技园从 2004 年的 42 个发展到 2009 年的 76 个；大学科技园孵化企业从 2004 年的 4 978 个，增长到 2008 年的 6 173 个。大学科技园累计已毕业企业从 2004 年的 1 137 个增加到 2008 年的 2 979 个。2007 年，相关部门认定依托高校的技术转移示范机构 35 家，为高校科研成果的转化搭建了一个良好的平台。2009 年全国高校共输出技术 31 924 项，成交金额 132 亿元，较上年增长了 13.74%，促进了中国的经济增长。①

第三，经济增长不仅取决于工人的劳动效率和科学技术的进步，还取决于随着经济结构和发展环境的变化而不断调整工作组织和管理方式等制度层面的创新，不断优化劳动力的配置结构，促进劳动者的积极流动。受过良好教育的劳动者能够更好地适应因经济和技术迅速发展变化而带来的劳动岗位的变换和工作的流动，能够更快地适应工作组织环境的变化，更善于在工作中驾驭新的组织环境，从而提高工作效率，推动经济增长。

这一点在 20 世纪 80 年代中期发展起来的内生增长理论中得到了充分的阐述。内生增长理论进一步突出了通过教育形成的人力资本对经济增长的重要性，认为长期的经济增长是由内生因素推动的，也就

---

① 科学技术部. 发挥高校作用建设创新型国家 [N]. 中国教育报，2010-3-26。

是说，生产投入中包含着通过正规教育、在职培训和"干中学"而形成的人力资本，这种人力资本对生产过程中的技术进步发挥着重要作用，导致全要素生产率的不断提高，进而带来经济的长期增长。最新的研究表明，这不仅仅是因为受过良好教育的劳动者对技术变化和工作组织创新的适应能力更强，而且因为受过良好教育的劳动者使得不断开发和运用新技术成为可能，进而提高技术进步的速率。必须强调的是，教育在这方面对经济增长的贡献不仅取决于受过良好教育的劳动者所掌握的科技知识以及认知能力，而且取决于劳动者的工作态度和人际交流与合作能力，以及他们根据不断变化的情况调整自己的岗位角色和行为模式来应对新的工作情况的能力。更高的受教育水平不仅仅可以提高劳动者的可培训性，还可以提高劳动者对变化的劳动力市场和工作场所的适应性，从而提高劳动生产率，促进经济增长。表1显示出1970—1990年日本和韩国在跨越中等收入阶段过程中，因劳动者平均受教育水平的提高所带来的劳动生产率和全要素生产率的提高。

表1 日本和韩国劳动年龄人口平均受教育水平与全要素生产率

国别	年份	受教育年限	劳动生产率（%）	资本劳动比	全要素生产率（%）
日本	1970年	8.24	39.9	29.1	61.4
	1990年	10.71	67.0	83.8	71.2
韩国	1970年	6.58	14.2	5.9	38.3
	1990年	10.46	29.9	24.3	49.0

数据来源：教育数据来自联合国教科文组织，其他数据来自Kim, Jong-il. Total Factor Productivity Growth in East Asia：Implications for the Future[J].Asian Economic Papers，2002，1（2）：50-70.

前面提到，日本在 1960—1975 年的 15 年间，GDP 增长了 3 倍，而同期的教育投入却增加了 10 倍。人力资本质量的提高，使得全要素生产率在经济增长中的贡献不断上升，1970 年为 61.4%，1980 年为 64.8%，1990 年为 71.2%，促使日本经济在相当长的时间内保持了较高的增长速度。日本的人均 GDP 从 1974 年首次突破 4 000 美元，到 1986 年突破 12 000 美元，按照当时的标准，仅用了 12 年时间就跨越了中等收入陷阱，进入高收入国家的行列。亚洲"四小龙"实现较高经济增长，用 10 年左右时间成功跨越中等收入陷阱，也都是以良好的教育和较高质量的人力资本为基础的。

韩国 1990 年还在全要素生产率方面远远落后于日本，但作为一个后发的新兴工业化国家，韩国充分意识到教育在提高劳动生产率和全要素生产率中的重要作用，不断加大教育发展力度。2010 年韩国 15~64 岁人口的平均受教育年限就达到了 12.96 年，超过了日本的 12.44 年。2013 年韩国的高等教育毛入学率达到了 98%，为提高全要素生产率，促进经济增长奠定了人力资本基础。

2016 年韩国卫冕全球最具创新能力的经济体。美国彭博社 2017 年发布了 2016 年创新指数排行榜，该指数给各经济体打分时考虑的因素包括研发支出和高科技上市公司的集中程度，调查指标分别为研发强度、制造业附加值、生产率、科技密集度、服务业效率、研究专注度、专利活动。韩国仍然是最大赢家，在研发强度、制造业附加值、专利活动等方面高居榜首，在科技密集度、研究专注度等方面跻身前五。其生产率得分几乎没有增加——现在名列全球第 32 位，这也说明了过去一年间韩国的领先幅度为何缩小了。银牌得主瑞典排名上升主要归功于其制造业附加值提高了，而同样作为北欧国家的芬兰排名上升两位，很大程度上是因为该国的高科技公司增多。美国下滑一位至第9位，而以色列上升一位至第10位。中国保住了排名最高新兴市场称号，名列第21位，高等教育得分提高，而高科技密度出现了波动。①

实证研究显示，教育对全要素生产率具有多方面影响，以上只是列举几个方面，以下的内容也同全要素生产率的提高相关，只是由于所讨论的问题涉及更多因素，所以这里分别阐述。总之，重视发展教育，加大教育投入，不断提高人力资本质量，对促进全要素生产率提升和经济增长具有根本性作用。

教育提高劳动者素质，推动产业结构升级

产业结构的不断优化升级是经济增长的重要源泉之一。从一定意义上说，一个国家经济增长的过程就是该国产业不断优化升级的过程。这里所说的产业升级，一是指一国的经济从劳动密集型产业向资本密集型产业升级，进而向知识和技术密集型产业升级；二是指国民经济的重心从第一产业向第二产业的升级，进而向第三产业的升级；三是指三次产业内部的结构优化升级。例如，在第一产业的发展和升级过程中，从传统农业（包括采摘业、种植业、牧业、渔业和林业）向以最新科学技术成果为基础的现代化大农业的升级；在第二产业的发展和升级过程中，从轻纺工业为主要产业结构上升到以化学工业、

---

① 观察者网.美媒：全球最具创意经济体　韩居榜首中国未入前十 [EB/OL].（2017-1-18）. http://mil.news.sina.com.cn/2017-01-18/doc-ifxzqnip1705705.shtml.

机械工业、电子工业为主，从以原材料为重心的产业结构上升到以高加工度组装为主，从低附加值的劳动密集型产业为主向以高附加值的技术密集型为主，进而向包括 3D 打印和机器人的更为先进的智能化高端制造业升级；在第三产业的发展和升级过程中，从传统的餐饮商贸等服务业向现代服务业升级，包括信息、金融、物流、产品营销、决策咨询等生产性服务以及医疗保健和文化创意产业等。产业结构的优化则是指在各个产业之间和产业内部实现人力、物力、财力等资源的最佳配置，以实现产出的最大化，并实现各类产业的有机融合。在经济发展的过程中，影响产业升级的因素有很多，例如，劳动分工和生产专业化、技术进步、教育发展水平和人力资本积累、社会需求变化、资源开发与利用、对外贸易和引进外资以及相关国家的经济政策与经济制度等，其中教育在产业结构优化升级中具有基础性和先导性的作用。

人才的高度决定产业的高度。产业结构的优化升级是以必要的具有相应知识技能的劳动者群体为基础的。教育正是通过提高人的知识技能，为产业优化升级创造了必要的前提。世界经济发展史表明，一个国家的教育发展状况及其所形成的劳动力数量和质量同该国的产业结构密切相关。当劳动密集型的农业和手工业生产向资本密集型的大机器工业生产升级时，国家需要大量能够理解和掌握大机器生产基本知识和操作技能的工人，这就要求劳动者具有一定的文化科学技术基础知识和较强的读写算的能力，能有效履行生产职责。只有达到一定受教育水平的人才能做到这些。而当资本密集型产业向知识和技术密集型产业升级时，国家需要有相当大比例受过高等教育的劳动者。人类社会从第一产业产出占主导地位的农耕时代发展到第二产业产出占主导地位的资本密集的大机器生产的工业化时代，进而到第三产业产出占主导地位的智能化的知识经济时代，是人类知识的积累、传播和创新的过程，而教育则是这一过程不可或缺的前提条件。在教育过程中，人们把社会生产实践中总结提炼出来的知识技能传授给下一代，从而实现劳动力的生产和再生产。在这一再生产过程中，不同层次和不同类型教育内容的结构性，尤其是职业技术教育和高等教育的专业性，会使劳动分工和生产专业化进一步加深，这本身也是促进产业结构的演化和升级的重要因素之一。因此，与农耕时代相对应的是以文盲、半文盲或受过一定初等教育为主的劳动者群体；与大机器工业化时代相对应的是受过良好的中等教育的生产主体；而在智能化生产和知识经济时代，受过高等教育的从业者成为创造社会财富的主体（见图8）。产业升级的本质首先是人的升级，即人的受教育水平和知识与能力的升级。

农业社会　　　　　　工业社会　　　　　　信息社会

传统农业生产方式　　机械化时代的汽车生产线　　信息时代的工作方式

图8　人类从农业社会向工业社会进而向信息社会的演进

图片来源：人教网、政府采购信息网。

总之，教育的发展既为实现产业升级提供必要的人力资源基础，又反映了产业发展的客观要求。一个国家，特别是像中国这样的发展中国家，要想缩小同发达国家的经济发展差距，就必须大力发展教育事业，加快相应的人力资本积累，使本国的人力资本的数量和质量以高于发达国家的速度增长；同时还需要根据本国的经济结构和发展需求，调整和优化教育结构，提高人力资源的结构、质量及其与生产发展的适配性，使优质人力资源不断进入更新、更先进的产业，推动产业结构的不断升级。特别是在当今的信息时代和网络社会中，科学技术的突飞猛进、知识的加速创造与应用以及不断更新的现代化信息传播手段使教育过程发生了深刻的变革，大规模开放在线课程使得优质教育资源的广泛共享成为可能。因此，各国应抓住这一历史性机遇，加快教育发展，提高教育质量，促进教育公平，提升人才培养的水平，造就更高素质的劳动者，从而推动科技进步和产品更新，促进产业升级和经济增长。

图 9 以劳动力人口中受过高等教育的百分比为横坐标，以第三产业产值占 GDP 的比重为纵坐标，显示了一个国家劳动力人口中受高等教育的比例越高，其产业结构也越高，说明了教育在产业结构升级中的重要作用。

当今世界正在兴起新一轮科技革命和新的产业革命。充分认识这一世界科技革命和产业革命的发展趋势，抓住这一历史性的机遇，大力发展战略性新兴产业，也就是那些以重大科技突破和重大发展需求为基础，对经济社会发展全局具有重大引领带动作用、知识技术密集、物质资源消耗少、成长潜力大、综合效益好的产业，如新一代信

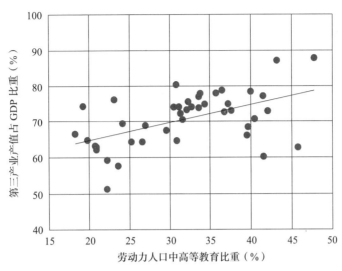

图 9　各国教育与产业结构的关系

数据来源：世界银行，2014 年，www.worldbank.org。

息技术产业、智能化高端设备制造产业、生物和新药制造产业、新材料新能源产业、节能环保产业和循环经济等，实现产业结构不断升级，是我国实现经济可持续增长的必由之路。而这更加依赖于高质量的教育发展，即通过教育培养造就大批具有创新精神和创新能力的劳动者。

经济合作与发展组织在描绘 2060 年左右全球经济面临的挑战时指出，通过教育形成的人力资本将越来越成为经济增长的关键。国内外无数的发展现实表明，教育的发展水平决定人力资本的水平，人力资本的水平决定产业的高度。对韩国、日本等许多国家各级教育发展与产业结构升级互动关系的研究都有力地验证了这一论点。

我国山东省的东岳集团在引领传统产业改造提升方面提供了一个很好的案例：地处山东一隅的东岳集团，是一个由38个农民于1987年创建的乡镇企业，通过引进大批受过良好教育的高层次创新人才，不断推动自身的科技创新和产品创新，在新环保、新材料、新能源等领域掌握了大量自主知识产权，在新型环保制冷、氟硅材料、氯碱离子膜等方面打破了国外技术垄断，实现了国产化替代，并成长为亚洲规模最大的氟硅材料生产基地、中国氟硅材料行业的龙头企业，以及诸多国内外著名企业的供应商。台湾一位企业家曾经画过一条类似人们微笑时嘴形的曲线，用以讲解处于产品价值链不同部位的收益。研发设计者处于曲线高企的左端，销售处于曲线高企的右端，制造者处于曲线的最低端。产业结构升级，既包括产业链各部位间结构比例的优化，也包括产业链各部位自身的高端化。物质资源的开发利用是社会发展的基础，而人通过教育所获得的知识和能力则决定着对物质资源开发利用的深度和广度。科学研究表明，体能、技能、智能对社会财富的贡献率分别为1∶10∶100。从土地创造价值到工厂创造价值、银行创造价值，再到网络、电脑知识创造价值，人的受教育程度在其间发挥的作用越来越大。人才通过自身的知识和能力推动知识创新、技术创新、管理创新和文化创新，突破传统企业发展的"天花板"，不断开辟企业发展的新空间，切实增强企业发展后劲，提升产业中以技术、设计、创意等为主要内容的比重，不断推动企业向价值链高端攀升。实践证明，坚持教育优先发展，造就高水平人力资本，充分发挥人才的基础性、战略性、全局性作用，努力把人才资源转化为最具活力的生产力，是引领传统产业改造升级的必由之路。①

教育通过推动城镇化进程，促进经济增长

城镇化不仅是一个国家现代化的必由之路，而且是拉动经济增长的重要引擎之一，而教育则是以人为核心的新型城镇化最重要的动力。城镇化率又称城市化率，是一个国家或地区经济发展水平的重要标志，也是衡量一个国家或地区社会组织程度和管理水平的重要标志。城镇化包含着非常丰富的内涵，一是指农业人口转化为城市人口的过程，即以农村人口不断向城市迁移和聚集为特征的过程，二是指城市文明覆盖农村，传统的农村生活方式向现代化城市生活方式转变的过程，三是指由农村传统的自然经济转化为现代化大农业和社会大生产的过程。从全球看，世界上大部分生产活动都集中在发达国家的大城市里。北美、欧盟和日本的人口不到 10 亿，却拥有全世界 3/4 的财富，半数的生产活动位于 1.5% 的陆地区域。例如，纽约市的土地面积不到美国的万分之一，却集聚了 1 800 多万人口，创造了全美国 10% 的 GDP；日本的大东京地区仅占其国土面积的 4%，却集中了全国 25% 的人口和近 40% 的 GDP。中国的京津冀、长三角和珠三角三大城市群以 2.8% 的国土面积，集聚了 18% 的人口，创造了约 36% 的 GDP，吸引了约 80% 的外商直接投资，实现了约 75% 的国际贸易。

城镇化从三个方面推动经济增长：一是由于城镇化过程中的人口

---

① 周湘智. 人才层次决定产业高度 [N]. 光明日报，2013-1-23。

集聚、生活方式的变革和生活水平的提高，生活性服务需求进一步扩大，拉动经济增长；二是城镇化过程中生产要素的集聚和优化配置，有利于提高生产的规模效益，并有利于实现三次产业的联动和现代化大农业的发展，促进社会分工的细化，扩大生产性服务需求，进一步拉动经济增长；三是城镇化有利于创新要素的集聚和知识的传播与扩散，从而增强创新活力，驱动传统产业升级和新兴产业发展，促进经济增长。

2014 年中国常住人口城镇化率为 53.7%，户籍人口城镇化率只有 36% 左右，不仅远低于发达国家 80% 的平均水平，也低于人均收入与中国相近的发展中国家 60% 的平均水平，还有较大的发展空间。城镇化水平持续提高，会使更多农民通过转移就业提高收入，通过转为市民享受更好的公共服务，从而使城镇消费群体不断扩大、消费结构不断升级、消费潜力不断释放；也会带来城市基础设施、公共服务设施和住宅建设等巨大的投资需求，这将为经济增长提供持续的动力。为此中国提出了 2014—2020 年加快城镇化发展的目标：常住人口城镇化率达到 60% 左右，户籍人口城镇化率达到 45% 左右，户籍人口城镇化率与常住人口城镇化率差距缩小 2 个百分点左右，努力实现 1 亿左右农业转移人口和其他常住人口在城镇落户。提升城镇化水平和质量的一系列措施包括：深化户籍制度改革和基本公共服务均等化，健全常住人口市民化激励机制，使更多人口融入城镇；推进有能力在城镇稳定就业和生活的农业转移人口举家进城落户，并与城镇居民享有同等权利和义务；同时加快中小城市和小城镇的发展，有条件的地方实现就地城镇化发展。

在一个国家的城镇化过程中，教育是最重要的驱动力之一，主要体现在以下两个方面。

第一，通过增加教育投资，大力发展教育事业，提升农业劳动者的文化科学水平、生产操作能力和经济运作视野，使得他们能够更好地使用农业科学技术发展的最新成果，如新型化肥和新的农业机械等；不断提高农业劳动生产率，促进现代化大农业的发展，从而使得越来越多的农民从土地上解放出来，进入城镇的第二产业或第三产业；或兴办自己的乡镇企业，促进小城镇的发展。当人口在一个区域聚集到一定规模时，生产活动、商业活动和基本公共服务就会产生一定的规模效益，创造更多的就业机会，实现就地城镇化。

第二，教育是深度开发人力资源、全面提高人的素质的基础，是农民通过接受培训和再培训进入第二产业和第三产业并逐步实现"市民化"的必要前提。城镇化进程不仅仅是促进经济增长的发展手段，更是一个人自身发展的过程。以人为核心的新型城镇化不是阶层城镇化，即通过严格筛选的招聘等方式抽调农村的相关人才到城镇；也不是简单的空间城镇化，即农村人口通过低筛选或无筛选的方式，以农民工的身份进入城镇打工，但是这些农民工没有享有与城市居民平等的基本公共服务与社会保障等相关权利；更不是单纯的生活城镇化，即通过各种方式进入城镇的农民在衣食住行等方面模仿城市居民，但是并没有在文化和价值观上，更没有在户籍上真正融入城市。以人为核心的新型城镇化是全面的城镇化，首先是人本身的城镇化，是人的全面素质的提高，是引领农村居民进入现代城市文明的过程。城镇社会是一个社会分工更加细化，居民之间互动更多，社会互动规则更强，公共领域更加发达的社会，因此对人的人文、社会、法律与秩序素养要求更高①，这些素养必须通过系统的教育过程才能形成。新型城镇化是坚持以人为本、城乡一体、互为促进、和谐发展的城镇化。这就要求大力发展教育，不断提高教育质量和水平，推动城镇化的健康发展。图 10 显示了教育投资与城镇化率呈明显的正相关。

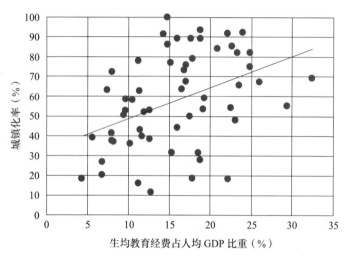

图 10　生均教育投入与城镇化率

数据来源：城镇化率，世界银行，2013 年；生均教育经费占人均 GDP 比重，UNESCO，2013。

　　发达国家大都随着经济的工业化、信息化和现代化发展以及国民受教育水平的普遍提高率先完成了城镇化。美国早在 19 世纪末就

---

① 　秦玉友 . 教育如何为人的城镇化提供支撑 [J]. 探索与争鸣，2015（09）：82-86+2。

开始加速城镇化发展，1920 年城镇化率就超过了 50%。根据联合国 2012 年 3 月发布的《世界城市化展望》，世界较发达地区的城镇化率在 2011 年就达到了 77.4%，2011—2030 年全球城镇人口将随着经济的增长从 36.3 亿增长到近 50 亿。发展中国家要实现经济现代化和经济可持续增长，重要的战略举措之一就是加大教育投资力度，普遍提高国民的受教育水平，加快推动以人为核心的新型城镇化进程。中国是世界上人口最多的发展中国家，中国的城镇化意味着数以亿计的农民从土地上解放出来，进入劳动生产率更高的第二产业和第三产业，同时也意味着现代化大农业的发展、三次产业的发展共同促进经济增长。诺贝尔经济学奖获得者约瑟夫·斯蒂格利茨曾经把"中国的城镇化"与"美国的高科技"并列为影响未来世界经济增长的两大引擎，而教育发展则是城镇化进程的基础和支撑，是提高城乡居民素质，推进以人为核心的城镇化的必要前提。

我国苏州市是加快城镇化的一个典型案例。苏州提出"教育第一"的城乡一体化发展理念，大大加快了城镇化进程，有力地促进了经济增长，为中国其他地区的城镇化提供了一个典型案例。苏州市占地面积为 8 488 平方千米，2011 年常住人口为 1 054 万，其中城镇化率达 72.3%，超过全国平均水平近 20 个百分点。但在 1978 年，苏州的城镇化率只有 16.6%，低于全国的 17.9% 的水平。在改革开放进程中，苏州提出"教育第一"的城乡一体化发展愿景，使城镇化进入了加速发展的轨道，其发展经历了三个阶段。一是乡镇企业造镇阶段（1979—1990）。由于苏州的文化教育水平较高，改革开放以来，苏州的农业劳动生产率迅速提高，农业发展迅速，大量农民从土地上解放出来，兴办乡镇企业，到 1985 年乡镇工业产值就占全市工业总产值的 50%，1990 年这一比例达到 2/3，为小城镇建设提供了有力的资金支持，促进了小城镇发展，城镇化率达到 24.9%，实现了就地城镇化。二是开发区造城阶段（1991—2000）。苏州抓住了开放型经济的机遇，先后设立了 5 个国家级开发区，12 个省级开发区和一大批乡镇开发区。这些开发区大多依托老城镇设立，开发之初就规划为现代新城区，有力地推动了苏州城镇化进程，城镇化率提高到 42.9%。三是市域城市群发展阶段（2001 年至今）。苏州进一步明确提出了城镇化战略，积极推进城乡一体化改革，在全市形成了由一个区域中心城市、4 个县级市城区、15 个中心镇和若干个一般镇组成并梯度发展的城市集群。2013 年，全市城镇建成区面积达到 728.9 平方千米，城镇化率跃升到 73.2%，人均劳动生产率超过 22 万元 / 年，有力地促进了经济增长。

教育调节收入分配，促进消费，拉动经济增长

经济增长受许多因素影响，包括投资、对外贸易、科技创新、劳动者素质和居民消费等。消费作为最终需求，是拉动经济增长的第一动力。马克思认为，没有消费，也就没有生产。"目前发达国家的家庭消费率高于 80%，印度的家庭消费率也高于 60%，而中国的家庭消费率不足 40%。因此，中国提升消费率空间巨大。研究表明，中国消费率每提高 1%，将带动 GDP 增速提高 1.5%~2%。"[1] 近年来，我国

消费率虽有所增长，超过 50%，但仍然低于发达国家的水平和世界平均水平。消费不足已成为制约我国经济持续健康发展的重要因素之一。为保障中国经济可持续增长，扩大消费需求，推动我国经济增长方式从投资和出口驱动向创新驱动和消费拉动转型是必然选择；由储蓄大国、投资大国向消费大国转变，将成为我国经济持续健康发展的第一边际推动力。

教育在扩大消费需求方面具有不可或缺的重要作用。首先，教育是改善收入分配结构、促进消费扩大、拉动经济增长的重要机制之一。当前中国消费率低、消费不足的主要原因是国民收入分配不合理，不同群体的收入差距过大，基尼系数过高。居民消费是以可支配的收入为基础的，发达国家之所以有较高的消费水平，一方面是其有较高的人均国民收入；另一方面，大多数发达国家都有一个庞大的"中等收入群体"，基尼系数相对比较低。而中国由于经济转型中的种种复杂原因，导致国民收入在居民中的分配极不均衡，两极分化现象比较严重，并通过多种形式表现出来。衡量中国收入差距的基尼系数已经由 20 世纪 80 年代初的 0.28 上升到 2007 年的 0.48，大大超过 0.45 的国际警戒线。近年来，虽然中国的基尼系数有缩小的趋势，但仍然远远高于国际警戒线。

国际经验表明，大力发展教育事业，普遍提高居民的受教育水平和质量是改善收入分配结构、缩小基尼系数、扩大中等收入群体的有效措施之一。如图 11 所示，在一个不断完善的市场经济条件下，当受过较好教育的高收入群体（如受过高等教育的企业管理人员和工程技术人员）的供给人数增加时，这一群体在劳动力市场上的竞争优势将相对降低，其收入水平也会相对降低。而由于受教育程度较低的低收入群体（如受过中等职业技术教育的蓝领，电工和水暖工等）的人数相对减少，其在劳动力市场上的竞争优势则会相对增强，这一群体的收入水平也会相应提高。①

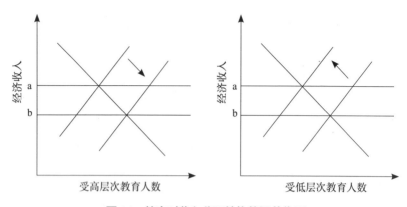

图 11　教育对收入分配结构的调节作用

通过教育的这种调节作用，中等收入群体就会逐渐扩大，基尼系数也会相应地逐步降低。如图 12 所示，一个国家居民收入的基尼系数随着该国普遍受教育水平的提高而降低。这种收入分配结构的变化将使扩大居民消费、拉动经济增长有了必要的物质基础。

其次，在扩大中等收入群体的同时，教育还可以改变人的消费观念，增强消费技能，丰富消费方式，刺激消费需求，提高消费层次，优化消费结构，从而拉动经济增长。在调整收入分配结构、不断扩大中等收入群体的同时，受过较好教育的群体对教育、文化、体育、娱

---

① 长期来看，随着技术不断发展，一些受教育程度较低的群体所从事的简单工作也有可能被技术取代，竞争优势就会相应降低，产生供大于求的情况。

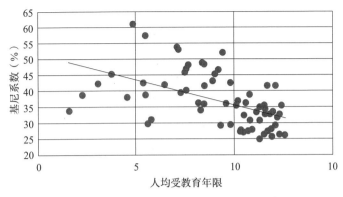

图 12　居民受教育水平对基尼系数的影响

数据来源：基尼系数，世界银行，2012 年；人均受教育年限，UNESCO，2012 年。

乐、卫生保健、旅游、通信等有利于提高身心素质、健康水平和生活质量的精神产品的需求也会大大增加。特别是在科学技术和经济社会迅速发展的今天，受过较好教育的群体在基本物质产品得到满足的同时，精神产品消费将会成为他们消费生活中最具增长潜力和最具发展前景的消费亮点。而对精神产品（如文化创意产品）的生产开发，能够满足人们日益增长的精神消费需求，将会成为拉动经济增长的动力之一。国际经验表明，受教育程度较高的群体更容易更新消费观念，更善于使用信贷消费。而中国大多数受教育程度较低的家庭，缺少经济安全感，受传统观念的影响，消费过于保守，使一些潜在的购买力难以变为现实消费需求。要从根本上提高消费率，就要通过提高居民的普遍受教育水平，形成一个庞大的有支付能力的中等收入群体，并引导这一群体树立新的消费观念，会花钱、敢花钱。利用消费信贷拓展消费，要从购车、买房和教育消费起步，进一步扩大消费信贷规模，拓宽消费信贷领域，确定合理的消费信贷利率，延长消费信贷年限，使更多的消费者利用信贷消费方式，实现消费升级，拉动经济增长。

最后，教育发展本身也会扩大消费需求。加大教育投资力度，促进教育事业更好、更快地发展，可以提高劳动者的素质，推动全要素生产率的提升，加快产业结构升级和城镇化进程，改善收入分配结构，促进居民消费扩大，拉动经济增长。教育事业发展的本身也是扩大消费、拉动经济增长的重要方面。扩大教育规模、增加各级各类受教育者群体，提高教育质量都需要建设新的基础设施，采用新的教育技术设备，增加教师队伍人数，提高教师队伍综合素质，都需要消费大量的人力、物力和财力。例如，建设一幢教学楼或学生宿舍楼需要消费大量建筑材料和建筑工人的劳动，而学生人数和教师人数的增加则需要大量的配套服务设施，如住宿、餐饮、交通、娱乐等配套设施，这就扩大了总的社会消费需求，对拉动经济增长具有积极作用。近年来，各地投资新建了若干所本科院校，我们在百度中输入"新建""大学""投资"几个关键词进行搜索就会发现这些新闻——"投资 19.4 亿元！寿光将新建一所大学""投资 10 亿元！广西新建大学选定了这个城市""贵港又将新建一所大学，总投资 25 亿元"等。教育投资的增加势必带动一系列基础设施和配套设施建设，刺激当地经济增长。

总之，教育通过提高入力资本质量，提升全要素生产率；通过培养相关产业人才，推动产业结构升级；通过提高农民劳动生产率，加快城镇化进程；通过改善收入分配结构，更新居民消费观念，扩大居民消费需求，最终促进经济增长，如图 13 所示。这些都对我国应对目前经济增长中所面临的挑战具有巨大的现实意义。

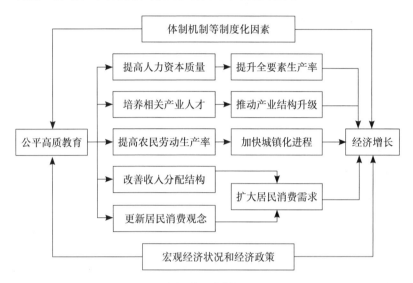

图 13　教育促进经济增长的作用机制

　　当然，我们必须清醒地认识到教育同经济增长之间关系的复杂性。第一，同巨额投资驱动经济增长不同，教育对经济增长的促进作用是一个长期的过程，必须长期加大教育发展力度，提高教育质量，促进教育公平，进而从整体上提高全体劳动者的素质，积累优质人力资本，特别是创新型人力资本，为长期的经济增长奠定坚实的基础。第二，教育促进经济增长的作用受到宏观经济状况和经济政策的深刻影响，在不同的经济发展阶段和不同的宏观经济环境下，二者的关系是有所差别的。第三，由于教育促进经济增长的作用机制总是在一定的制度化环境中进行的，因此二者的关系不可避免地会受到体制机制等制度化因素的影响。

张晓波

达尔文经济学

什么是"达尔文经济学"？这个题目听起来有些奇怪。我们不妨先看以下四个现实问题，它们都跟所谓的"达尔文经济学"有关。

第一个问题：为什么中国经济发展速度这么快，过去十多年人们的幸福感却在下降？最近几年，微信朋友圈上经常会出现很多抱怨，好像大家压力越来越大，生活越来越不幸福。中国 GDP 以平均每年6% 以上的速度增长，按道理来说，人们应该活得越来越幸福，但根据相关调查数据，人们幸福感的平均水平似乎一直在下降。

第二个问题：为什么中国中年男人的死亡率在过去十多年间上升了？数据显示，中国 40~60 岁的中年男子死亡率不断上升，这个结果会让很多人感觉不可思议。明明生活水平大幅度提升，死亡率为什么反而上升呢？

第三个问题：为什么中国的住房拥有率这么高？在北、上、广、深等大城市，很多人都抱怨现在的房价太高，让人难以承受。而根据北京大学的中国家庭追踪调查项目的数据，中国人的住房拥有率为88%，几乎处于世界最高水平。

第四个问题：为什么中国家庭的储蓄率这么高？这个指标也几乎处于世界最高水平——将近 40%。改革开放初期，储蓄率只有 20%，这意味着储蓄率在 40 年间翻了一番，而且仍有向上增长的趋势。

为什么大家都觉得幸福感在下降？为什么中年男人的死亡率会上升？为什么中国人都想买房子？为什么中国人这么爱存钱？这四个问题是经济学中很重要的民生问题，我希望能从中找出一些共同的线索。

达尔文经济学的实质

中央电视台每年都向一些观众寄送明信片进行问卷调查，主题是"你幸福吗"，大概可以收集 10 万份问卷，回收率高达 80%。北京大学国家发展研究院的胡大源老师连续多年负责该问卷的设计工作，有个问题一直出现在问卷里，即关于"幸福感"。我们从调研统计结果中可以看到，观众回答"幸福"的比例从 2007 年的 54% 下降到 2014 年的 40.6%，降低了约 14 个百分点；而回答"不幸福"的比例则从 7.6% 上升到 15.3%，翻了一番。为什么大家活得越来越不幸福？

另外，据美国《华尔街日报》的报道，中国保监会公布了一项有十多年历史的死亡率统计表，记录发现中国 40~60 岁男性的死亡率在截至 2013 年的 10 年中提高了 12%。关键是，同期中年女性的死亡率并没有上升。为什么一定是"中年男性"？

讨论上述这些问题，要涉及一个很有名的理论——伊斯特林悖论，这是美国南加州大学教授伊斯特林所发现的规律。如果从一个国家的横截面来看，我们就会发现越富有的人幸福感越高。比如在美国，哪个州的人平均收入较高，其幸福感也随之上升。但如果这一理论成立，那么随着国家经济的发展，居民收入水平越来越高，整个国家的幸福感应该不断提升。可是伊斯特林在研究了相关数据后发现，收入增加并不一定导致幸福感增加。

第一，国家之间的比较研究以及长期的动态研究表明，人均收入的高低同平均幸福感水平之间没有明显关系；第二，在收入达到某一点以前，幸福感随收入增长而增长，但超过那一点后，这种关系并不明显；第三，在任何一个国家内部，人们的平均收入和平均幸福感之间也没有明显关系，包括文化特征在内的许多其他因素都会影响幸福感。伊斯特林在 1974 年发表的论文《经济增长可以在多大程度上提高人们的快乐》中提出了这个问题，它后来被称为"伊斯特林悖论"，有很多文献都曾尝试对此做出解释。

这一现象跟传统的经济学理论明显不一致。从经济学的角度看，人们的效用取决于收入，而收入是预测整个社会福利最重要的指标之一。如果一个人的收入提升，那么其幸福感应该随之上升，同时身体健康状况也应随之改善，死亡率应该降低才合理。

后来，有很多文献不断尝试对相关理论进行改进。比如调整效用函数的形式，效用不只取决于每个人自己的收入，也取决于周围对照组的收入。人们会有种明显的感觉，幸福感往往取决于跟周围人的对比，也就是相对社会地位。

相对社会地位对于幸福感有着重大影响，如何来解释伊斯特林悖论呢？上文提到，从横截面来看，人们的幸福感与收入存在正相关关系，但如果所有人的收入都提高了，那么每个人的相对收入水平仍保持不变。如果相对地位起着关键作用，这就会导致整个组的平均值也基本保持不变。但这涉及如何定义对照组。人们在生活中都有很多圈子，比如同学、同事、老乡等，其都是人们在衡量社会地位时不自觉选择的对照组。

我们可以看这样三组人：留在农村的农民、来城市务工的农民（农民工）和城市居民。农民工跟留在农村的老乡比起来，幸福感会更高还是更低？调查结果表明，尽管农民工的收入高了很多，但幸福感要低得多。这是牛津大学教授奈特根据 CHIP（中国家庭收入调查）的数据发现的规律。为什么会出现这种现象？因为农民工从农村来到城市，不会再和留在家乡的人相比，而是会跟周围的城市居民相比，感觉自己似乎生活在社会最底层。虽然农民工的绝对收入高了，但相对地位低了，幸福感明显下降。

人们总是不自觉地用各种办法来炫耀社会地位。但如果收入状况完全透明，有些攀比就失去了意义。比如盖茨或巴菲特，他们根本不需要任何炫耀举动。巴菲特开一辆有十多年车龄的旧车，每天早上去麦当劳吃早餐，还积极参与减价促销活动，并以此为荣。因为他的财富已经足够多，其他人也都知道他的身家，他不再需要通过炫耀式的消费来宣示社会地位。

在现实生活中，往往越贫困的人越希望用名牌包。比如有些在校大学生无论如何也要买个 iPhone 手机，以此显得比别人更富有。在收入不透明的情况下，人们怎么显示自己的社会地位呢？我们稍加留心便可以发现，很多人总是通过各种渠道晒自己的生活，开辆好车、买房了、出去旅游等，或者晒孩子学钢琴、学滑冰、学舞蹈等，甚至跑一次马拉松都迫不及待地晒出成绩。而对于外人看不见的东西，很多人则会尽量节省，比如内衣等，不会选择名牌。

当人们的奋斗结果和相对地位关联越紧密时，对地位的竞争就会越激烈。纵观中国几千年历史，皇储之间发生过多少残酷的争斗，就是因为谁能继承大统，谁的权力和地位就大得多。在很多团体中，往往二号人物最倒霉，地位最不保险，因为下边的人想往上走，要打倒二号人物。同时，一号人物也担心来自二号人物的威胁。

在动物界，这种现象更加明显。比如狮子，雄狮子比雌狮子的体格要大得多，为什么？因为雄狮子有交配权，一旦成为老大，所有雌狮子就都归其所有；一旦屈居第二，就失去了优先交配权，所以雄狮子之间不断作战，最壮的、最能打的存活下来。这样一代代发展下来，导致雄狮子和雌狮子之间的体格差别越来越大。其实人类也一样，男性比女性显得更加壮硕，这是从早前原始社会及农业社会竞争中演进过来的。也就是说，所有领域都会涉及相对地位的竞争，这是达尔文经济学的实质。

物竞天择之外还有性别选择

谈到达尔文的理论，很多人都知道物竞天择，其实经济学的传统理论也是如此。比如厂商理论，厂商间进行生产价格的竞争，这是一种完全竞争，不考虑别人，做得最好的能存活下来，做得不好的会被淘汰。市场和动物界一样，适者生存。

但达尔文还发现，仅仅用物竞天择解释不了自然界的很多现象。

比如他在《物种起源》一书中对孔雀有较多讨论，为什么雄性孔雀尾巴这么长？如果天敌来了，那么它在树林里逃窜时很有可能被卡在灌木树枝之间，被天敌吃掉；而且尾巴太长会多消耗能量，影响飞行速度。这看上去似乎和物竞天择的进化规律相违背。麋鹿也有类似的情况，雄性麋鹿的犄角越来越长，在被天敌追逐时也会处于不利地位。

后来达尔文就用另外一个理论来解释这些现象，即性别选择，也就是自然界对于交配权的争夺。

万物生存的目的大体上有两个：一是自我生存，二是传宗接代。要想获得传宗接代权，首先要取得交配权。如果同性之间竞争加剧，那么哪些外在的特征更能吸引异性，这些特征就会一代代地发展并得到强化。比如雄性孔雀的尾巴越漂亮，就越能优先得到异性交配的机会，这样发展下去就越发强化这一趋势。

这涉及达尔文经济学中很重要的一点——原来人们可能有点儿过于强调完全竞争的重要性。其实，如果一个人的相对地位和收益有关，很多竞争行为就会发生改变，甚至和原来所想的完全不一样。这并不是我发明的理论。我以前的专业是数学、统计学，没有学习过经济学，后来到美国康奈尔大学读书，负责经济学招生的老师问了我几个最基本的问题，比如机会成本、影子价格等基本概念，我之前都没听说过。后来这位老师建议我去听罗伯特·弗兰克教授的课。弗兰克在课堂上讲了很多故事，当时就把我迷住了。后来弗兰克出版了一本书叫《达尔文经济学：自由、竞争和公共利益如何兼得？》，书中一直强调竞争过程中的外部性更值得研究。此前的经济学理论往往忽视了这一点。这个概念当时在我心里种下了一颗种子。

达尔文经济学在婚姻市场中的表现

人们身份地位的竞争对于社会福利的分配也有很大影响。这些竞争不就是性别结构的竞争吗？如果达尔文提出的法则对所有生物都适用，那么应该也适用于人类。

中国的性别失衡状况近年来越来越严重。改革开放初期的出生比例为 106∶100（男性∶女性），因为男性生命更脆弱，自然界造人的规律似乎让男性更多一些，到 20 岁时男女比例基本达到持平。但由于从 1979 年正式施行的计划生育政策，尤其是随着 B 超技术的发展（可以鉴别胎儿性别），再加上中国社会养儿防老的传统，男女性别比例开始出现失衡，最严重时超过 120∶100。这意味着到了适婚年龄，每 5 个女性对应着 6 个男性，即 6 个男性中至少会有 1 个光棍儿。中国现在就面临着这种情况，在偏远的农村地区，30 岁以上的光棍儿随处可见，而女性一般在十六七岁时都已经定亲，土话就是"歪瓜裂枣也能嫁出去"。这话虽然不好听，但反映的是现实。

我们从一组数字中可以看出中国婚姻市场竞争的激烈程度。中国在 1982 年、1990 年、2000 年、2010 年进行过 4 次全国人口普查，我们通过残疾人口中男女的结婚比例可以发现，残疾女性的结婚比例一直在上升，而残疾男性的结婚比例快速下降。这意味着婚姻市场对底层男性的冲击非常大。在这种情况下，男性不拼命竞争就很难找到结婚对象。男性尤其要看婚姻市场上的女性最想要的是什么，在身高、相貌等条件都差不多时，女性一般愿意找更有钱的男性，这样家庭生活条件会更好。由于每个人的收入信息并非百分之百透明，如果男性的钱只是存在银行，那么女性就不一定会相信男性真的有钱。所以在农村，房子就成了婚姻市场上最重要的象征性商品，被视为男性财富的衡量指标。

中国农村的婚姻市场还是以介绍婚姻为主，而且90%的婚姻关系都局限在所在县域内。在这种情况下，如果某县的男女比例失衡比较严重，比如5个女性对应着7个男性，而另外一个县的男女比例较平衡，那么在性别比失衡严重的地方，未来丈母娘的要价能力更强，当地房价可能会上涨更多。所以，男女性别比例会对住房需求产生很大影响。媒体上有时也会出现类似《丈母娘决定房价》《养儿是建设银行，养女是招商银行》等标题，本质上反映的都是这些现象。

我们在河南调研时听到一种说法：农村聘礼的要求为"一动不动，万紫千红一片绿"，说的就是婚姻市场的价格。"一动"是要有汽车，而且价格在10万元以上；"不动"是要有房子，房子还得在县城里；"万紫"是1万张5元的人民币，"千红"是1 000张100元的人民币，"一片绿"是一张50元的人民币，合起来是15万零50元。在我老家河北，农村聘礼的要求为"一动不动"再加"三斤"，"一斤"为5万元，"三斤"就是15万元。我们可以看出，河南、河北两省的婚姻市场价格基本一致。

上海地区的有关调查发现，只有不到20%的人愿意找没房子的人做未来的女婿，也就是媒体上说的"租房女婿"。大部分丈母娘都希望女婿娶自己女儿时已经有房子了。

我们在贵州进行的调研总共有4轮，从2004年一直到最近几年，我们持续跟踪。在一个村子里，如果媒人看到相邻的两家分别有两层和三层的房子，就会优先把好姑娘介绍给房子更大的这户人家，因为房子大表明家里更富裕，这家的儿子更值得嫁。除了房子的竞争，农村竟然还有坟墓的竞争。贵州山上有很多坟墓，而且很多都是活人墓，即人还没死的时候就开始修，以显示家里的风水比较旺。修一座坟墓至少要花掉当地一个人一年的收入。

在贵州调研期间，我们遇到过一个31岁的男青年，他已在浙江打工十几年，家里只有哥俩，父母双亡。他一直找不着对象，在浙江没人愿意嫁给他，而老家也没有媒人愿意帮忙介绍。因为如果男性没房子，找对象的问题就谈都不要谈。在这种情况下，他只好用打工挣的钱在老家盖房子，房子平时也没人住。当时我很震惊，认为这太不合理了，拿这笔钱在浙江做个小生意，不比在老家盖房子好吗？他说没办法，自己在浙江也不可能找到老婆。

还有一户人家也让我印象深刻。我问他盖房子的钱从哪儿来的？他很不好意思地把我带到墙角，告诉我这都是他自己卖血换的。那儿的很多经济条件不好的人每两周卖一次血，卖一次血可以换来140元，盖房子所需资金有不少都是这么换来的。他儿子已经14岁了，如果他还盖不起房子，提亲就有问题，所以他一定要把房子盖到两层以上。但问题是如果每家的房子都盖到两层、三层，那么最后还是有一定比例的男性找不到老婆。最后形成了恶性循环——每家都把钱花在盖房子上，而房子大多空置，因为大部分年轻人都外出打工。这造成了极大的资源浪费。

在中国很多农村地区，房屋都修得很好，但这相当于沉淀资金，既不能租出去，也不能做抵押或买卖，因为农村土地的产权属于集体。其实农村居民对房屋没有那么高的需求，年轻人一般在过年前后才回老家，其余大部分时间房屋都是空着的。这就有了所谓"两只老鼠"的说法——打工的人到城市里住地下室，跟老鼠住在一起；而自己在农村老家盖的房子没人住，只有老鼠住。我一直倡议应该把农村的产权打通，盘活房屋等资产，但目前这方面的政策仍未放开，有很多限制。

达尔文经济学可以部分解释房价过高

这些在调查过程中观察到的现象，不断刺激我去收集更多数据，以验证达尔文经济学是否在更大的范围内仍然成立，是否可以用来解释更多现象。比如中国的房价非常高，而且住房拥有率特别高，但从房价收入比、房价租金比等指标来看，中国的房价又都是虚高的。我曾在华盛顿居住多年，北京的房价大概是华盛顿的 3 倍，但美国居民的收入比北京居民又高很多。传统经济学理论很难解释中国的房价为什么这么高。

我们在《发展经济学杂志》上曾发表过文章，试图验证房价和当地男女性别比例是否有因果关系，进而验证达尔文的性别选择理论对于人类是否成立。

这个研究的第一步是先从一个个案入手，然后再找下一个个案，从时间序列来看两者的趋势是否一样，即把性别比和房价放在一起进行回归，其中的变量都标准化（减去平均值再除以标准差），然后把两个序列放在一起。比如 18 年前的出生性别比和 18 年后（成年时）

全国城市的房价似乎有共同趋势。当然，影响一件事情的因素可能有很多，这个结果有一定的偶然性，但数据确实初步验证了两者的关联性。

此外，我们还可以看不同地区的不同收入组别，判断这一关联是否仍然存在。我们采用了 2005 年的一次小规模普查数据，这次普查只抽查了 1% 的样本，分别看有儿子的家庭和有女儿的家庭。比如，看城市家庭买房子花了多少钱，看农村家庭盖房子花了多少钱。研究发现：在同等收入情况下，男女性别比例失衡严重的地方房价会高一些，而有男孩的家庭购买或自建的房子也会更贵一些。我们从住房面积上也发现了相同的规律：在男女性别比例失衡严重的地方，有男孩的家庭房子普遍较大。对于这一结论，中国有 35 个城市每年都会定期公布房价，有相关的数据可以验证。

下面我们再从截面角度来看数据。2009 年的数据表明，房价与男女性别比基本上存在正相关的关系，其中横轴表示 30 多个城市的性别比。由于一张图只能说明两个变量之间的相关性，因此可能还有其他因素导致了这两个变量具有同样的趋势，那么如何厘清这些关系呢？一个办法是，对比有男孩的家庭和有女孩的家庭。在中国，生育第一胎时的性别比基本上不失衡，往往生育第二胎或第三胎时出现明显的失衡。以三口之家（户主年龄在 45 岁以下，家里只有一个孩子）为例，如果在性别比失衡的不同地区，那么这些家庭的表现会怎么样？我们可以发现，有男孩的家庭的两个变量是高度相关的，对当地性别比例失衡的反应特别强烈；有女孩的家庭也会有正向的反应，但反应不强烈。为了把样本继续扩大，我们构造了一个交叉项，把"当地的男女性别比例"和"家里有男孩"这个变量相乘，这就有显著不同，这两个群体确实对当地性别比例失衡的反应很不一样。在住房面积上，规律也差不多，在性别比例失衡严重的地区，有男孩的家庭倾向于买更大的房子。但在房子租金上，类似关系并不存在，因为租房子没有象征性。

正是因为这种状况，房价和租金比在中国能达到极高的比例。仅从财务成本上比较，目前在北京租房子比买房子划算得多。比如在北京大学周围，随便一套房子可能价值上千万元，而如果人们选择租房，一个月的租金就只有几千元，房租收益率不到1%，从投资角度来讲，买了房子再租出去很不划算。

当然，有人会提出，这些分析都是OLS（普通最小二乘法）回归，只考虑了性别比因素，没有考虑可能对房价产生影响的其他因素。因此我们引入更多因素，比如当地的少数民族人口比例、出生当年计划生育政策强度（罚款金额）等，再逐一进行分析。我们发现在少数民族地区，计划生育政策要宽松得多，我们以此进行回归分析，发现结果仍然成立，只是系数变大了。也有人提出像北、上、广、深这些城市的房价与其他城市不具有可比性。剔除这几个城市以后再进行回归分析，我们发现得出的系数更高，进一步说明这个结论的可信度。

所以，最近十几年来中国房价的不断上升，在一定程度上与男女性别比例失衡有关系。这种现象可以用达尔文经济学的理论来解释：有男孩的家庭不自觉地就加剧了婚姻市场的竞争，从而推高了房价。

中国人爱存钱的更深层原因

在房价不断攀升的情况下，不论是在城市里买房，还是在农村自建房，需要的资金都越来越多。为了筹集到所需资金，居民的储蓄时间会被拉长。由此可以看到的是，中国的储蓄率仍在不断攀升（在本来就已经很高的基础上），几乎是全世界的最高水平。

如果从传统经济学理论出发，那么我们很难解释中国人为什么爱存钱。关于储蓄，最常见的解释用到了生命周期理论，即一个人在不同年龄阶段的储蓄率不同。如果某个社会里年轻人居多，储蓄率就高。可中国的情况完全相反，近年来已经步入老龄化社会，但储蓄率还在上升。

第二种通行的解释是储蓄可以抵御未知的风险，这种解释在中国也行不通。比如 2002 年之前，绝大多数农村居民几乎没有任何社会保障，最近十几年来政府在不断完善这方面的工作，但储蓄率并没有随着保障水平的提高而下降。

还有第三种解释，即储蓄率高是因为金融市场欠发达，人们很难获得所需的金融服务。比如农村居民有盖房子的需求，如果居民无法从金融机构借钱，就只能自己多存钱。但这些年来中国金融市场发展非常快，也没有改变储蓄率上升的趋势。

我和魏尚进老师讨论过这些话题，达成的共识是城市里的现象在本质上可能和在贵州看到的给儿子盖房子娶媳妇的现象类似。后来，我深入研究，对高储蓄率做出了一个简单的解释。对有男孩的家庭来说，房子是在婚姻市场上的炫耀性支出，如果男女性别比例失衡加剧的话，很多人就要买房，房价就会升高。同时，这又进一步带动储蓄率上升。这样循环发展，给有女孩的家庭也带来溢出效应，有女孩的家庭也必须跟着盖房子或买房子，否则也会被人瞧不起。最终，整个社会的储蓄率都水涨船高，并导致严重的浪费（如上文所述）。

在贵州进行相关调查时，我们会询问每户居民每年发生的大事件（如婚丧嫁娶等），从2004年开始一直持续到2012年。调查显示，每户人家在孩子结婚之前的储蓄率是上升的，之后会降下来，但由于房价上涨（自建房成本升高）拉长了人们储蓄所需要的时间，导致整个储蓄率仍是上升的。最后得出的结论是，男女性别比例失衡对储蓄率的上升造成的影响的程度为40%左右。

我们谈到储蓄率的上升，自然要问钱从哪儿来？我们提出一个判断，在男女性别比例失衡的地区，有男孩的父母选择独立创业的概率更高，这可以以每年新注册的民营企业的数量为依据。如何验证这个判断呢？从全国近2 000个县的数据来看，两者之间确实存在正相关关系：在男女性别比例失衡更严重的地方，民营企业数量的增速更高。

当然，并不是每个人都能创业当老板，别的替代行为也可能存在，比如从事危险性更高的工作（如建楼或者挖矿）以获得更好的收入。如果类似情况存在，这就说明驱动机制是一致的。

我们的研究发现，1995—2004年男女性别比例失衡的加剧，和这一时期中国民营企业数量增长的相关度高达47%。更进一步的分析表明，有男孩的父母更倾向于创业，或者从事危险性更高的工作。

有人认为，男女性别比例失衡只对有男孩的家庭影响明显，对有女孩的家庭影响并不明显，因此总体上看，对全社会能有什么影响呢？这就要看一般均衡效应。我们以省级 GDP 的增长率为判断依据。我们对 1980—2005 年的数据进行测算，发现在男女性别比例失衡较严重的省区，人均 GDP 增速较快。男女性别失衡对经济增长的贡献为 1.7~2 个百分点，而中国的年均 GDP 增速约为 8%，也就是说中国经济增长的 20% 跟男女性别比例失衡，以及婚姻市场的竞争直接相关。

索洛在评论弗里德曼时说了这么一句话："一切都能让弗里德曼想到货币供给，正如一切都能让我想到性别，但我未让其出现在论文中。"他其实意识到了婚姻市场的竞争是企业家行为的重要动力，但没办法继续推进这方面的研究。

性别比例失衡的诸多负面影响

随着婚姻市场竞争加剧，有男孩的父母为了盖大房子或买更好的房子，拼命工作、存钱，这样做当然是有代价的。从经济学上来说，人的闲暇时间同样重要，如果工作过度，闲暇时间太少，这就会影响到人的效用，带来很多负面问题。为什么中国人的幸福感不断下降？为什么工伤数量不断增加？为什么中年男性的死亡率在上升？这些问题都与此有关。

我与国发院毕业的博士生谭之博（毕业后去复旦大学任助理教授，目前在国际货币基金组织做经济学家）合作过一个项目，研究精神疾病的发病率和男女性别比例失衡之间的关系，最后形成的论文《独生子女政策的精神健康成本》发表在《经济研究》杂志上。由于计划生育政策的推行，中国在 1980—2010 年出现了大量的独生子女。如果一个大家庭里只有一个男孩，那么整个家族的血脉都寄托在他身上，他在未成年之前会受到无微不至的呵护。独生子女（尤其是男孩）由于在小时候获得过分关注，长大后往往面临问题：一旦走入社会，就好比突然从备受保护的温室进入战场，对于职场或婚姻市场的竞争都会感到很不适应。留心媒体所报道的自杀等极端事例，我们可以发现其中男孩比女孩的比例高得多。

中国在 1986 年与 2006 年进行过两次残疾人抽样调查，其中有一项指标是精神残疾的发病率，从 9 岁开始分男性、女性进行统计。我们从第一次调查的数据分析可以看出，在不同年龄段的精神疾病发病率方面，男性都要高于女性，而且在 20 岁之后，这一差距还在拉大。这也从一个角度证明了计划生育政策是中国精神疾病发病率急剧上升的重要因素之一。

在职场上或者婚姻市场上，每个人所做的努力最后能获得什么样的回报，取决于相对社会地位，因为你努力，别人也在努力，大家都在想办法提高自己的相对社会地位。但如果 5 个女性对应 6 个男性，那么即便这 6 个男性都拼尽力气，最后仍然会有 1 个男性找不到结婚对象。这说明婚姻市场竞争的加剧会带来很多负面影响。如今社会上的各种浮躁心态都与之相关，尤其是男性更容易受外界的影响。

我的另一位博士生张欣（目前在北京师范大学任助理教授）最近写的几篇论文影响比较大，其中一篇是关于雾霾对人的情绪的影响。男性更容易受外界环境影响，一到雾霾天气，心情郁闷，容易有暴力倾向。如果男性在考试期间赶上雾霾天，那么成绩也不尽如人意。这可以部分解释为什么现在上大学的女性越来越多。

研究中国人的幸福感，我们的数据来源主要有两个：一个是央视的简单调查，另一个是北大进行的中国家庭追踪调查。央视的幸福感调查数据比较粗糙，我们从中无法了解受访者家里有几个孩子，只知道本人的性别，只能作为参考。中国家庭追踪调查的数据好一些，受访者的家庭结构比较清楚，我们知道受访家庭有男孩还是女孩，可以得出当地的性别比例。

全国残疾人抽样调查中有一项是"残疾的原因是什么"，原因选项中有一个是工伤，因此我们可以把这两个因素联系起来，分析工伤事故比例的上升是否和男女性别比例失衡有关系。

我们还获得了1990—2000年全国死亡观测点的数据。在死亡原因中，有一部分可归为与工作有关的死亡，这些数据可用于同样的分析。我们把这些数据分省对比，结果显示：在男女性别比例失衡严重的地区，工伤事故的发生概率明显高于平均值，两者之间基本呈正相关关系。为了进一步验证这个结果，我们也研究了其他偶然事故的发生率，比如中毒，发现这些事故在各个省区之间没有类似的规律。

总而言之，下一代男女性别比例的失衡直接造成了父母会对孩子的婚姻比较在意，在看到婚姻市场竞争比较激烈的状况后，父母往往会过度工作或从事高风险工作，进而导致一系列负面后果，包括因工致残，更严重的是死亡。所以我们才会看到开头讲的近年来中年男性死亡率上升的情况。

台湾地区的相关数据也可以为此结论提供佐证。在这项研究中，台湾有个优势，即它是个自然实验。1949年，国民党军队退守到台湾，刚开始时，台湾当局不允许军人结婚，军人都集中在兵营里。但10年之后，到了1959年，军队再想继续控制这些军人就很困难了，因为每个人结婚生子的愿望都太强烈了。蒋介石只好废除了"禁婚令"，一下子有几十万30岁左右的男性进入了台湾的婚姻市场。当时台湾总人口不过六七百万，突然涌进来五六十万单身男性，对本土的男性是个巨大的冲击。

由于这批军人是在30岁左右才被允许结婚的，所以，可以预见的一个结果是在台湾的婚姻市场上，男性平均结婚年龄要上升，女性平均结婚年龄则较小。在1959年左右，台湾男性与女性平均初婚年龄差距明显扩大。

再看台湾不同年龄段的男女死亡率对比，我们发现在1940年出生的人中，在50~54岁这个年龄段里，男性的死亡率比女性要高得多。原因其实很简单，1940年出生的人到1959年时是19岁，正是开始找对象的时候，由于当时男女性别比例突然大幅上升，男性在婚姻市场面临更激烈的竞争，压力陡增。我们同样还可以看到男女性别比例对于抑郁症发病率的影响：如果在20岁左右时经历了"禁婚令"的废除，男性就更容易患上抑郁症；而在废除"禁婚令"后，女性患上抑郁症的概率则在下降，因为有更多的人追求，心情更好了。

综上所述，人类只是万物的一种，达尔文所讲的性别选择理论同样适用于人类。如果婚姻市场的竞争加剧，人们就会不自觉地做出各种努力，以显示自己在人群中的相对地位，尤其是对男性而言。当然，这样做是有代价的，工伤、死亡率、抑郁症发病率等各项指标都表明这会带来一系列的负面影响。

要面子带来的"食物困惑"

我们在贵州调研时，把村子里所有人家的婚丧嫁娶账本收集起来，想从中看一看中国人讲人情、要面子的代价是什么。如果在一个团体里，大家兴起攀比之风，那么这会带来很强的负外部性。达尔文经济学最关心的正是外部性。

2015年获得诺贝尔经济学奖的普林斯顿大学教授安格斯·迪顿发现了一个现象，他称之为"食物困惑"。他一直研究印度，发现虽然其经济增长很快，但人们的营养状况尤其是小孩的营养状况并没有随之提高，多年来几乎是持平的，在贫困者中更加明显。为什么会这样？对于他提出的这个问题，当时有很多种解释。一种解释是小孩原来在室外活动比较多，而现在待在屋里的时间更多，消耗能量较少。另一种解释是工作性质变了，原来的室外体力活儿现在更多地变成了室内工作。但我认为这两种解释都难以让人信服。在读到他这个"食物困惑"后，根据我在贵州的调研与观察，我认为这种现象跟贫困者之间的面子竞争有关系。

农村有种现象：经济条件越差的人越讲面子。比如这些人有一点儿钱就赶紧买件好衣服穿给别人看，抽根好烟也想被别人看到。很多办葬礼的家庭会请戏班子去唱好几天戏，认为只有这样的排场才能让村里人看得起自己。但问题是这样做的本质又是打肿脸充胖子，纯粹的炫耀性消费，这就使得购买食物等必要性的消费受到挤压，尤其是对贫困者来说，负面影响更明显。

人情往来也是中国人的一种风俗，很多人（包括城里人）家里会有一本账，自己家里办婚礼、葬礼时收到亲戚朋友多少钱，都要记得一清二楚，到别人家办酒席的时候再还回去。

我们在贵州调查时收集了很详细的数据，每户人家的食物消费、礼金支出等信息都包括在内。我们当时在贵州选了一个收入居于中间水平的县——安顺市普定县，基本上每个村子都是四五十户人家。在礼金支出增长最快的村子，几乎每个人都在抱怨——2004 年礼金支出占总支出 7.9%，2009 年这一比例增长到 15.2%。当地人结婚要办流水席，不成文的规则是要保证客人有剩饭。如果客人没剩下饭，这就说明主人经济拮据，主人就很没面子，所以办酒席的人家会发生严重的浪费，来吃酒席的人也会造成浪费。假设参加一次婚礼的礼金是 150 元，很多当地农民根本拿不出这个钱，有些人甚至为了凑礼金去卖血。送礼者由于礼金上的巨大开支，接下来的一段时间内就会在食物上缩减开支。办酒席的人也一样，为了让客人觉得自家富裕，大量地花钱采购，以保证客人能剩下饭，但由于一时开支太大，在接下来的几个月里也要节衣缩食。

我们在调查中还发现，同一个村子里的人参加其他人家的婚丧嫁娶的比例几乎是 100%。一个村子本来就是一个关系紧密的集体，如果有人不参加这些人情往来，就会被孤立，家里有事也得不到别人的帮助，相当于被同村人排斥在外。几乎没有人能承受这种压力。

家庭贫富状况对于参加此类活动的比例没有明显影响，送礼金的数目也几乎没有差别，大家主要根据关系的亲疏判断送多少钱合适，村里基本上是同样的行情。这种情形意味着什么呢？比如参加一次婚礼，贫困的人和富裕的人都送100元礼金，那么这对贫困的人来说，负担当然就更重。有个村子的每个家庭在礼金上平均一年都是开支674元，这对绝大多数城里人来说不算多，但在那种特别贫困的地方，这笔钱相当于那里的人全年24%的现金收入。

最后，我们可以用迪顿所谓的"相对剥夺"概念来进行测度。测度一个人在社会上的地位，一般要测度他和最高地位的人之间的距离，以此对个人或某个人群的社会地位进行排序。比如村里人的社会地位从0到1排序，结果是"1"的话，就意味着相对剥夺感最强、社会地位最低、生活最悲惨。

我们对每个家庭在礼金和食物等各个项目上的支出进行分析之后发现，对最贫困的30%的家庭来说，礼金支出对其食物支出影响很大，也就是说礼金支出的比重越高，食物支出的比重就越低。对富裕的人来说，多送几次礼金对食物支出没有明显的影响。

我们又进一步探讨：如果女性怀孕时，村子里红白喜事较多，那么这会不会对胎儿的健康有影响？有一个理论叫胎儿决定论，即怀孕后的前几个月里胎儿的营养状况将决定其出生后的命运。我之前研究过饥荒年代出生的婴儿，这种时代背景能带来一辈子的影响，尤其是女性，到中年以后出现"三高"（高血压、高血脂、高血糖）的概率较大，体重超标的比例也会增加。

我们一开始没想到红白喜事这个因素会对小孩的健康有很大影响，只是在直觉上认为两者之间存在关联。我们去村里调研时都会带着尺子和秤，记录下小孩的身高和体重，这样积累了 10 多年的样本数据。我们对这些数据做分析以后发现：贵州贫困山村里的孩子在身高方面排在全国最矮的 5% 里。也就是说，虽然村民每年的家庭收入增速都在 10% 以上，但孩子的健康状况没有明显改善。如果进一步把村子里的家庭分成两组——富裕家庭和贫困家庭，再对照红白喜事多和少的不同情况，我们就会发现红白喜事增多会使贫困家庭的孩子的身高劣势更加明显。

有人提出建议，认为应该将红白喜事的情况分开研究，因为如果某个村里结婚的人多，那么这说明这个村比较富裕，这是好事；仅看葬礼的情况，会让结果更有参考价值。我们这样区分后发现：如果女性在怀孕期间，村里葬礼的数量增多，那么这对男胎的负面影响特别大，对女胎则没有影响；而在孩子出生之后，如果红白喜事增多，这就对女孩的健康状况影响较大。这反映出重男轻女的现实，因为随着礼金支出的增加，家庭要缩减食物支出，往往更偏袒男孩。

走进鲜活的世界做研究

上述这些研究都基于对现实的观察，都是生活本身，并没有什么高深的内容。在调研刚开始时，我也没有想到会有这些发现，是在逐渐深入的过程中了解到这些真实的数据，再与经济学理论结合起来分析的。这就是一个不断"从理论到实践，再从实践到理论"的过程，也是我进行学术研究的基本思路。

从 2018 年春季学期开始，我为国发院开设了一门课程。因为现在的大学生普遍缺乏对现实的了解，很多人根本没去过农村，也没有看过企业具体如何经营；今天的大学生迫切需要增加接触现实的机会，这对未来的发展很有帮助。所以新课的名字就借用了周其仁老师的书（《真实世界的经济学》）的名字——"真实世界的经济学：田野调查"，课程主要侧重于田野调查，带大家到真正鲜活的世界走一走、看一看，再回来讨论和分析。

我们目前正在进行的项目是企业创业创新调查。过去几年，我们在广东江门、河南商丘、河北白沟等地进行预调查，一共招募了100个访调员，国发院至少有30个学生参加了这个项目。调查做得非常成功，完访率超过了世界银行在中国的调查项目，也超过了德国的同类调查。后来，调查规模又不断扩大。2017年，我们在河南省开展了企业调查；2018年，调查推广到全国六个省；2019年，我们进行了关于高新企业的专项调查。

为什么要做调查？因为中国的小微企业数据非常缺乏，大家都在用规模以上企业（比如年销售额3 000万元以上的企业）的数据，数据由各级政府的统计局收集，但失真度很高。对于年销售额3 000万元以下的企业经营状况，统计数据几乎完全没有，各部门都搞不清楚实际状况。所以，这个项目至少有两个意义：第一，从政府决策角度看，调查的直接价值就是可以填补统计局所没有的数据；第二，虽然政府对企业创业创新的话题越来越关心，也开始统计这方面的数据，但对企业家的创业史、创新过程知之甚少，而这方面的问题又非常重要。

我们找到这个切入点以后，就在调查基本数据的基础上，再适当侧重于对企业家创业史和创新过程的调查，主要对象是成立时间不超过7年的企业，其中大多都是小微企业。这个研究项目如果能获得有关部门的资助，最终的调查数据就会向全社会开放，也算是一个公共产品。

中国改革开放这些年发展得很快，但人们对现实的了解并不够，没有收集到多少有用的数据，更谈不上拥有大数据。如果我们能一年年地坚持下去，这个项目积累几十年后就会变得非常有价值。

卢　锋

我国高储蓄高投资现象透视

在 21 世纪第一个 10 年，我国总储蓄率从 21 世纪初的 40% 左右，一路持续上升到 2010 年 50% 上下的峰值水平，我国总投资率也随之不断提升。高储蓄与高投资在支持我国经济高增长的同时，也伴随着环境和资源压力、局部缺乏效率和结构性产能过剩等多方面问题。由于储蓄大于投资，我国贸易和经常账户顺差持续飙升。上述形势引发学界和社会上对高储蓄高投资现象的各种质疑看法与相关讨论，采用货币信贷、土地供应、产业政策等各种手段限制投资成为宏观调控政策的重要内容。如何看待我国高储蓄、高投资现象，成为理解我国经济高速增长阶段宏观经济结构特征的重要研究课题。我们对这个现象做一番较为系统的梳理考察。

罕见的高储蓄高投资现象

就基本概念而言，一国特定时期产出或收入总量如 GDP 或 GNP，扣掉当期被国民消费部分，就构成储蓄，储蓄与国内资本形成或投资之间差额决定经常账户平衡状态及数量规模。从长期看，经济发展在某种程度上可归结为储蓄不断形成资本，进入社会生产函数，使得后续经济效率和人均收入及消费能持续扩大。从短期看，储蓄、投资、经常项之间关系，是开放宏观经济平衡的基本变量。因而储蓄率和投资率一直是宏观经济分析与调控政策涉及的重要问题。

我们首先通过图14观察我国储蓄率长期演变情况。计划经济时代，我们把储蓄率称作积累率，数据显示在改革开放以前，最高储蓄率发生在1958年"大跃进"高潮期，当时总储蓄率从前几年的20%多猛增到45%左右。然而当时经济政策方针违背宏观经济基本平衡规律要求，通过政治动员强行拉高储蓄率以支撑赶超目标需要的投资强度，结果导致农业生产大幅度下降和国民经济比例关系严重失调，在1960年调整阶段经历储蓄和投资率大幅下跌。我在这里顺便提到一点，在计划经济时期，虽然形势分析和政策讨论不可能涉及现代宏

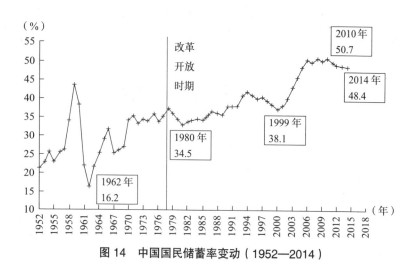

图14　中国国民储蓄率变动（1952—2014）

观经济学概念和方法，然而宏观经济学阐述的一系列现代经济运行规律仍然发挥作用。

改革开放时期，我国储蓄率总体而言呈现趋势性增长，特别是从21世纪初进一步大幅攀升到2010年50%以上。储蓄率变动具有某种周期性：当经济高涨时，储蓄率相应会高一些；经济向下调整时，储蓄率则会低一些。趋势性增长基础上叠加某种周期性因素，背后原因与总消费比较稳定有关。最近几年，我国储蓄率缓慢回落，既有近年经济增速回落的周期性因素，也有储蓄率趋势性回落因素。换言之，2010年超过50%的储蓄率很可能是我国储蓄率的峰值。

此外，我国居民、企业和政府三部门都有储蓄。图15显示1992年以来各部门储蓄占GDP比重，可见企业储蓄率总体上升幅度较大，反映出这个时期特别是进入21世纪以来企业赢利能力总体趋势性提高。居民储蓄率相对稳定上升，增长幅度排在其次。比较具有特点的是，除个别年份外，我国政府是一个净储蓄部门，政府储蓄率也有所上升。

国际上进行横向对比也表明我国储蓄率较高。图16比较我国与世界主要国家的储蓄率，最上面的虚线表示我国储蓄率。图形显示，改革开放初期，我国储蓄率与韩国比较接近，然而21世纪后上升到大国罕见水平。

观察我国投资率需要注意一个问题，即区分固定资产投资和固定资本形成概念。图17显示，过去一段时期，我国固定资产投资持续超过固定资本形成，两者差额绝对规模也在持续扩大。按照2014年的数据计算，中国的固定资产投资已经相当于固定资本形成的近1.8倍。

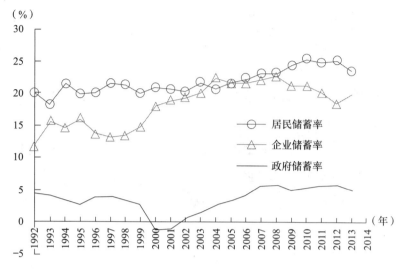

图 15　我国分部门储蓄占 GDP 比重（1992—2014）

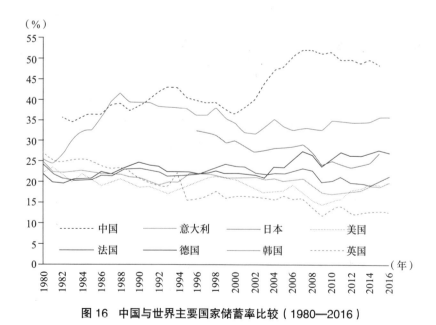

图 16　中国与世界主要国家储蓄率比较（1980—2016）

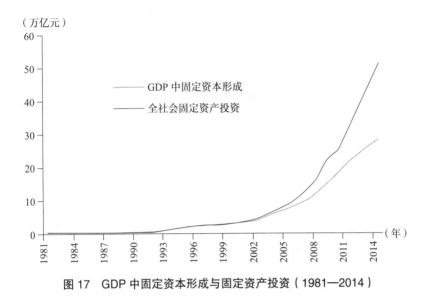

（万亿元）

图 17　GDP 中固定资本形成与固定资产投资（1981—2014）

　　上述现象的出现至少有两方面原因。一是两个统计指标的定义有差别。固定资本形成总额 = 全社会固定资产投资额 −（购置旧建筑物的价值 + 购置旧设备的价值 + 土地征用、购置及迁移补偿费）+（50 万元以下零星固定资产投资 + 新产品试制增加的固定资产价值 + 商品房销售增值 + 无形固定资产价值）。特别是土地征用费用趋势性增加，在一定程度上导致两个统计指标的差额增加。二是数据本身存在误差，由于固定资产投资数据是通过地方有关部门上报汇总得到的，局部虚报情况可能存在。例如最近某东北省份突然把投资额下调了相当大的比例，这可能是因为地方政府换届后，新一任领导要重新制定游戏规则，首先要挤掉原先的投资和其他经济数据水分。

对高投资现象的质疑观点

我国高储蓄率伴随高投资率，在推动经济高速增长的同时也派生了一些矛盾和问题，从而引发学术界和社会上对投资率过高的讨论和批评，成为中国宏观经济政策的焦点议题之一。

对我国高投资率的质疑批评可能从不同角度提出。第一种观点通过比较批评我国高投资。例如有人从国际比较角度提出问题，基于我国投资率显著高于其他国家而提出对我国投资率过高的质疑。也有人比较我国投资率的历史数据后，发现了一段时期的趋势性上升，基于投资率显著高于过去而批评投资率过高。这些讨论的提及显然有客观事实依据，然而其推论逻辑明显有可商榷之处：因为我们不能说比别的国家投资率高或者比过去高，就是投资率过高。打个比方，一个年轻人的身高明显超过同龄人的平均身高，虽然其在一段时间内猛长个子，并且其身高在比较意义上确实超过很多人，但或许不能就此得出其身高过高的结论。

第二种观点认为我国大规模投资派生产能过剩与环境污染，并借此批评我国高投资。这确实是个问题。投资，包括资本的回报率往往都有周期性，这个周期性有一个很重要的宏观周期指标——产能利用率，而与产能利用率相对的就是产能过剩程度。所以，产能过剩可以作为评价资本投资合理性的指标。市场经济条件对产能过剩有调整能力，产能过剩最终要通过资本回报数据表现出来。在21世纪初，我国现实存在的产能过剩往往属于结构性，同时也存在其他部门行业产能不足和价格较快上涨的情况。可见，我们需要深入分析产能过剩，并利用市场机制和相关政策加以调节。然而，我们很难得到产能过剩是我国高投资时期宏观经济的主要矛盾这一结论，也不应因为存在产能过剩就一定认为投资率过高。一些传统行业的高投资加剧了环境污染问题，我国对环境污染问题应该高度重视，并应采用强化环境保护和污染治理的管制手段加以应对，由此提升企业和个人污染排放要支付的成本。然而治理污染不等于人为压制投资，把高投资作为污染问题产生的主要原因也不准确。在不少场合，解决环境污染问题正需要通过新的投资建立起新的生产系统，吸收和采纳更好的环保技术。

第三种观点认为我国社会保障不够，所以消费水平不足。20世纪末，我国国有企业转型伴随大量工人下岗，由于从计划保障体制向市场保障体制转型滞后，当时整个社保能力和水平不足矛盾比较尖锐，体制转型大幅度提升了体制运行效率，同时下岗工人群体也付出了很大代价，不过当时投资率由于顺周期规律作用反而处于下降周期。进入21世纪以后，我国决策层通过体制调整改革并注入大量资源，推动我国社保整体水平持续提升。目前我国社保水平与主要发达国家相比仍有较大差距，未来仍需通过保持经济增长和加大社保投入继续提升社保水平。然而在社保水平提升背景下，用社保不足解释投资率上升现象显然存在问题。从消费角度考虑，由于储蓄率是经济总量与消费的差值占总量的比例，把储蓄率、投资率较高归结为消费率偏低，在定义关系上当然有道理。然而从消费具体情况看，21世纪初走出世纪之交的通货紧缩后，总消费稳健快速增长，有些方面增速提升强劲，如旅游支出、餐饮消费、文化娱乐支出等增长相当快。如果在总体消费增长情况稳健良好的前提下，快速投资增长能够进一步提升未来生产和创造收入的能力，那么这就可能为未来持续消费高增长创造条件，也可能是经济动态强劲的一种表现。因而从消费角度批评投资率过高其实也有似是而非的因素。

第四种观点是从资本产出比上升角度批评投资过度，是所有批评观点中比较具有理论性的一种观点。资本产出比是发展经济学和增长理论文献中的一个概念，又被称为增量资本产出比。这个指标如果上升，这就意味着要得到相同数量的新产出，需要更多的资本或投资来实现。有分析观点认为，该指标上升代表投资回报或资本效率下降，这就意味着投资过度。这种从资本产出比边际和平均水平较高角度质疑我国投资率较高的观点比较具有理论色彩，然而结合我国高速城市化阶段投资结构及其他方面的特点，这种批评观点同样存在有待探讨的疑问。

我们可以把社会投资分为基础设施以及住房投资（第一类）与其他产业部门（如制造业）的投资（第二类），一个基本事实是两类投资对应的增量资本产出比差别很大。简单地说，第一类资本产出比较高，第二类资本产出比较低。为什么不同部门的资本产出比会不同？当我们比较投资与产出的关系时，投资从两方面带来产出变化。一方面是需求角度，也就是乘数效应和 GDP 的直接增加。这在不同部门中都有影响，需要经验研究。另一方面更重要，是资本形成完成以后，不同部门从供给角度持续创造产出的能力不一样。

工厂建立以后只要还在开工，就会结合一系列生产要素持续运转，这实际上就是产出的创造过程，构成了资本带来的产出，这部分的资本产出比就相对较小。住房如何带来产出呢？这可以用房租来度量，但是房租占房价的比例很低。在房价里面把土地等因素刨掉，就是房屋资本的度量。每一份资本对应的产出数据可能是自身的6%~8%，资本产出比很高。但我们不能因为房租低，就认为住房投资缺乏效率。基础设施作为公共产品更是如此，在某种意义上没有直接产出，但对其他部门的产出有帮助。直接度量资本产出比可能效率不高，一个重要的标准是其他部门的经济活动能不能被带动起来，如果有溢出效应，这种投资就是好的。

如果国家在一个阶段需要快速增长住房和基础设施投资，那么资本产出比可能会出现阶段上升的情况。它们的资本产出比高到什么地步呢？据初步估算，住房投资可能能达到20，基础设施投资可能能达到14.4。由于中国经常在经济下行周期加大基础设施或住房投资力度，增量资本产出比就会高。考虑这些结构因素后，我们需要就特定阶段资本产出比上升现象给出合理解释，简单地否定较快投资增长的合理性或许并不合适。

与经济学说史有关的投资看法

从经济学说史角度，不同时期的重要经济学家，包括一些大师级人物都怎么看待投资和储蓄？带着这个问题，多年前我跟一个经济学双学位本科生一起，有针对性地重新阅读经济学说史上不同时期重要经济学家有关这个问题的论述观点。总体来看，历史上经济学大家虽然学术甚至政治立场不同，但在有关投资储蓄有助于经济发展问题上总体存在很高程度的共识。战后发展经济学指出政府主导的高投资走过弯路，后来总结经验教训，认识到避免过度行政干预是保证投资效率的必要条件。总之，其对基本通过市场机制实现的投资都是加以肯定的。

古典经济学家从一开始就明确地给予资本形成积极评价。亚当·斯密认为，增加一国财富的路径有两种：一是增加生产性劳动者的数量，二是增进受雇劳动者的生产力。而要雇用更多的劳动力需要更多的资本投入，要提高劳动者生产力就要改良生产工具，这也需要资本投入。所以一国的资本投入对一国的财富增长至关重要。大卫·李嘉图的经济增长思想继承了斯密理论，认为资本是一个国家为了未来生产而使用的那部分财富，因而扩大积累和投资是经济发展的必然途径。约翰·穆勒认为资本是运用于再生产的财富，财富的限度绝不会是消费者的不足，而是生产者和生产力的不足。资本会创造更多就业机会，使国家更加富裕。

马克思从自身理论体系出发，从一种全新角度批评资本主义生产方式，然而他的经济理论同样给予资本积累以重要地位。他对资本积累的评论有两方面：一方面，资本积累有助于提高生产力；另一方面，资本积累会导致资本主义生产关系的内在矛盾激化，最后导致资本主义生产关系的变革。在《经济学原理》中，马歇尔把投资或资本积累看作财富创造过程中不可缺少的重要环节。在他看来，生产超过消费会产生剩余和储蓄，储蓄中投资于技术和将来的雇佣关系的资本增加，又会促进下一期剩余增加。如此循环往复，财富也会增加。总之，在古典经济学家时期，不同的经济学流派都认为储蓄投资是一种积极的、正面的因素，是经济发展的基本条件之一。

二战以后，学界有关投资问题的看法发生变化。发展经济学在20世纪五六十年代特别兴盛时，经济学家几乎毫无例外地都认为投资是最重要的发展驱动力。这个观点跟古典经济学一致。但这个时期的经济学家还有另外一个重要观点，这也是他们的局限性或者偏颇之处，他们认为投资可以通过政府来动员实施，这样发展中国家就能赶超发达国家。这种看法实际上忽视了合理投资需要某种必要的体制。在当时政府干预和计划经济思潮的影响下，很多重要的发展经济学文献讨论如何由政府挑选一些优先部门来推动投资。包括中国和印度不同计划经济体制下的经济实践，都贯彻了通过政府主导、大力度投资并推动工业化的思路。实践证明这个思路和政策方针有问题，通过政府主导及计划经济推动投资和增长，缺乏效率并难以长期持续。

华中工学院（现华中科技大学）的张培刚教授是公认的发展经济学重要奠基人之一，他的经济发展思想中也给予资本形成以重要位置。他认为一国的经济发展和结构转型离不开工业化，而工业化在某种意义上就是生产的资本化：在一定生产过程中扩大、加深利用资本，也就是对生产采取更加迂回的方法——要生产一种产品，并不是直接去生产它，而是有一整套生产的资本品，先生产资本品，然后再生产最终产品。在这个所谓"生产的迂回化"过程中，投资环节是推动生产迂回化的关键环节，迂回的链条越长，效率就越高，进而越能快速推动结构转型。

针对近年我国劳动市场的民工荒现象，学界出现所谓刘易斯拐点的讨论。这里存在对刘易斯教授学说的理解问题。如果大家直接阅读刘易斯获得诺贝尔奖的论文原作就会了解，虽然"无限劳动供给"是他提出的重要概念，但他的学说的中心思路是通过快速积累和投资推动现代经济增长。无限劳动供给在他看来是保证通过资本积累推动投资的实现机制或杠杆。如何保证积累投资？由于存在无限劳动供给，工资会很低并且零增长，从而保证储蓄通过利润为资本家所掌控并用于投资。他的基本思想继承了李嘉图代表的古典经济学理论内核。如果我们做简单化解读，就会发现其与时下某些流行看法其实很不一致。

　　然后是新古典增长理论体系中占据重要地位的索洛模型。这个模型在增长理论发展中很重要，影响也很大。索洛残差概念在其理论框架下，被解读为衡量技术进步对增长贡献作用的所谓全要素生产率，也有其特定认识价值。然而，"依据全要素生产率概念评价经济发展机制和可持续性是足够的，较快积累和资本形成不再重要"的观点是错误的。其实索洛模型在做出重要理论贡献的同时也有其认识和技术局限。例如，最初索洛模型假定只有劳动和实物资本可以度量并直接进入生产函数，其他无法直接度量的经济变量的影响表现为残差，并被归结为技术进步因素作用。这个分析思路显然存在认识局限性。有的增长问题研究专家对此做出了批评："全要素生产率实际上反映出我们对真实生产函数结构以及对某些变量度量方法的'无知的度量'。"这个评价显然并不公允，然而对提示全要素生产率标准教科书解释暗含认识局限性有一定帮助，也说明不应用全要素生产率概念否定经济追赶阶段高速投资的必要性和必然性。

另外，我们在理解全要素生产率时还应注意，不同的投入，如物质资本、人力资本、技术进步，甚至包括制度因素，它们在真实世界中实际上相互联系。没有购买计算机的实物投资，就难以发展熟练使用计算机的人力资本，因而也就难以在经济发展过程中真正实现计算机技术的进步。索洛理论出于模型建构需要，忽视不同要素之间的相互依存性，忽视物质资本中存在"嵌入型技术"的重要性，虽然这对理论经济学家建构特定理论来说难以避免，但是我们在借鉴运用其理论时应对其局限给予足够关注，避免受认识片面性的影响。

索洛模型讲到了两个衡量投资的标准：一个是边际的投资产出等于折旧，另一个是边际的投资产出等于折旧加上经济增长。曼昆教授在《经济学原理》教科书中专门用这一模型衡量美国是否到了所谓的投资缺乏效率的状态。他展开了一个简单的讨论，结果显示：在美国这么一个成熟的、看起来技术进步应该很重要的国家，按照索洛模型，其资本边际回报减去折旧率在某种意义上可以看作净投资回报率，约等于8%；相比之下，当时美国人口增长率加上经济增长率大概只有3%，现在只有2.5%，甚至更低。这个事实告诉我们，美国如果把更大比例的收入用于储蓄和投资，经济就会更迅速地增长，并最终达到更高消费的稳态。曼昆的这一发现表明，政府应该努力提高储蓄和投资率，事实也是如此，增加资本形成在美国一直是高度优先的。所以美国尽管已经高度发达，人力资本是中国的好几倍，但仍在努力地鼓励投资，经济学教科书也认为鼓励投资有精确的逻辑基础。

当代兴起的新增长理论也高度重视投资问题。罗默提出的内生增长理论，假设微观企业投资具有正外部性，通过社会总资本增长推动经济持续增长。卢卡斯假设人力资本投资具有外部性，可以推动前沿经济继续增长，并得出初始禀赋不同的国家的经济增长率可能存在永久性差异的结论。格罗斯曼和海尔普曼则认为研发投资对知识进步具有溢出效应，从而推动前沿经济体内生性增长。可见，新增长理论在增长分析思路上做出了多方面创新贡献，然而在如何看待投资问题上或许强调资本积累本身有社会外部性；从资本形成与人力资本和技术进步的相互依存性角度看，其认为投资增长是新增长形态的必要条件，因而在肯定资本形成与经济发展具有正向互动关系的问题上，其与经济学传统立场仍有一脉相通之处。就当代发达经济体最新经济走势观察而言，固定投资与经济增速显著相关，这在经验上与经济学说史重视投资对经济发展贡献的理解也是一致的。

哈佛大学教授波金斯与合作者在《发展经济学》教科书中指出："所有关于发展的分析中，强调资本形成恐怕是最富影响、也是最为持久的了。……储蓄与资本在收入增长中的关键作用，在工业社会中已得到人们的广泛认同。……尽管资本积累不再被视为灵丹妙药，然而非常清楚的是，只有社会能够在国内生产总值中保持一个相当规模的投资比例时，才能在长时期内维持适当却是强劲的收入增长率。这一比例很少低于15%，在某些情况下则必须高达25%甚至35%，这要取决于资本积累所产生的环境，以及为实现基本社会目标所必须达到的收入增长率。"这段话概括了资本积累和资本形成对经济发展的特殊意义。

因此，从经济学说史角度考察资本形成与经济发展的关系，大体可以得出以下几点结论。第一，从定性角度看，储蓄-投资是推动经济结构转型不可或缺的基本因素。从数量关系上看，储蓄-投资率与经济可持续增长率的高低正相关。第二，合理投资率内生于经济结构和发展阶段，无论从理论分析还是经验研究的角度看，适用于不同国家和不同发展阶段的最优投资率并不存在。第三，体制和机制选择对储蓄-投资效率和可持续性具有重要意义。超越市场机制、依靠国家动员推动投资，难以解决投资效率和可持续性问题。第四，物质投资、人力资本投资、嵌入式技术进步具有交叉连带性，在比较优势基础上通过技术进步实现经济追赶和收敛目标，投资持续较快增长是前提条件之一。

对我国投资效率经验的考察

既然问题不在于某个投资率好不好，而在于投资机制是否合理与投资效率是否合意，因而我们就要适当借助微观分析框架考察投资率合理性问题。基本框架还是比较投资回报和投资成本关系。投资属于跨期资源配置行为，我们可以用一个最简单的两期优化模型讨论合意投资标准的基本思路，给定期初财富总量和两期预算约束：

C1+ C2 ／（1+r）=（Q1–I1）+ Q2 ／（1+r）=W1
（其中 r 为金融资产利息率）

1 单位投资即资本增量对财富的影响：

$$\Delta W = -1 + MPK2 ／（1+r）$$

"MPK2 =1+r"是财富最大化条件。

由于 MPK 通常与资本回报率具有正向关系，因而投资机会成本等条件给定时，回报率增长提示均衡意义资本不足，投资应当较快增长。在多期情况下，我们要比较多期投资收益与贴现率基础上净现值（NPV）正负差异。在通常假设下（未来各期收益率和贴现率不变等），我们可以得出投资均衡条件是"资本边际产出等于贴现率加折旧"。

$$MPK = r+d，或者：MPK-d = r$$

在经济学标准分析假定下，资本边际生产率等于资本平均生产率。当给定资本份额不变等假设后，资本平均回报率等于资本平均生产率。我们首先观察投资回报率趋势性变动，然后讨论投资成本方面的变动因素，从而更好地理解我国投资率的实际表现。资本回报率或利润率是利润与资本的比率。分子项的利润可用税前利润、净利润等衡量，分母项的资本常用净资本、固定资产净值、资产等度量，我们下面估测资本利润率采用权益资本、资产、固定资产净值、税前利润率等指标。

首先是工业资本回报率。我们在 2006 年前后做过研究，当时

投资率很高，大家都认为产能过剩。研究的难点在于利润表在 1993
年以后才出现，之前的数据很难接起来计算，结果就是税前两种资
本回报的度量，一个是对资本，一个是对资产，显然采用资本作为
分母更符合本文讨论问题的情境。图 18 显示，权益资本利润率从
1998 年的 2.2% 上升到 2010 年 23.3% 的历史高位。资产税前利润
率从 1998 年的 0.8% 上升到 2010 年 9.5% 的历史高位。但是最近两
年大幅下降：2010—2013 年这两个指标分别从 23.3% 和 9.5% 降到
16.9% 和 7.4%。

图 18　我国工业资本回报率（1993—2013）

不同类型企业的投资回报有巨大差异。2015 年，民营工业企业
资本回报率是国企回报率的两倍多（见图 19），这表明通过深化改革
维持我国投资回报率具有很大潜力。

图 19　不同类型工业企业税前利润率（1993—2015）

不同类型企业利润分布存在差异。图 20 的 2009 年数据显示，国有企业利润最多五大部门依次为：石油和天然气开采业，交通运输设备制造业，煤炭开采和洗选业，电力、热力的生产和供应业，烟草制品业，五大部门占国有企业利润总额的 65%。民营企业利润最多五大部门依次为：非金属矿物制品业、化学原料及化学制品制造业、农副食品加工业、通用设备制造业、纺织业，它们占民营企业利润总额的 38%。可见，国企和民企最集中的创造利润的部门没有相互交叉，国企利润创造相对集中度更高，并且无一例外集中在基本垄断或高度管制行业，民企利润创造相对集中度较低，利润创造较多行业都分布在高度竞争性行业。在这个意义上，我们大可以说，国企赚钱离不开垄断和管制，民企赚钱则更多需要在高度竞争的市场中打拼。

从国际比较角度看，进入 21 世纪后，我国工业企业整体税前利润率就一直超过日本制造业企业的类似指标，我国民企与日本企业利

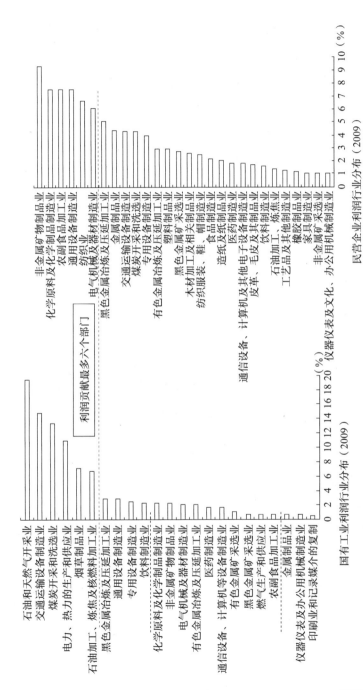

图20 国有工业、民营企业利润行业分布

润率差异最大，近年随着日本企业利润率下降，我国相对领先差距更加扩大。美国制造业回报率均值较高并随宏观周期剧烈波动，由于美国企业利润受这次危机影响而大幅下降，我国工业企业整体利润率近年显著超过美国制造业同一指标，近年我国民营企业回报率较大程度超过美国制造业企业（见图21）。

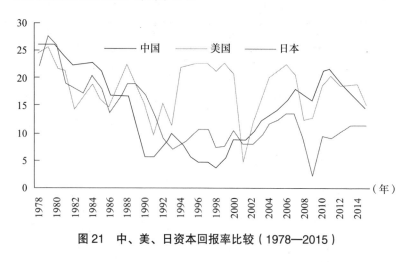

图21　中、美、日资本回报率比较（1978—2015）

我国资本回报率较快增长，并且在国际比较意义上也有不俗表现，这一观察应支持"我国投资增长较快具有合理性"的基础判断。不过在得出这一结论前，我们还需要考虑投资成本方面的因素。从逻辑上说，如果在投资回报上升的同时，单位投资成本上升更快，那么边际成本超过边际回报因而投资高增长不合理的情况仍可能出现。这一质疑在逻辑上确有依据，但是估计和度量投资成本，特别是环境、土地等缺乏市场或因体制原因而市场不完善的要素成本，存在种种技术性困难，难以得到准确并有共识的答案。我们在有关成本问题的讨论基础上提出初步判断。

投资回报以外的变量大体涉及两方面因素，一是税收和补贴的影响，二是要素成本是否低估或高估的影响，这里的要素成本包括利率作为资金成本，工资作为劳动力成本、土地成本、环境成本等。讨论税收和补贴因素相对简单一些。我们可以拓展上面的分析框架，使其包含税收、补贴等政策因素：

MPK（1-t）=（r+d）（1-s）

（t 为税率，s 为政府补贴占投入品购买价值比例）

MPK = [（1-s）/（1-t）]（r+d）

公式含义是，其他条件给定，税收、补贴一般与均衡投资增长具有正向和反向关系。我们可以在考虑企业所得税数据的基础上估算净利润回报率。我们的论文估计了截至 2005 年的净利润率，其走势与税前利润率大体相同。论文没有直接计算补贴，但是从工业普查数据看，我国政府对企业确实有一定规模补贴，剔除补贴因素后，我国工业利润率可能要下调 0.3~0.5 个百分点。不过需要指出的是，由于政府的大部分相关补贴都提供给了国有企业，补贴因素主要表现为国有企业回报率高估。

为了保证银行获得相对稳定的利润，加上受其他因素影响，过去十余年我国对存款和贷款利率实行"不对称管制"。存款利率"管高不管低"具有明显负面分配效应。贷款利率"管低不管高"，似乎不会必然导致人为低估。不过如果存款利率作为银行负债的交易价格扭曲，那么不排除贷款利率偏低。因而加快推进利率改革以放松利率管制，对于搞对价格和完善投资机制也有积极意义。不过需要指出的是，即便管制利率偏低，企业要想在金融抑制环境中获得足额贷款，也必然会伴随贷款非价格竞争以及由此派生的交易成本。把获得偏低利率贷款的交易成本考虑进去，这一因素影响应当比较有限。另外，国有企业是管制低利率的主要受惠方。

工资成本是否低估，则取决于如何定义市场经济环境下的均衡工资。我国非农产业劳动者大致可分为两大类。一类是比较正式和稳定的"首选市场"就业者，通常被称为各类职工。另一类是各种非正式部门的灵活就业者以及在"次等市场"从业的农民工。我国确实曾存在拖欠农民工工资问题，包括一些地方政府部门主持的基建项目中也有这方面问题。近年来，我国大力整治这类侵犯劳动者基本权益的行为，使这方面情况得到显著好转。过去7~8年的工资变动基本事实是，职工工资继续保持快速增长势头，农民工工资也改变了此前多年增势迟缓状态，出现较快增长局面。

在市场机制作用下，随着经济发展，工人工资和福利待遇会逐步增加，有关政策应推动这方面的改善。然而讨论经济分析意义上的均衡工资，需要结合我国劳动力市场供求关系等基本国情。一般而言，合理工资不能过于偏离使劳动力市场供求达到大体均衡的水平。在农业劳动力有待转移和城市面临失业问题的困扰时，通过政策手段人为大幅提升工资，从经济规律作用的角度看难以真正实行，尽管关心低收入者福利的初衷是好的。另外，某些行政垄断部门的职工工资可能偏高。综合考虑，劳动力成本低估因素对资本回报率高估的影响可能并不是很大。

土地成本扭曲是讨论较多的问题之一。由于我国土地制度改革滞后，目前仍保留某些二元结构特殊性，质疑工业用地真实成本低估的观点确实有道理。我们在具体分析时要区分收入分配效应与成本低估效应。土地转移中农民没有得到足够补偿，属于特殊制度和政策因素导致财富和收入分配不够公平，需要通过深化土地制度改革、提高补偿标准等综合措施进行改进。

但是我国对农用地转向城市化建设进行严格数量控制，导致土地用途转移过程中显性和隐性成本都很高，这具有抬高地价和增加非农用地成本的作用。另外，各地招商引资竞争时往往用过低地价吸引工业企业投资，但是通过"招拍挂"出让的商业用地价格畸高也是不争的事实。高估与低估作用孰大孰小，需要经验研究判断。考虑到现代农业快速技术进步可能使农用地市场价值下降，借鉴现代经济发展背景下土地占社会财富总量大幅下降的国际比较经验，我们有理由推测在一个农民地权得到进一步合理界定和市场机制对土地配置发挥更大作用的体制环境下，工业用地实际成本或许不会普遍大幅提高。

最后是环境成本低估问题。虽然我国过去十几年特定价值单位的生产和经济活动的主要排放和污染指标不同程度地持续下降，但是由于我国仍处于高速经济增长和追赶阶段，环境保护和控制排放的压力仍然很大。从治理污染角度观察，过去十几年我国环保和排放标准普遍大幅提升，这反映出社会和政府提高环境成本的共识提升。不过受到目前发展阶段因素的制约，加上相关部门执法不到位等因素，环境成本可能还是存在某种程度上的低估问题。由于缺乏一个竞争性市场为环境因素标明有意义定价，精确衡量环境成本面临更多技术性困难。不过至少没有证据显示，我国环境成本低估因素在持续地趋势性放大，因而考虑环境因素不会改变"我国资本真实回报率增长，投资较快增长"的具有微观基础的经验结论。

总体来看，在我们估测的资本回报率基础上，减少2~3个百分点或许足以消除上述低估因素的影响。可见，即便考虑成本低估问题，我国资本真实回报率增长、投资较快增长具有经济基本面支持条件的基本观察结论仍能成立。

需要强调的是，肯定我国投资较快增长具有经济合理性基础，不等于我国投资增速注定不可能过高。上面的讨论实际上暗含了要素价格扭曲可能在一定程度上导致实际投资相对微观分析最优投资过高的可能。我国近年开放宏观经济运行的实践表明，如果汇率这个开放经济的基本相对价格没有搞对，那么可贸易部门投资"徒长"或"疯涨"，即过高问题，很可能出现。对这些过高可能性的肯定和重视，强调通过深化改革"搞对"价格的必要性和紧迫性。反过来看，简单断定我国投资率过高，可能会为政府有关部门过多采用行政手段干预投资提供依据，客观上反而不利于把深化改革政策议程提到比较优先的位置。另外从宏观经济分析的角度看，如果货币扩张过度导致宏观经济过热，投资过快增长就可能成为宏观失衡的实现机制之一，这也能提醒决策者"管好货币"的重要性。另外，高速投资难免会加大"两高一资"方面的压力，这些也是需要实际应对的挑战。

科学探讨我国投资增长较快和投资率较高现象具有多方面意义。一是更好地理解当代经济追赶国家合意投资率的决定因素和规律，丰富发展经济学有关内容。二是更好地贯彻 2004 年中共中央体改决定中"谁投资，谁决策，谁收益，谁承担风险"方针，改革投资审批核准管制体制，鼓励不同类型企业竞争以提升效率。三是有助于科学认识我国外部失衡根源，推动开放宏观政策，加快朝扩大内需和治理外部失衡的方向调整。

黄益平

中国的数字金融

数字金融在中国乃至全世界都是新生事物。从最早的在线支付工具 PayPal 1998 年在美国诞生，到如今已经超过二十年。中国数字金融可追溯到 2004 年底的支付宝上线，但大家更愿意把 2013 年 6 月余额宝上线看作中国数字金融发展的元年。

北京大学数字金融研究中心在 2015 年底成立，大部分成员为年轻学者。数字金融很新，行业本身和监管都还在快速发展，我们的理解也在逐渐深入。

金融的功能

要理解数字金融，我们就要先从金融讲起。

人们日常生活中接触到的货币、银行、股市都是金融运作的重要部分。金融的核心功能是资金的融通。一般而言，资金融通的渠道分为以银行为主的间接融资和以市场为中心的直接融资。举例而言，人们把钱存到银行，银行再把钱贷给客户，贷款的风险对于存款人的影

响非常小，⬛⬛⬛⬛⬛关。人们在资本市场上购买股票、债券，自己
决定买⬛⬛⬛⬛⬛的回报，风险也完全由自己承担，这是直接关
联。这⬛⬛⬛⬛⬛子，大家就容易理解间接融资和直接融资的风
险⬛

⬛⬛⬛⬛金融中介所做的工作就是转换，即期限、风险
和规模的转换⬛⬛百姓把钱存到银行，存 5 000 元或 50 000 元，
当银行为大项目⬛⬛银行所做的是规模转换，将多笔存款集合成
上亿元的投资项目；⬛⬛限上来说同样如此，个人短期存款最多不超
过一年，但很多投资项目时间更长。

金融是人类发明的最重要的经济工具之一，能降低交易成本并使
劳动分工成为可能，推动经济发展。比如，在 18 世纪的英国工业革
命时期，蒸汽机是核心技术，但这项技术早在工业革命发生之前已经
存在，从技术问世到产业真正形成，中间还差一场金融革命，即筹集
到大量的廉价资金。无论是纺织业、航运还是铁路，都必须有金融的
大力支持，因此，金融非常重要。

但金融有致命风险，即信息不对称，交易双方彼此并不了解。比
如，人们到银行去存款，银行把钱贷给企业，出资人和最终的用资人
互相不了解，信息排查工作都转嫁给银行，人们也因此牺牲了一部分
回报或支付了更高的成本。直接融资就需要出资人了解投资项目的好
坏，承担风险，但这很难。

交易双方相互了解有限，会带来问题，我们称之为交易之前的逆
向选择和交易之后的道德风险。

逆向选择指的是有钱需要投资，但找不到最好的交易对手，主动

提供良好回报承诺的交易对手未必是最好的对手。道德风险是指钱贷出之后，不知道对方能否信守承诺。这些都是信息不对称所导致的金融交易问题。如果问题特别严重，可能就会引发金融危机。因此，金融机构内的各种安排，比如监管当中要求的信息披露以及治理结构，都是为了降低信息不对称并控制风险。

解决信息不对称就要解决信任问题。

淘宝在 2003 年 5 月上线，但线上交易业务一直很难开展，刚开始的业务都是同城交易，一手交钱一手交货。第一笔担保交易上线之后，情况才发生变化。最早是西安一位大学生要买日本横滨一位先生的二手相机，交易长达两周，西安大学生在线付款后，担保交易部门很高兴迎来第一单，但交易者马上反悔，觉得不靠谱，经交易部门人员反复劝说和担保才最终完成交易。2004 年 12 月底支付宝上线，提出"你敢付、我敢赔"的承诺，其实也是为了解决信任问题。

数字金融和金融的关系

数字金融是指利用大科技平台、大数据以及云计算等科技方法，来创新金融产品、商业模式、技术应用和业务流程；包括两方面，一是新型的科技公司利用技术来提供金融的技术解决方案，二是传统的金融公司用数字技术改善服务。

我想特别强调的是两者同等重要。

有些人可能关注到两个近似词：互联网金融和金融科技。它们常被替换使用。前者在 2014 年《政府工作报告》以及中国人民银行的 2015 年文件中出现过。后者为国际金融稳定理事会所使用，两者的内核一致。

数字金融具体业务分为五大类：

> 基础设施：智能合约、大数据、云计算、数字身份识别；
>
> 支付清算：移动支付、数字货币；
>
> 融资筹资：众筹、网络贷款；
>
> 投资管理：余额宝、智能投顾；
>
> 保险：数字化的保险产品。

数字技术如何解决金融信息中的不对称问题？

第一项技术是大科技平台。淘宝、微信等大科技平台都有长尾效应。长尾效应是指一个平台在建立以后，可以服务足够多的客户，边际成本几乎为零。通俗地说，搭平台需要很多钱，但如果平台搭起来之后再多服务 100 万、1 000 万用户，那么新增成本极低。

第二项技术是大数据。平台建立之后，用户无论是网购，还是微信社交，经过一段时间之后都会留下数字足迹。数字足迹包括社会关系、个人行为偏好及财务状况，最终形成大数据，可用来分析判断一个人的信用和财务实力。

第三项技术是云计算。云计算能提供巨大的储存能力和极快速的分析能力，为人们制定金融决策提供分析判断基础。

数字技术飞速进步。大家都知道芯片行业有一个摩尔定律，它是指每一美元所能买到的电脑性能，将每隔 18~24 个月翻番，很形象地说明了软硬件技术的进步速度之快。英特尔一位工程师以传统产业汽车业举例阐述摩尔定律。假如 1971 年的大众汽车在随后的四五十年间以摩尔定律的速度进步，这辆车今天的时速应该达到 48 万千米。虽然这并不现实，但能很直观地说明数字技术惊人的进步速度。

中国数字金融的快速发展

在 2019 年毕马威等机构评出的金融科技 100 强公司中，排名前 12 的公司有 1/3 来自中国，包括蚂蚁金服、京东数科、度小满、陆金所。英国的 Z/Yen 和中国深圳综合开发研究院编制的金融科技中心的指数显示，在前十城市中，中国占半壁江山。

现在公认中国影响力最大、业务相对成熟的是移动支付。其次是互联网银行，以及大科技平台提供的全方位金融服务，即以支付为核心的生态系统，它们在国际上都拥有相当的影响力。

国际社会非常关注中国数字金融的发展，有很多国际机构到中国来寻找合作者。北大数字金融研究中心已经连续三年受国际货币基金组织之邀，到美国华盛顿联合主办中国数字金融问题闭门研讨会，这是国际货币基金组织以往不曾有的举措。北大数字金融研究中心还和国际清算银行、国际货币基金组织、布鲁金斯学会等国际机构分别成立了联合课题组，共同研究中国数字金融问题。一方面，中国的实践确实走在了世界的前列，对其他国家具有一定的借鉴意义；另一方面，数字金融的发展会改变现有的宏观经济和金融格局，这也是很多国际组织特别关注这个发展的重要原因。

中国数字金融后发先至，有三个原因。

一是国内金融部门尽管很庞大，不仅有在全球占有一席之地的四大商业银行，资本市场、股票市场、债券市场的规模也不小，但由于多种原因，中小微企业和低收入人群能得到的金融普惠服务比较有限，供给不足的问题很突出，所以数字金融一起步就受到欢迎。

二是智能手机等数字技术的快速发展。2010 年，支付宝大概每秒能处理 300 笔支付交易，今天已经几乎达到 30 万笔。技术能力的助推功不可没。

三是监管环境相对比较宽松。当然，这有两面性。正面意义指的是金融创新可以马上落地，好项目能得到推广。比如支付宝 2004 年上线，最后拿到牌照是在 2011 年，这个过程中一直被监管，中国没有像其他国家那样直接关停其业务。负面意义指的是 P2P（网络点对点借贷平台）行业带来很多问题。

数字金融的普惠性

数字金融最大的优点是普惠性。

金融的发展过去常说"二八法则"，意思是一家金融机构进入市场，一般最关注最上面的 20% 的客户，即 20% 赢利状态最好的企业和收入比较高的家庭。如果金融机构能服务好这 20% 的客户，就能抓住 80% 的市场份额；而如果再扩张业务，成本和收益就不理想。因此，这不利于金融的普惠性发展。

联合国从 2005 年起号召发展普惠金融，中国政府也做了很多努力，但规模仍然有限，直到数字金融获得良好的发展。

2011 年，即现在普遍认为的中国数字金融元年之前，数字金融已经有一定的发展，但主要集中在东南沿海地区，其他大部分地区属于空白地带。2018 年仍然是东南沿海地区最发达，但中国其他地区的发展水平快速赶上来，尤其是原本相对后进的地区，原来不利于传统金融发展的地区，通过数字金融实现了金融普惠服务，这是数字金融最大的贡献之一。

数字金融中现在最受大家关注和肯定的是移动支付。移动支付给人们的生活带来的改变是有目共睹的，已经成为人们生活当中很重要的一部分。而移动支付更重要的贡献是衍生服务，比如在线购物、远程医疗等。

关于移动支付的发展，还有另一个有意思的现象：2011—2018年，很明显的是，东南沿海地区最发达，但也有相当一部分西部地区变得非常发达。2012 年，国务院总理李克强曾提出经济发展要跨越"胡焕庸线"，让西部地区也发展起来。在移动支付领域，我国已经基本实现这一愿望。2018 年，移动支付已经跨越"胡焕庸线"，向西部地区快速发展。胡焕庸是 20 世纪 30 年代的地理学家，他提出从黑龙江的黑河到云南的腾冲画一条线，把中国分成东西两半，线东大概占全国国土面积的 44%，当时要养活 96% 的人口，可见东西部的差距之大。数字金融研究中心所做的初步研究也发现，数字金融发展到西部地区后，对当地的经济发展确实起到了积极作用，无论是从宏观的经济增长，还是到微观的消费、就业和收入，都有很多积极的贡献，令人振奋。

互联网行业本身的规模效应也推动了普惠金融的发展。

诺贝尔和平奖获得者尤努斯教授因为创造了专为中小微企业和低收入人群服务的银行——格莱珉银行，而成为普惠金融的代表人物，但他的银行有个缺憾，那就是规模太小，而且扩张速度很慢。因为传统模式的普惠金融很难做，一方面是获客难，这些小客户比较分散，银行要找到目标客户不太容易；另一方面是风控难，银行的风控一般看三样东西，抵押资产、财务数据、政府担保，但中小微企业和低收入人群是三无状态。

互联网银行就不同，如今每年平均能提供 1 000 万笔贷款，这对普惠金融来说是巨大的突破，有重要意义，因为很好地解决了获客难与风控难的问题。

即使最近在新冠肺炎疫情期间，网络贷款也在进行，这和我们传统的金融业务因疫情冲击而停滞相比，形成了鲜明的反差，体现出无接触交易的优势。

信用抵押改变宏观经济

更重要的是，数字金融能够用大数据替代抵押资产，数字足迹积累的数据能够做出风控模型，这对金融业乃至宏观经济来说都意义非凡。

2019 年，我们和国际清算银行的经济学家联合发表了一篇学术文章，文章研究大数据风控模型在预测未来违约率上是否可靠（见图 22 ）。

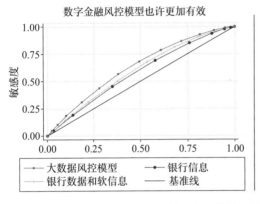

数字金融风控模型也许更加有效

· 传统银行风控模型依赖财务数据和抵押资产，但很多中小微企业两者都缺乏
· 研究表明，如果有央行征信数据或者传统银行模型的变量，那么风控基本是有效的
· 但大数据风控模型预测违约率的能力更强
· 信息优势（实时数据、行为特征）
· 模型优势（机器学习模型）

图 22　接受者工作特征曲线

资料来源：Gambacorta, L., Huang, Y., Oiu, H. and Wang, I., 2019, How do machine learning and big data affect credit scoring? Results from a Chinese fintech firm. Draft, Bank of International Settlement and Institute of Digital Finance, Peking University.

左边的曲线越高，意味着准确性越高。上面的三条曲线从上到下分别代表大数据风控模型、银行数据和软信息、银行信息，对角线是基准线。三条曲线代表三个不同的风控模型，数字金融的大数据风控模型具有一定的优势。

大数据风控模型的优势体现在两方面。第一是信息优势，信息优势是指用大数据来做风控、查信用风险时，可以使用实时信息。传统银行还是在看上季度、去年的报表，但大数据风控可以看到昨天甚至今天的数据，而且还可以抓取相对稳定的行为数据。第二是模型优势，使用机器学习，可以抓住复杂的非线性关系，机器学习的模型可以抓住这些影响，甚至可以抓住不同变量之间的交互作用。

需要说明的是，传统银行风控模型加上央行的征信数据，做风控已经很好，如果再加上大数据信息，这就会让模型更好。

更重要的是，在没有银行信息和央行征信数据的情况下，基于大数据的这套风控模型能够得出和传统的风控模型差不多的效果，这使得普惠金融变得可行。

这样一来，信用贷款、无抵押贷款在一定意义上有可能改变宏观经济的状况。美联储前主席伯南克1999年提出"金融加速器"的概念。以房地产做抵押从银行贷款，其内生机制是房价下跌，信贷收缩，信贷收缩又导致经济增速下行，经济增速下行又进一步使房价下跌，最终形成恶性循环。

相比之下，信用贷款没有使用资产抵押，也就没有房价的内生机制，宏观经济可能会变得更稳定一些。

传统银行抵押贷款相对于房价的弹性是0.905，这意味着如果房价跌10%，传统银行的抵押贷款就会减少9%，这是基于中国的银行数据。而网商银行信用贷款相对于房价的弹性是0.238，但统计上不显著，表明两者之间其实没什么关系。信用贷款中去掉房价和信贷以及经济增长之间的"金融加速器"，有可能有助于增强经济稳定性。从这一点上看，数字金融不是简单地改变人们的生活，未来对于如何监管金融、如何制定货币政策都有很深刻的含义。

数字金融的发展充满波折

中国的数字金融这几年发展充满波折，图23显示的是北京大学数字金融研究中心所编制的金融科技情绪指数。我们从情绪指数上能看出，2013—2019年，波动很大。2014年、2015年比较乐观，尤其是2015上半年，《政府工作报告》中提及互联网金融，人们也普遍看好，但接着出现P2P平台爆雷以及其他问题，情绪波动非常大。

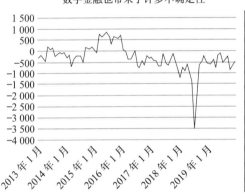

数字金融也带来了许多不确定性

· 创新带来了许多新的机会，也会造成一些新的问题
· 技术、市场与监管都需要逐步适应新的业务模式

图23 北京大学金融科技情绪指数

资料来源：王靖一和黄益平，金融科技媒体情绪的刻画与对网贷市场的影响，经济学（季刊），2010，17（04）：1623-1650。

产生波动的原因一方面是技术本身还不成熟，相应的业务模式也不成熟，另一方面是监管政策确实发生了改变。

P2P行业是典型，图24左边是过去P2P行业的业务，定位已经发生了改变。基数是平台总数，累计的平台数量很多，但现在真正还在活跃的已经很少，也就只有几百家。

信息中介

提供担保

资金池、自动投标甚至旁氏骗局

- P2P 平台的官方定位是信息中介，但当前的信用文化环境实际上不适合纯信息中介业务
- 2007 年第一家平台上线之后，直到 2016 年出台暂行管理办法，基本上是监管空白
- 许多平台实际做了信用中介，现在不得不转型，逆向选择与道德风险的问题不断放大

图 24　P2P 行业发展的教训

　　出现问题的原因是什么？ P2P，是指个体网络借贷平台，是一个从国外引进的信息中介模式。信息中介即搭平台，有点儿像淘宝，人们在平台上进行买卖。但是信息中介不能像银行那样做信用中介。平台上交易的双方直接融资，即借钱给别人，自己要做风控并承担最后的结果。中国现在的信用环境并不合适，而且这个平台也不能用央行的征信系统。为了让双方之间的交易更容易达成，平台就开始提供担保、做资金池、使用自动投标，让大家来投资，但如果没有任何人做征信，这个行业就很难做成。

　　从 2007 年第一家平台拍拍贷上线，很长时间里整个行业缺乏清晰的规则。这造成各家平台"八仙过海，各显神通"。但这些做法大都不符合最后监管的定位。2015 年底出台的征求意见稿，2016 年中出台的暂行管理办法，对 P2P 的定位是信息中介，这意味着很多平台过去的做法并不可行。从这个角度来看，行业下行不可避免。

我们要从 P2P 行业当中吸取经验教训，这个行业是现在数字金融里风险比较大的行业。其中一个教训就是监管方式需要改变。相对宽松的金融创新监管虽然推进了很多好的创新，但没有及时阻止不好的创新。

需要强调的是，数字技术不会改变金融的本质，但有可能改变传统金融的运行方式和风险特征。比如，数字金融的风险爆发后，传播速度快、传播范围广，而且有很多风险纠合在一起。因此，最近人们在讨论中国版"监管沙盒"，央行科技司正在推动该机制。创新的项目会被放置到一项机制中，监管机构尝试推动监测，成功则进行推广，不成功就终止。即使项目出现问题，金融风险大爆发也不会形成。但是人们必须要意识到监管当中还有一些其他问题需要解决，比如，个人隐私保护问题。大科技平台做了全方位业务，也保证了效率，但这也会形成"赢者通吃"的局面，带来垄断等新的问题。

央行从 2014 年开始认真推动研发数字货币，现在试运行基本结束，也许很快就可以推行。但央行的数字货币是一个相对比较有限的版本，是数字货币和电子支付的"二合一"，即替代经济当中的现金 M0（流通中现金），不替代银行的存款 M1（狭义货币供应量）或者 M2（广义货币供应量），而且央行不对央行数字货币支付利息，并采用双层的机制运行——央行直接面对授权机构，授权机构再面对公众发挥作用。

我们要对这样的有限央行数字货币做深入观察，看其为现行数字金融格局带来了怎样的影响，还要观察数字货币的支付功能对现行的支付系统会有怎样的影响，观察可匿名的数字货币在不需要现在的电子支付账户的情况下，又会如何影响今天大科技平台大数据积累方式等。

数字金融革命刚刚开始

数字金融在中国有很多突破，但我觉得最大的突破是普惠金融革命。普惠金融革命使得原来不太可能发生的事情现在变得可能了，但也使得原有的优势不再成为优势。

这体现在以下三点。

第一，普惠金融摆脱了对原来金融实体网点的依赖。数字金融通过手机通信、基础设施的铺设，能够快速地从东南沿海发达地区向欠发达的西部地区推进，让金融服务触达乡村偏远地区，为中小微企业和低收入人群提供服务。支付宝和微信支付现在都有近10亿用户，这解决了过去很难解决的获客难问题，能不能把这些客户变成金融客户，就看平台能提供怎样的服务、怎样控制风险了。

第二，大科技平台有长尾效应，为巨量的客户服务，而且边际成本很低，这也是传统金融机构做不到的。比如，大型金融机构如果为小客户提供几万元的融资服务，其固定成本就会很高，会产生尽职调查费用、差旅费等成本。但大科技平台能够通过大数据和长尾效应控制边际成本，使得给小客户提供金融服务不但有可能，而且有利可图。

第三，普惠金融能用大数据做风险评估。尽管这个业务模式还在磨炼当中，还会出现很多新变化，但方向值得肯定。这些都是中国对世界普惠金融的重要贡献。

除了普惠金融革命之外，数字金融还改变了很多人的生活，包括传统金融的很多业态都可能发生变化。如前所述，如果信用贷款比例上升，宏观经济的稳定性就会提高。就传统金融机构而言，很多银行已经开始使用数字技术，不再需要原来那么多的分行和工作人员。高盛今天的员工有1/3都是技术出身，说明金融业的人才结构已经发生变化。

过去在灾难或是疫情之后，很多老百姓和小微企业的工作人员会到银行取钱，因为大量的交易需要现金支付，但今天没再出现这种现象。数字技术解决了取钱和支付问题，移动支付所形成的生态系统已经普及。

研究还发现，移动支付也在改变人们的生活。比如，一个农民使用移动支付之后，他由农民转变为个体经营户的概率就会提高，随之而来的是收入改变。千千万万的人和企业正在因移动支付而改变收支模式。

数字技术对金融的改造才刚刚开始，这个行业本身还在不断发展。尤其自2015年以来，监管逐步正规化，过去"野蛮生长"的情况未来不容易再现，数字金融的发展需要监管全覆盖。因此，我认为中国即将进入"数字金融发展2.0"时代，即金融和技术之间既有分工，又有合作。擅长做技术的做技术，提供解决方案；擅长做金融的，用技术解决方案来改善金融服务。很多业务现在依然不成熟，所以人们还会看到很多演变，包括支付、贷款以及其他金融服务。

未来，智能投顾、二代支付、央行数字货币等可能会成为新的热门领域，但同时我们也要注意到出乎意料的新风险。比如，现在的系统性金融风险使大的金融机构出问题。如果十几亿人都在使用的支付系统被黑客攻击，那么这在过去也许没那么严重，但现在会变成大问题。

最后，中国尽管在这场数字金融革命中走在前面，但比赛才刚刚开始，谁能最终胜出很难说。哈佛大学经济学教授弗农提出过"产品生命周期理论"，意思是任何一个产品都有从研发、试制、成熟到最后退出的过程。如果我们用产品生命周期理论来看中国的很多产品，比如手机、汽车、自行车，那么绝大部分日常使用的产品都是在发达国家研发试产成功的，中国只是后来成为生产规模最大的国家。但数字金融不同，数字金融的很多原创实验和创新就在中国，这令人振奋，但也需要研究者、业界和监管机构更加努力。

03

方法篇

余淼杰

薛兆丰

张丹丹

余淼杰
当代国际贸易学研究简述

如果不关注国际贸易这个领域，那么即便学经济的同学，到毕业时也未必能搞清楚国际贸易研究的究竟是什么内容。

国际贸易领域的研究主要包括两部分：

- 中国国际贸易的现状
- 当代国际贸易学的研究重点和前沿进展

中国国际贸易的三大特征

中国在 2016 年国际贸易总规模就达到 3.69 万亿美元，是全球最大的商品贸易国，其中出口规模为 2.10 万亿美元（占全球的 14%），进口规模为 1.59 万亿美元。两者相减，中国的贸易顺差约为 5 100 亿美元。虽然贸易顺差规模很大，但其实中国仅对两个经济体（美国和欧盟）有贸易顺差，对剩余的约 180 个经济体都存在贸易逆差。

总体而言，中国国际贸易有三大特征。

第一，中国的贸易规模最大。国际贸易对于美国经济并不是最重要的，因为国际贸易占其 GDP 的总额为 1/4 左右；中国这一比例最低时也有 36% 左右，超过了 1/3，最高时（2007 年）达到 73%。因此，国际贸易对中国来说很重要，我们必须好好研究。如果我们从更广的视角来看，那么 21 世纪以来的改革开放，更应该通过开放来促进改革，因为国内容易做的改革已经完成得差不多了，剩下的都是因为各种利益集团阻碍而很难深入推进的部分。中国在 2001 年加入 WTO（世界贸易组织）是一个很好的契机，这意味着要按照国际规则做事，由此可以打破部分利益集团的阻碍，形成以开放倒逼改革的态势。

第二，中国的贸易顺差巨大。贸易顺差当然会增加外汇储备，这也会影响到经济发展。因为贸易顺差不只是和国际贸易相关，而且和国际政治形势紧密相关。我们在研究国际贸易时不能画地为牢。比如中国商务部的国际贸易司主管贸易和投资工作，就涉及后面会讨论到的外商直接投资，这是国际贸易研究中一个很重要的课题，包括中国企业走出去投资或者外国企业来华投资。

第三，中国有大量的加工贸易。加工贸易是国际贸易中的重要现象，反映出一种事实——在全球化时代，任何一种简单的产品基本都是由南北贸易、南北分工合作生产的。以第一代 iPad（苹果平板电脑）为例，如果把产品拆解开来，我们就会看到每一个部件都由不同的国家生产——苹果公司的研发中心在北美，生产工厂在发展中国家，这是典型的南北贸易案例。有没有北北贸易的典型例子？也就是说，有没有某种产品都是由发达国家合作生产出来的？波音 787 客机就是如此。过去，加工贸易在中国的国际贸易中占据半壁江山，即一直占 50% 左右，现在这一比例有所下降，大概占 1/3。加工贸易之所以重要，是因为它可以让生产率较低的企业或者国家获得进入市场的机会，同时也给老百姓带来大量就业。

国际贸易的研究对象

国际贸易作为一门学问，到底研究什么？这主要有两方面：一个是贸易理论，另一个是贸易政策。

在贸易理论方面，现在有四个最经典的理论：第一个是李嘉图模型（比较优势理论），第二个是赫克歇尔–俄林模型（资源禀赋理论），第三个是特定要素模型，第四个是克鲁格曼的规模经济递增理论。

克鲁格曼于 2008 年获得诺贝尔经济学奖，是获得该奖项最年轻的经济学家（时年 55 岁），而且是一人独得，确实很厉害。为什么他的规模经济递增理论这么重要？对于南北贸易，我们可以用比较优势理论来解释，比如美国和越南的贸易，美国是发达国家，资本更丰富，因此主要出口资本密集型产品；越南是劳动力更丰富的国家，主要出口劳动密集型产品。但比较优势理论无法解释北北贸易，比如美国和德国，它们之间的要素禀赋很接近，为什么相互之间还有大量的贸易往来？对于这种情况，克鲁格曼认为，这是因为规模经济递增会为这些国家带来好处——哪怕是两个一模一样的国家，当某一产品的生产发生规模收益递增时，随着生产规模的扩大，单位产品成本递减而取得成本优势，由此导致专业化生产并出口这一产品。

如果要研究国际贸易的相关问题，我们就要看这四个理论是如何展开的。下面我将结合相关的经典文献进行具体介绍。

比较优势理论及其相关文献

第一个话题是李嘉图模型，它所讲的主要是比较优势理论。学生在本科阶段就会学到这些——"强强取其更强，弱弱取其次弱"，这就是所谓的比较优势。

李嘉图的经典模型中有几个特征：国与国之间的技术不同，有的技术水平更高、有的更低，但其他方面都可以认为是一样的。通常而言，一个国家因为有更高的生产率，所以在两种产品上可能都具有绝对优势，但无论如何它在某一种产品上会更具比较优势，因为生产这种产品的机会成本较低。这样一来，两国进行贸易，一国会专业化生产一种产品并出口，另一个国家则生产另一种产品并出口。但在此之后还有第二句话——"贸易是由比较优势所决定的，但工资是由绝对优势所决定的"。这反映了一种很深刻的现实：在高生产率的国家（比如美国），工资通常较高；在低生产率的国家，工资较低。

如果学生到了研究生阶段，那么首先要学习的模型是大名鼎鼎的DFS模型，该模型以多恩布什、费希尔、萨缪尔森这三位麻省理工学院教授的名字命名，他们合著的论文《从连续商品的角度考虑李嘉图模型中的比较优势、贸易和支付问题》于1977年发表在《美国经济评论》杂志上，成为经济学历史上的一篇经典文章。

原来的李嘉图模型一般而言只是在本科教科书中讲到，但没有后续的内容，我们真正做研究时也不会接触到，它就仅仅是一个概念，但这篇论文让它成为真正可以做的事情。虽然它研究的也是两个国家（本国和外国），但是涉及 N 种产品，而不只是 2 种，所以这是一个连续维度，所有的产品可以标准化在 0~1，这些决定了哪个国家要出口哪些产品，哪个国家要进口哪些产品。DFS 模型第一次将李嘉图模型扩展到了连续商品，我们在这种框架下可以分析很多贸易问题，还可以将模型扩展，分析非贸易商品、运输成本、关税和汇率对贸易的影响。

合著这篇论文的几位经济学家都很厉害：萨缪尔森很难说是研究宏观经济学还是微观经济学的，什么领域都涉及，是一个集大成者；费希尔、多恩布什的研究都属于宏观经济学领域。这篇论文的内容既包括国际贸易，也涵盖国际金融，所以，如果我们要写一篇国际贸易方面的论文，那么在众多必看的文献里，我建议先看这一篇，它确实至少影响了整整一代人。

第二篇要看的论文是伊顿和柯图姆合著的《技术、地理和贸易》，于 2002 年发表在《计量经济学》杂志上，提出了 E-K 模型。如果国际贸易领域有机会诞生下一个诺贝尔经济学奖，那么这篇论文的作者的获奖概率在 30% 以上。

这篇文章最经典的贡献是打通了微观经济学和宏观经济学的隔阂。一般来讲，在本科阶段的学生会感觉微观经济学和宏观经济学差不多，但真正深入研究之后，会发现两者无论在技术还是方法论、研究内容上，差别都很大。这篇文章在 DFS 模型的基础上做了两件事。第一，原来的模型是"两个国家、多种产品"，它升级成"多个国家、多种产品"。第二，它回答了贸易所得的问题。这些经典论文作为一个独立的模型，必须回答两个问题——贸易所得与贸易模式。上面所讲的是贸易模式，即某个国家到底该出口什么产品、进口什么产品；而贸易所得是指每个国家都会从自由贸易中获利，这就要证明其福利的改善。

为什么说这篇文章打通了微观经济学和宏观经济学？二战之后国际贸易的迅速发展，通常有三个因素来解释。大名鼎鼎的引力方程来自牛顿的引力定理，反映到经济学上是引力模型，引力模型是说两国的贸易金额与其 GDP 成正比，而与其地理距离成反比。因此，GDP 增长是最重要的因素。第二个因素是贸易自由化。第三个因素是交通运输成本下降。有一篇文章进行过实证分析，用欧洲的数据来说明这三个因素在两国贸易中的贡献率，结果显示：两个国家的 GDP 增长贡献了 60% 多，也就是 2/3，剩下的 1/3 是由贸易自由化和交通运输成本下降这两个因素所贡献的。

提出 E-K 模型的作者借助引力模型对经合组织国家的贸易进行研究。E-K 模型出现之前也有引力模型，但引力模型只是一个有微观基础的一般均衡的模型，没法跟贸易模式联系在一起。而 E-K 模型中用到了一个特殊的分布函数 Frechet，如果我们想做研究的话，就是离不开它的。E-K 模型利用 Frechet 分布来描述每个国家生产每种产品的生产率分布，两国之间的贸易流可被表示为引力方程的形式。

国发院在经济类研究中的师资配备是比较齐全的，但在国际贸易、产业实证研究方面还需进一步加强。产业实证研究如今发展很快。不只国发院，即便放眼整个北大，高质量的实证课程与师资也是不足的。

像很多人不太熟悉的柯图姆，就是实证研究领域的。另一个做实证研究特别厉害的人是耶鲁大学的贝瑞教授。柯图姆是贝瑞的学生，他一开始在波士顿大学工作，后来去了明尼苏达大学，再后来又到了芝加哥大学，并在 2008—2012 年担任《政治经济学杂志》主编。这个职位对一位学者来说是很大的荣誉，但他几年之后就不再做主编了，目前在耶鲁大学任教。柯图姆上面这篇论文的引用率，在国际贸易领域应该排在第二，在谷歌学术的引用指数已经达到两三千。而梅利兹 2003 年发表在《计量经济学》杂志上的研究企业异质性的经典论文的引用率则在 1 万以上。很少有一篇经济学论文的引用率能达到这一水平，所以作者获得诺贝尔经济学奖的概率可达 60% 以上。

E-K 模型的市场结构还是完全竞争的。但是伯纳德与伊顿、詹森、柯图姆于 2003 年发表在《美国经济评论》杂志上的论文《国际贸易中的工厂与生产率》，又构建了一个寡头的市场结构——BEJK 模型，它非常实用。举个现实的例子，如果两个国家打贸易战，那么到底哪一方的福利损失更大？在贸易战真正开始之前，回答这个问题很难，因为没有真实发生的数据，所以我们很难进行估算。

针对这种状况，现在有一种方法叫 CGE（可计算的一般均衡方法），财政部等部门就喜欢这种方法。这种方法有优势也有缺陷：优势是可以通过电脑系统进行模拟；缺陷在于它有上万个方程，使用的人不知道里面到底发生了什么，所以有些人批评说"这是一个黑匣子"。用 CGE 写的论文可以做课题，但比较难发表，因为现在都是计量占据主导地位。现在又出现了一种方法叫量化国际贸易理论，类似于 CGE，但是要简单得多，而且透明可见，被广泛采用。

给入门者的推荐

对国际贸易理论感兴趣的经济学入门者，应该从哪个地方入手呢？入门者可以先看一篇发表在《经济展望杂志》上的论文。这种论文都是邀请作者写的，通常不需要经过严格的匿名评审程序，而作者都是所在领域的权威，所写内容没有任何技术性，这种论文适合作为入门读物。

要想以最快的速度了解某个领域，有两个基本方法：第一，看《经济展望杂志》上这个领域的论文；第二，看相关指南手册。比如《国际经济学手册》的第四卷就有介绍怎样做这种数量的贸易的理论——可以用模拟、校正的方法来做。完成一篇经济学的论文，不管是哪一个学派，都有基本方法。

第一种方法是最原始的方法，是用文字叙述，但这并不等于最没用。马克思的论文或者《资本论》里面就没有任何公式。一般来说，如果大家认同他的第一推断，那么后面的理论就基本上很难推翻了，因为其逻辑特别缜密。林毅夫老师的论文也是这样。这是一种经济学必要的训练。在读研究生时，我感到同学中有两个倾向。第一个倾向是重视模型、重视数学，这样很好，但一定不能过头，要知道经济学毕竟不是数学，数学只是提供一种训练的基础。到后面更深入的研究和发表论文的阶段，对数学模型可能反而忘得越多越好。第二个倾向是重视逻辑推理。我们在刚开始学习时，一定要进行严格的逻辑训练，但之后要跳出这个框架。

第二种方法是构建模型，就是做纯理论。其他领域我不清楚，但我可以负责任地说，在国际贸易领域，做纯理论有很大风险。一般而言，第一篇、第二篇论文（往往是博士毕业论文和之后的相关拓展工作的文章）会比较顺利，但之后的文章很难继续推进下去，因为能做的一般均衡方面的课题都被做得差不多了，所以不太会有原理上的贡献。当然，如果你能做出来，那就更厉害，像梅利兹的那篇文章就有可能获得诺贝尔奖。但对大部分人来说，这种方法很难持续，因为现在的潮流是数据优先，现在是大数据的时代，是实证的时代，我们一定不要对抗潮流。

我在美国留学时也曾意识到企业异质性的重要性，想进行研究，但如果没有微观数据，光有漂亮的模型，那么这样的研究又有什么意义？好像自己能想到的别人早就想到了。当时我对政治经济学感兴趣，现在回过头来看，想法太天真。因为我的导师芬斯特拉教授最擅长两个理论：第一个是外包理论，第二个是价格理论。我当时想，如果我能在导师擅长的领域之外研究出其他成果，那么这就会显得我很厉害。等到毕业之后我才发现这是一种愚蠢的想法。当你去做报告时，如果只有你是专家，听众不是这方面的专家，那么他们往往会认为你很厉害；但如果听众大多是经过严格训练的经济学家，那么你作为一个刚出道的新人，你的观点就会让大家半信半疑，面临挑战。如果你跟这个领域的权威合作，大家就会更倾向于认可你的观点；如果你自己独立做研究，那么你的研究只有做得非常扎实才能让大家信服，否则你在刚开始研究时就会面临瓶颈。最好的办法是，导师最擅长哪个领域，你就继续将其发扬光大，等站稳脚跟后再建立自己的阵地。

现在的学术界有一个明显的特征是"英雄不问出身"，即并不太看重你是哪个学校毕业的，而是你有没有发表论文。假如有两个同学，一个同学论文发表的情况很好，另一个同学情况一般。如果前一个同学出身名校，那么这是他应该做的。但如果他们都没有发表论文，那么名校出身的同学反而面临质疑：你不是接受过良好的训练吗？为什么不能发表论文？

今天的竞争已经非常激烈，尤其是中国的名牌大学之间的竞争。以前，中国的市场规模比较小，以二手市场为主；现在，中国已经有规模最大的市场，而且开始追求原创。因此，现在国发院每年都会接到很多外国学生的申请，我们看简历时，可能就不是特别看重学生毕业于哪个学校，而是有没有发表论文。

赫克歇尔-俄林模型的经典意义

第二个话题是赫克歇尔-俄林模型。如果在国际贸易领域只选一个模型，那么我推荐赫克歇尔-俄林模型。

这个模型有四大定理：第一个是赫克歇尔-俄林定理；第二个是斯托尔帕-萨缪尔森定理，一般简称为 S-S；第三个是罗伯津斯基定理；第四个是要素价格均等化定理。

国与国之间的区别在于要素禀赋的区别，生产率可以一样，但要素禀赋不一样。比如美国的资本比较丰富，而越南的劳动力比较丰富。第一个定理的逻辑是，资本丰富型国家就出口资本密集型产品，劳动力丰富型国家就出口劳动密集型产品，这跟李嘉图模型相同的一面都是"比较优势"，但不同之处在于这个模型所指的并不是完全的专业化生产。在这个模型中，两种产品都可以生产，只不过利用比较优势生产的具有丰富要素的那种产品更多，并用于出口。

第二个斯托尔帕-萨缪尔森定理是最经典的，其内涵是一种产品相对价格的上升会导致生产这种产品所密集使用的要素的真实回报上升，而另外一种要素的真实回报下降。简言之，这个定理研究的是产品的价格如何影响要素的价格。比如中国生产的衣服的价格上升，而生产衣服所密集使用的要素是劳动力，这意味着真实工资会上升，而真实利率会下降。这个定理的重要之处在于，它比李嘉图模型向上推进了一步。李嘉图模型只能告诉人们，整个国家在国际贸易中获利，但不能说清楚谁获利谁受损，而斯托尔帕-萨缪尔森定理就可以说清楚。在国际贸易中，像中国这种劳动力丰富的国家，产品主要是劳动密集型的，那就是工人相对受益，资本方相对受损；美国这种资本丰富的国家，则会反过来，资本方相对受益，工人相对受损。

第三个是罗伯津斯基定理，其内涵是如果一个国家一种要素禀赋的上升会导致密集使用这种要素来生产的产品产量上升，另外一种产品的产量就会下降。现实生活中的例子比比皆是，所谓的荷兰病正是这种情况。荷兰原来是一个农业比较发达的国家，于20世纪70年代在北海发现了油田，导致了采炼业急剧发展，而农业大幅萎缩，原因就可以用罗伯津斯基定理来解释。北海油田的发现，导致了密集使用该要素禀赋来生产的产品（比如炼油业产品）的产量上升，吸引了大量资源，农业产品的产量就下降了。

最后一个"要素价格均等化"定理，相对不那么重要。

赫克歇尔-俄林模型名称中的两个人分别是赫克歇尔和其学生俄林，后者于 1977 年获得诺贝尔经济学奖。他们都是顶尖的经济学家。他们的研究从理论上来看已经做得差不多了，而实证上有一项大名鼎鼎的研究，叫里昂惕夫悖论。里昂惕夫是俄裔经济学家，很多人学过他的生产函数、偏好等。美国在二战后是全球最发达的国家，按照设想肯定是资本丰富型的国家，要出口资本密集型的产品。可是里昂惕夫研究了美国 1947 年的数据，发现真实情况并非如此，美国那时出口更多的是劳动密集型产品。这就遇到了理论和现实怎么对应的问题，要么是理论错了，要么是实证做错了。后面有很多大名鼎鼎的经济学家，都来解释里昂惕夫的这项研究。比如多伦多大学的特勒富勒尔教授，他目前是在国际贸易领域成就最高的加拿大经济学家。

国际贸易领域的顶尖学者有一个特性，比如赫尔普曼、克鲁格曼、格罗斯曼等，他们姓氏后面都有"man"这个后缀，因为他们都是犹太人。特勒富勒尔同样是犹太人。我的博士导师芬斯特拉是个例外，他是荷兰人。

引力模型的应用

第三个话题是引力模型。经济学家经过长期研究，想找出一个模型，以成功地预测双边贸易流，最后发现只有引力模型可以做到。

物理学上有所谓万有引力定律：任何物体之间都有相互吸引力，

力的大小与各个物体的质量成正比，而与它们之间距离的平方成反比。应用到国际贸易领域，引力模型表明：两个国家之间的贸易流跟它们的 GDP 成正比，跟两国的距离成反比。道理很简单：对于一个出口国，GDP 规模越大，可以生产出的用于出口的产品就越多；从需求的角度，一个国家 GDP 规模越大，就越有实力从其他国家买进产品。这是第一个方面的含义。第二个方面的含义是距离，可解释"两个 GDP 规模差不多的国家，跟另外一国的贸易额为何会有很大差异"，一个重要因素是地理距离的远近。举个例子，越南和墨西哥的经济规模差不多，为什么美墨贸易的规模就比美越贸易大得多？就是因为地理距离近得多。当然，美墨都属于北美自贸区，两国之间的贸易更自由也是原因。

还有一个现象也很有意思，欧洲有 40 多个国家，很多国家的经济规模并不大，但相互贸易量很可观。之所以会这样，一个原因是它们的经济规模比较接近。赫尔普曼就证明了这一点。他曾经担任美国《经济学季刊》的主编，是一位德高望重的经济学教授，与克鲁格曼在同一时代，也完全值得荣获诺贝尔奖。经济学家安德森也有一篇论文发表于《美国经济评论》杂志，其主要贡献在于：之前的引力模型只是一个简单回归，安德森做成了一般均衡（一般均衡意味着消费者最大化其效用，生产者最大化其利润，市场出清）。

如果研究生要写一篇国际贸易方面的学期论文，那么引力模型是最容易入手的方向。引力模型是研究双边贸易流的，研究者只要在左边的 Y 变量放上两个国家的贸易额，把 GDP 等数据放进右边的 X 变量，就可以做简单的回归分析。当然，引力模型入手确实很容易，但要想真的做好也很难。因此有文章说做引力模型经常会犯三个错误：金牌错误、银牌错误、铜牌错误。比如国际贸易研究的是 A 到 B，所以左边的 Y 变量是单向的，用从 A 国到 B 国的出口量，不能用从 A 国到 B 国的出口量再加上从 B 国到 A 国的出口量，因为理论模型并没有这样证明。再比如，国际贸易中有一个所谓的"多边抵制"，它非常重要。严格意义上来讲，运用 CES（常数替代弹性）效用函数后，不论是某国进口的产品，还是自身生产的产品，有一个综合的价格指数并不只受本国和贸易国的价格影响，还会受到其他国家价格的影响，因为如果其他国家产品的价格更低，就会出口到该国来，这就叫"多边抵制"，有些人容易忽略这个因素而犯错。

引力模型为什么很有效呢？因为它可以解释很多现实生活中的问题，同时很容易入手。以研究 2008 年北京奥运会是否促进了中国跟其他国家的贸易为例，我们可以在左边的 Y 变量放上中国跟该国的贸易量，在右边的 X 变量放上中国和该国的 GDP，再将人均 GDP、该国与中国的地理距离，是否参加了本届奥运会等因素作为控制条件，这样分析下来，基本上都会发现结果是显著的。

对于某两国之间的贸易增长，双边的贸易自由化、交通运输成本的下降以及 GDP 的增长都有所贡献，那么这三个因素到底哪一个最重要？安德森通过论文很清楚地告诉人们，最重要的因素是 GDP 的增长，占 2/3；在剩下的 1/3 里，贸易自由化占 3/5，交通运输成本的下降占剩下的 2/5。

另外一篇很有影响力的论文是发表在《美国经济评论》杂志上的三个作者合著论文，被称为 ACR 论文，这是因为他们名字中的首字母分别是 A、C、R。这篇论文得罪了业界很多人。为什么？文章的标题一看就很酷，叫《新壶装旧酒》，意思是说：不要看现在市面上有很多模型，包括克鲁格曼的模型、现代企业的异质性等，其实所有模型最后都受两个因子影响，一个是某国出口或者进口的比重，另一个就是出口或者供给弹性。这篇文章的影响力很大，喜欢的人很多，不喜欢的人也很多。其言下之意是，国际贸易领域在过去二三十年并没有出现什么新的基础性理论，当然大家不见得同意这个观点，但无论如何，他们的这篇文章已经成为很重要的一篇文献了。

托马斯对企业异质性研究的贡献也挺大，尤其是 2008 年发表在《美国经济评论》杂志上的论文《扭曲的引力：国际贸易的密集和广泛的边际》。他的贡献主要是提供了一种帕累托分布。国际贸易的研究中有几种会用到的分布，包括前面提到的 Frechet 分布，其应用范围比较窄；还有一种是我们常见的最经典的对数正态分布。在国际贸易领域，帕累托分布应用得非常广。这篇论文的另外一个重点在于把中间品也正式变成了国际贸易的研究对象。中间品对国际贸易越来越重要，特别是对中国而言。中国的出口已占到全球出口总量的 14%，增长空间是有限的，现在更重要的是进口。

为什么增加进口是好事情？一方面，由于进口产品越来越多，国内消费品的价格会降低，消费者的福利会增加。另一方面，对企业来说也一样，如果企业进口更多的中间品，那么这些中间品与本国的中间品会有技术融合，从而提高企业的生产率，这跟劳动经济学紧密相关。

我们观察到一个现象，不管是在发达国家还是在发展中国家，白领和蓝领的工资差距在不断扩大。在过去，美国白领和蓝领的工资差距并不大。比如一个人在斯坦福大学辛苦地拿到博士学位，再到加州大学伯克利分校工作（这种情况算是非常好了），开始时每年的工资收入也就近 10 万美元；而如果另一个人高中毕业之后不想读书了，在旧金山开大巴，那么每年的工资收入也有大约 6 万美元。也就是说，过去白领的工资是蓝领的 1.5~1.6 倍，而现在这一比例上升了，白领的工资是蓝领的 1.7~1.8 倍。相对于美国来说，中国的收入差距更大，比如城乡收入差距是 2.8 倍左右，白领和蓝领的工资差距也更大。

怎样解释白领和蓝领工资差距的扩大呢？通常而言，第一个因素是技术进步。由于技术进步了，劳动力市场对白领的需求上升，导致白领和蓝领的工资差距扩大。这种解释固然有一定道理，但还不够。因为它只能解释一个国家的现象，没法把两个国家同样的现象放在一起分析。

芬斯特拉和汉松教授的一个巨大贡献就是用国际贸易，准确地说是外包现象，来解释发达国家与发展中国家白领、蓝领工资差距同时扩大的现象。在他们的模型或故事中，每一种产品基本上都是全球分工生产的，所以我们可以把产品从低技术密集到高技术密集进行排序。要素价格发生变化导致外包的存在，因此有一部分产品会由发达国家转移到发展中国家生产。这部分转移出来的产品相对于发达国家而言，属于低技术密集或者劳动力密集，这样一来就降低了美国对蓝领的需求，因此，美国白领和蓝领的工资差距扩大。从另外一个角度看，比如中国将更低技术密集的产品转移到其他发展中国家，而自己生产的产品是相对高技术密集的，所以提升了对技术工人的需求，因此，中国白领和蓝领的工资差距也在扩大。这篇文章就是一石二鸟，可以解释两个国家出现的现象。

我最喜欢举下面这个例子。北大的学生都很厉害，他们中有很多状元，但即使整体水平再高，也还是至少有一半学生要在中位数以下。如果某个学生一开始没有学得很好，处于中下游水平，那么可能会想转到水平低一些的学校去。因为他在北大接受过更高质量的训练，所以可能到那里轻而易举就能成为第一名，大家都很欢迎他的到来，因为这提高了大家的平均分数。而对剩下的北大学生来说，由于他的离开，平均分数也提升了。这种情况与外包模型要表达的内容异曲同工。

如何衡量产品质量

第四个话题是如何衡量产品质量。一个国家为什么可以在贸易中受益？通常有三个原因：第一，由于出口国贸易自由化水平的上升，市场得以扩大；第二，在进口方面采用了更好的中间品；第三，该国产品质量本身的提升。

哥伦比亚大学的沃尔霍恩就专门对质量提升进行研究。衡量产品质量是一个非常重要的主题，现在都在讲质量提升，但是从严格意义上来讲，学术界关于如何衡量产品质量的研究比较少，因为不太好做。

我介绍三种衡量产品质量的方法。第一种方法用单价来进行衡量，是最原始的方法；如果两个产品都差不多，那么某个产品的价格更高，可能意味着其质量较好。这种解释有一定的道理，但还不够。因为不同行业的产品价格不能比较，哪怕在控制变量中考虑到不同产业的因素，还是不能完全避免这个问题。

第二种方法知道仅看价格并不够，比如两个产品在同一个市场中卖一样的价格，但是 A 产品占据了较高的市场份额，B 产品则没有，那说明 A 产品肯定比 B 产品好。用这种方法进行测算时，我们必须在控制变量中考虑到市场需求，具体的做法就是用单价（P）对数量（Q）进行回归，然后控制各种各样的固定效用以及企业的市场份额并得出系数。这种做法还是不够，因为在逻辑上有个问题——只考虑需求方，没有考虑供给方。如果有一家生产率很高的企业，其产品价格可以定得较低，因为其边际成本较低，那么这就引出一个问题：仅看价格的话，按照第一种方法，价格低代表着产品质量低。所以，控制变量里必须考虑到企业的生产率水平。

第三种方法源于芬斯特拉和罗马利斯教授于 2014 年发表在《经济学季刊》上的一篇论文《国际价格和内生质量》。如上面所讲的，在现实市场中，价格低可能并不是因为质量低，而是生产率更高，市场份额更大。为了全面地衡量，我们也用中国的数据写了一篇关于白领工资差距、收入不平等的论文，用的是工业企业的数据。这些数据包括中国 2000—2013 年每一个国有企业及年销售额超过 500 万元的民营企业的财务数据，会计报表覆盖了 100 多个变量。中国的这套数据比较开放，其他国家的数据获取没有这么方便，研究者必须到统计部门才可能拿到。数据的不足之处是没有白领和蓝领工资的差距，我们必须自己去构建。这套数据里只有某个企业的工资水平，企业的员工总数，我们从 2004 年和 2008 年的统计年鉴中推测企业所雇员工的不同类别，是高技能还是低技能等，据此构建了一个方法。这篇文章于 2017 年发表在《国际经济学杂志》上。

中间品作为一个很重要的国际贸易主题，除了衡量质量，还涉及衡量价格的问题。戈德伯格曾任《美国经济评论》杂志主编，坎德沃尔是《经济学与统计学评论》杂志的总编，他们曾合作撰写一篇文章（发表在《经济学季刊》杂志上），利用芬斯特拉 1994 年发表的经典论文方法重新核算。这个 1994 年的方法是什么意思呢？大家知道随着进口的产品种类上升，产品的价格会下降，但是这很难衡量，因为假设该国原来没有这种产品，就无法对比，而现在进口这种产品会影响到 CPI（消费者价格指数）等。他们的研究就是如何衡量价格。

以国际贸易领域为例，全球范围内有 10 多位顶级经济学家，而对于他们中的每一位，大家往往只能记住最能代表其所长的一个词。其实很多领域都是如此，一个人不可能在所有方面都擅长。我讲一个故事，在老鹰乐队风靡美国之前，有一个歌手叫约翰尼·卡什，他的嗓音当然很好，但刚开始并不出名。有个录音师就跟他说："你这样唱不行，你现在唱的都是圣经歌曲之类的，有太多人在唱，只是你的嗓音比较好而已。你这样唱不会出名，一定要唱一首自己的、让大家能够记住你的歌曲。"卡什觉得有道理，他想到以前去北加州一所监狱的经历，后来写了一首歌《福尔瑟姆监狱布鲁斯》，一举成名。所以，每位著名经济学家当然在各个领域都很出色，但通常大家只能记住其一方面的专长，比如让人们记住梅利兹的是"企业异质性"，记住克鲁格曼的是"规模经济递增"，记住芬斯特拉的是"外包理论"再加上"价格理论"，记住特勒富勒尔的是"创新"，记住沃尔霍恩的是"质量衡量"。也正因为认识到这一点，我这些年的研究工作主要集中于"加工贸易"。

规模经济递增和企业异质性

第五个话题比较核心——规模经济递增和企业异质性，现在美国大学里80%的博士生都在研究相关问题。

前面已经讲到赫克歇尔-俄林模型的贡献在于能解释收入分配的不平等，但还存在一个问题——没法解释北北贸易。克鲁格曼分别于1979年、1980年、1981年发表的3篇文章，刊登在《政治经济学杂志》《美国经济评论》上，但他获得诺贝尔奖的论文之一（也是他的博士论文）是发表在《国际经济学杂志》上的。克鲁格曼是国际贸易领域顶尖的经济学家，其贡献就在于：解释北北贸易必须用到规模经济递增。两个资源禀赋一样的国家，之所以可以进行贸易，是因为市场规模的扩大降低了生产每个产品的固定成本。他推导出两个重要的结论，一个叫规模效应，一个叫选择效应。他的意思是说，在竞争中，低生产率的企业会被淘汰出局，而绩效较好的企业会做大、做强。他所刻画出的这个现象就对应着达尔文的优胜劣汰自然选择理论，跟现实生活非常吻合，这是他获得诺贝尔奖的一个原因。

规模效应和选择效应的模型非常漂亮，但在逻辑上有点儿问题。

因为克鲁格曼所有的证明都是对称性的，也就是说，虽然在竞争中有些企业会做大、做强，有些企业会被淘汰出局，但如果企业是对称的，是一样的，有同质性，这就带来一个麻烦：既然是同质性的企业，为什么有的会被淘汰出局？如果有人较真儿，追问究竟哪个企业会被淘汰出局，那么我们无法回答。

这就必须等到 30 多年之后，梅利兹于 2003 年发表的论文《异质性企业与贸易》，这篇论文使他成为下一个获得诺贝尔奖的最热门候选人。他在克鲁格曼的基础上又推进一步，加入了"企业异质性"，这看起来也很简单。在克鲁格曼的规模经济理论模型中，企业只用一种要素来生产，企业生产需要固定成本，但边际成本在各个企业中是没有差别的。在梅利兹的模型中，他允许企业有不同的边际成本，或者说企业有不同的生产率水平，生产率高的企业有较低的边际成本。据此，模型的创新或者优美之处在于，生产率的高低可以决定企业怎样做决策：哪些企业决定出口，哪些企业决定内销？答案就是低生产率的企业选择内销，生产率比较高的企业选择出口，生产率更高的企业可以"通吃"，即内销加出口，包括对外直接投资。这就是梅利兹这篇文章最重要的结论。这个结论当然很漂亮，但还不够。因为梅利兹的模型中没有特定的分布函数。这样的处理有利于模型理论的一般化推广，但不利于做模型的数值模拟或数据分析。

托马斯发表在《美国经济评论》杂志上的论文又在克鲁格曼的基础上，使用了一个帕累托分布，并得出了很漂亮的结果，就是所谓的"广度边际"和"深度边际"。广度边际就是表示某个企业要不要出口，而深度边际就是表示某个企业出口了多少。

梅利兹的论文非常好，但里面的模型设立也受到了一定的挑战，因为它采用了 CES 效用函数。CES 效用函数的优势在于非常灵活，比较好做，但有个致命的缺点——它的成本加成是一个常数，因为它涉及的都是垄断竞争的模型。什么是垄断竞争的市场结构？就是对一个异质性的产品而言，它具有垄断性质，同时又有竞争的性质。这方面有几个经典的例子。以餐馆为例，一个人要是很饿的话就不会太挑菜系，这意味着每家餐馆之间都有竞争；但如果这个人想吃最正宗的重庆辣子鸡，那就得去川菜馆，这就是垄断，川菜馆就有了定价的能力。

为什么采用 CES 效用函数做模型，它的成本加成是一个常数？根据边际收益等于边际成本这个概念，我们可以推导出，在 CES 效用函数下，需求弹性等于替代弹性，因为替代弹性是一个常数，所以成本加成也是一个常数。由于有这个限制，这篇文章也受到了批评：既然成本加成是一个常数，何来竞争？又怎么会有企业被淘汰出局？所以，梅利兹必须回应这个挑战，他跟欧洲一位经济学家奥塔维亚诺合作发表于《经济学与统计学评论》杂志的一篇论文就回答了这个问题。他们摈弃了 CES 效用函数，而采用了另一种具有二次函数的效用函数。可以估算成本加成，是这篇文章最主要的贡献。

国际贸易与信贷约束

第六个话题是国际贸易与信贷约束的关系，这一领域有三篇论文比较重要。

首先我们要理解为什么这个话题重要。我们可以观察到，在2008年全球金融危机爆发后，国际贸易下滑的速度很快，比 GDP 下滑的速度还快。对此该怎么解释？经济学家们给出的一个原因是2008年之后每家企业都面临着很大的信贷约束，借不到钱。由此可见，信贷约束对国际贸易的影响很大。

第一篇论文是马诺娃的《信贷约束、企业异质性和国际贸易》，她之前在斯坦福大学任教，现在去了牛津大学。她把信贷约束引入了一般均衡模型之中，一家企业的出口之所以在金融危机下比较差，是因为企业要出口就必须克服出口的固定成本，但是在金融危机下，企业借不到钱，因此没法覆盖固定成本，出口下滑。

第二篇论文是阿米蒂和威斯汀合作的，他俩是夫妇，任教于哥伦比亚大学。他们的做法是用日本一家银行的数据，他们的论文开始考虑信贷供给方，上一篇文章只考虑了信贷需求方。

第三篇论文是我与合作者的论文，也是我自己很满意的作品——《不完全信息下的出口与信贷约束：来自中国的理论与证据》，但最后未能在国际上顶级的五大经济学刊物上发表，非常可惜。最开始我跟李志远教授（任教于复旦大学）写出了一个版本，先向《美国经济评论》杂志投稿，但被拒。后来芬斯特拉也加入进来，指导我们把论文从完全信息扩展到不完全信息。这篇文章最终于2014年发表在《经济学与统计学评论》杂志上。谷歌学术显示，这篇文章引用超过500次，是经济学界的一篇高引论文。论文的引用率一般超过100就算不错，如果在发表之后1~2年内超过100就比较厉害。这篇论文观察到了中国的出口企业比非出口企业面临更强的信贷约束这一现象：企业出口份额越高，出口运输和款项到账所需时间越长，企业面对的信贷约束也越强；而行业内的生产率分布越离散，银行的信息就越不对称，致使出口企业面临更严重的信贷约束。

多产品模型

第七个话题是多产品模型，贡献者是梅利兹，他为简单起见，假设一家企业只生产一种产品。但在现实中，很多企业都是多产品模型。比如中国的出口企业有 70% 生产单一产品，30% 生产多种产品，产品种类最多的一家企业可以出口 700 多种产品。

多产品模型的研究为什么重要？这是因为这里面有一个现象，比如估算贸易自由化对企业的多产品会有怎样的影响。企业大概率会面临更激烈的市场竞争，如果中国的关税下降，进口了更多汽车，那么作为本土企业的奇瑞到底是生产更多品种的汽车，还是更少？一个选择是保持核心竞争力，把附属产品砍掉，生产更少但相对更有竞争力的品种；另外一种情况是，企业本身实力很强，继续扩大生产品种，进行差异化竞争。

我跟邱东晓（任职于香港大学）合作写过一篇论文，该文刚刚发表在《经济行为与组织学报》上。这篇文章探讨的是管理效率对出口能力的影响。从全要素生产率的角度看，企业生产率的提高主要来自两个方面：一个是真正的技术进步，另外一个是管理机制的提升。我们以前探讨企业能力基本上不区分这两个能力，而是将其放在一起讨论。我们这篇文章试着把管理机制给分解出来。但论文市场也很现实，从国际贸易到很多研究领域都是如此，一旦有人占据了位置，惯性形成，外人就很难攻破。

用企业微观数据做实证研究

第八个话题是用企业微观数据做实证研究，这方面的论文不少。比如特勒富勒尔和莉莉娃于 2010 年发表在《经济学季刊》上的一篇论文——《更好地进入国外市场提高了某些企业的生产率》，这也是他们自己引以为傲的一篇文章。做生产率的实证研究主要包括研发、绩效创新，最基本的观点是市场规模扩大导致企业增加研发开支以增强自身的竞争力。

魏尚进老师跟坎德沃尔合著的一篇论文《中间商在促进贸易方面扮演的角色》也很有意思，是说中国有很多出口属于间接出口——当企业的生产率不是特别高时，很难去国外建立分销机构或直接出口，于是先通过中间商出口。他们就研究中间商在国际贸易中到底扮演什么样的角色。

我在加工贸易方面有两篇论文。第一篇是和以前的学生戴觅（现为北师大经济与工商管理学院副教授）合著的。我们发现，此前已经有一个很重要的现象，即"中国生产率之谜"——通常根据梅利兹的理论，美国、加拿大、法国等国家的数据都显示高生产率的企业出口更多，而低生产率的企业很难出口，这印证了梅利兹的企业异质性理论，但中国数据的显示结果正相反，出口的企业反而平均生产率较低。大家的第一反应往往是，怎么衡量企业的生产率呢？对于企业能力的衡量，是一个非常经验主义的话题。但不管我们怎么衡量，最后都发现出口企业的生产率较低。

　　这个现象并不是我们首先发现的，但我们提供了一个比较可信的解释。何以见得？现在香港中文大学的吕丹教授提供了另外一种解释，中国内销企业的生产率之所以比出口企业的生产率高，是因为国内存在大量的地区割据的贸易壁垒，比如北京的产品销售到广州，有可能比出口到日本还要困难。这种解释也有一定的道理。而我们认为，这是因为中国有大量的加工贸易，它们能占到贸易总量的50%。加工贸易企业的生产率比出口企业低就算了，但比内销企业都低，这是为什么？我们可以举一个"加工贸易"的例子，假设有一家香港的发包方，找到广东东莞几个村子的人，让他们把产品给包装起来；双方都不需要进口中间品，因为双方签订合同，不需要付进口中间品的费用，东莞的村民只需提供廉价劳动力将产品包装好。中国在20世纪80年代改革开放第一步走的就是这条路。加工贸易有两种：一种叫来料加工，一种叫进料加工，后者有自己的技术。中国之所以比印度发展得好，就是因为中国很早就开始做加工贸易，但现在印度想做加工贸易就是不现实的，因为其他国家的工资要低得多，它已经错过了最佳时机。现在的加工贸易是孟加拉国等收入水平更低的国家在做，中国也早已过了刘易斯拐点，劳动力从过剩转向短缺。在这些给定条件下，我们发现，如果把低生产率的加工贸易等剔除出去，中国的情况就跟其他国家一样了，也就是出口企业比非出口企业的生产率要高。中国之所以表面看起来出口企业的总体生产率较低，是因为有大量的加工贸易。这篇论文提供的解释被广泛接受，目前在谷歌学术上的引用率接近 300 次。最近，社科院对全球 2016 年发表的国际贸易领域的英语论文进行评估，这篇论文进了前 10（前 10 中有几篇论文是发表在《美国经济评论》等五大顶级期刊上的）。

如何衡量企业的生产率

第九个话题也很重要，即如何衡量企业的生产率。不管是在经济学的哪个领域，只要涉及微观，这个话题就是无法避开的。

举个例子，如果我们要把企业的生产率放在函数左边进行一番分析，那么十几年前向《经济研究》杂志投稿可能还很容易，但现在很难。因为以前研究企业的生产率有一个名词，叫"索洛残差"。比如生产函数是 Y=F（K，L，M），其中 K 代表资本，L 代表劳动力，M 代表物质；假设它符合柯布-道格拉斯生产函数的形式，对其取对数就是 Y=alnK+blnL+clnM，然后我们把数据放进去，用 OLS（普通最小二乘法）估算出系数，这就叫作 OLS 估算的索洛残差。这种做法在 1996 年之前还可以，但之后受到两个严重的攻击：一个叫"选择偏差"，一个叫"瞬时偏差"。如果企业异质性理论是正确的，那么有些企业在竞争中被淘汰出去，有些企业则留下了；但问题是我们在数据中只能看到国有企业，而且数据是动态变化的，有很多企业是我们观察不到的，这就是选择偏差。此外，尽管 K、L、M 是一年一次的数据，但企业如果看到某个季度的情况不妙，就会及时调整几种要素的投入，换言之，Y 对 K、L、M 有一个反向因果的作用，这就是瞬时偏差。这是在计量上的两个问题。在 1996 年之前，没有人能解决，但之后

Olley-Pakes 估计法（简称"OP"）的出现，就解决了这两个问题。

在研究生产率方面，有几篇需要我们阅读的文献：

奥莱和帕克斯撰写的《电信设备行业的生产力动态》，1996
年发表于《计量经济学》杂志。

莱文森和彼得林撰写的《利用输入控制不可观测系统的生产
函数估计》，2003 年发表于《经济研究评论》杂志。

阿克贝里、凯夫斯和弗雷泽的论文《近期生产函数估计量的
辨识性质》，2015 年发表于《计量经济学》杂志。

这三篇文献主要研究的是如何衡量企业的生产率，要回答的最基
本的一个问题是为什么生产率重要。何以见得贸易促进经济增长？这
个课题属于"大"题，我们做研究要记住很重要的一句话——大题小
做或小题大做。比如对于贸易促进经济增长，如果我们将其具体化为
一个研究项目时，就可以把它转述成一句话——"关税的减免促进企
业的生产率"。这并不是一个新的课题，在 20 世纪七八十年代时，很
多人都在研究它。当然，那时只有行业的数据，研究做得比较粗，现
在的研究做得比较细。其中，有三篇文章得到比较多的关注。第一篇
是阿米蒂和科宁斯发表在《美国经济评论》杂志上的论文《贸易自由
化、中间投入和生产率：来自印度尼西亚的证据》，使用的是印度尼
西亚的数据；第二篇是坎德沃尔跟他的一位印度同事合著的文章，使
用的是印度的数据，论文《贸易自由化与企业生产率：印度的案例》
发表在《经济学与统计学评论》杂志上；第三篇是我的那篇《关税削

减、加工贸易与企业生产率：来自中国制造业企业的经验实证》，于2015 年发表在《经济学杂志》上。

贸易自由化有三个不同的含义。以奇瑞为例。第一，现在日本汽车的进口关税下降，就意味着更激烈的竞争，奇瑞面临着降价的压力；第二，中间品也发挥作用，轮胎、发动机等汽车零配件关税下降，对奇瑞来说也能起到成本节约的作用；第三，中国是 WTO 的成员国，关税下降，其他国家的关税也随之下降，所以市场变大。这三点如何影响奇瑞等企业的生产率，且如果生产率提高，那么哪个因素的影响更大？他们采用印尼的或者印度的数据进行研究，结果发现发展中国家中间品的关税减免对生产率的促进作用比最终品要大，印尼的是 2 倍，而印度的是 9 倍。我用中国的数据进行研究，不论怎么分析都是最终品的影响更大，后来才发现原因在于加工贸易。由于加工贸易是免关税的，进口关税已经为零，所以不断深入的贸易自由化对加工贸易没有影响。因此我们会看到：如果把加工贸易放进去，那么总体而言最终品关税减免对生产率的促进作用比中间品要大；如果把加工贸易剔除，那么中间品的促进作用更大，结果跟其他国家一致。当时我写这篇论文很辛苦，但是只要最后有好的结果，一切付出就都是值得的。这篇论文获得了英国皇家经济学会奖，目前各个版本的被引用次数接近 500 次。

政治对国际贸易的影响

第十个话题是国际政治经济学。国际政治经济学的意思是说，研究完国际贸易的主要理论之后，开始尝试实证、制定政策。

从理论上讲，小国的最优关税是零关税，大国的最优关税是出口供给弹性的倒数。小国如果征收关税，就会产生一个无谓损失，效果最好的是征收零关税。大国征收关税则可以改善贸易条件，所以存在所谓的最优关税。

举个例子，如果小国征收关税，出口方就会按此比例提高产品价格，假设在自由贸易的情况下价格是 1 元，小国的关税是 0.1 元，那么小国的消费者就要接受 1.1 元的价格，这就是无谓损失。大国征收关税的效果不一样，因为这个市场很重要，出口方愿意降低一点儿价格，以留住消费者，比如降到 0.97 元，这样加上关税 0.1 元，实际价格就是 1.07 元。对于 0.1 元的关税，实际上是出口方负担 0.03 元，消费者负担 0.07 元。这发挥了关税传递作用，因此我们可以推导出大国的最优关税是出口供给弹性的倒数。

这里有几篇很重要的论文，它们研究为什么对一个小国而言，理论上的最优关税是零关税，但现实世界中任意一个国家都不是零关税？怎么解释理论和现实的差距呢？其中一个因素是政治。第一篇文章是大名鼎鼎的《为了销售的保护》，其得诺贝尔奖的呼声一度很高，但后来也不了了之了。这篇文章的观点是，正是因为特殊利益集团的出现，政党不只关注消费者的福利、生产者的福利以及关税收入，还关注自身下一次能够当选的概率，这取决于其能够从特殊利益集团那里获得多少政治献金。美国的共和党与民主党都是这么做的，会向一些利益集团列出单子，当选以后兑现：推出有利于这些利益集团的关税政策。这就叫"为了销售的保护"。所以，这篇文章最后得出一个结论：最优关税取决于一个国家的特殊利益集团的力度，如果国家没有特殊利益集团，完美答案就是零关税；如果国家有特殊利益集团，答案就是正的关税。

还有一篇文章是戈德伯格的实证论文，旨在衡量一个政府腐败的程度：看这个政府更在意消费者的福利，还是更倾向于特殊利益集团。研究对象是美国，他发现美国政府、政党关注的特殊利益集团相对于消费者的福利是1/4。也有人用土耳其的数据进行了相关研究，结果差不多是美国的1 000倍（美国只有0.25）。怎么在中国做类似的研究呢？中国的政体不太一样，所以有一篇论文研究了国有企业。政府不只关注国民福利，还关注国有企业的收益。研究结果是国有企业占消费者福利的1/7~1/5。

在这个领域，我也写过两篇文章，《贸易保护主义与选举结果》发表在《加图杂志》上。这篇文章其实很难写，因为我必须自己去查找每个政党（比如共和党或民主党）的政纲。另外一篇就是我独立发表在《发展经济学杂志》上的《贸易、民主和引力方程》，这是我博士期间的第三篇论文，导师基本上不限制我的选题方向，我自己觉得哪个选题有意思就写哪个。我当时决定研究民主程度和国际贸易的关系，想看民主程度的上升是否会导致国际贸易规模的扩大。我一开始对这篇论文没什么信心，后来去香港大学工作时（2006年）搜索了一下自己的名字，发现这篇文章被一位著名经济学家——加州大学伯克利分校的埃森格林教授引用了7次。我那时博士毕业不久，这对我是一个极大的鼓舞，觉得自己一定要把这篇文章好好写下去。文章一开始是纯实证的，后来我就慢慢想办法，再加入模型，不断地修改，修改后的文章最终于2010年发表在《发展经济学杂志》上。为什么出口国民主程度的上升会导致其国际贸易规模的扩大呢？如果出口国的民主程度比较好，法制也比较健全，这就相当于提供了一个背书，大家对其产品就会比较放心。而进口国的民主为什么能导致福利慢慢上升，这个问题比较复杂，因为我们必须在区分进口国是发达国家还是发展中国家之后，再做分析。

对于刚开始接触国际贸易的新人，我并不建议一上来就研究国际政治经济学的相关课题。我跟大家分享一个故事。2009年前后，我去韩国开会，当时讲了自己的两篇论文，一篇是上面讲到的《贸易、民主和引力方程》，那时我还在修改；另外一篇就是前面提到的发表在《经济学杂志》上的论文，当时我刚刚开始写。有一位韩国教授听完了我的报告，就好心地建议我多做企业实证，我问原因，他说："你的第一篇论文当然很好，但要知道对于这种形而上学的东西，大家的争议比较大，如果你很有名，那么你的文章被接受的概率比较高；但你要是刚出道，你的文章很容易被一下子拒掉。相反，如果你研究一些跟现实生活，尤其是跟中国实际紧密相关的课题，那么以后你的文章无论在国内还是在国外都比较容易被接受。"他的话是大实话，一语惊醒梦中人，从那以后，我更多地投入企业异质性的实证分析。通过这个故事，我想表达的是，不管做哪个领域的研究，选择课题有两个方法：第一个是自己想，然后找导师讨论；第二个是导师会告诉你一个课题，你跟着去研究。从发表的角度看，最好的方法就是跟着导师做课题。

中国企业走出去

第十一个话题是中国企业的对外直接投资。

从流量来讲，中国企业对外直接投资已占到全球投资的 9.9%。如果说中国出口额占全球的 14%，那么这个比例已经表明了中国的重要性。9.9% 这个比例也是全球第二。中国企业走出去是一个很重要的现实，但对此进行研究的文章并不多。

我和原来在香港大学的陈诚教授和现在北大经院的田巍教授合著了一篇论文，发现一个有意思的现象。通常而言，国有企业的生产率比民营企业低，但是研究目前走出去的企业，我们会发现结果与之相反，走出去的国有企业的生产率更高。为什么会这样？一个重要原因是国内要素市场存在结构性摩擦。在国内市场上，如果对比国有企业和民营企业，那么我们会发现国有企业拿地的价格较低，借钱的利率较低，民营企业在竞争中处于不利的位置，所以打不赢就走。如果民营企业到国外投资，就不会受到类似歧视。因此，民营企业有较强的动机到国外投资，而不在国内投资。国有企业在国内"此间乐，不思蜀"，为什么还要出去呢？所以只有特别少的国有企业愿意走出去，它们都是生产率较高的企业；而民营企业基本上能出去的都出去了，泥沙俱下，反而整体生产率低于走出去的国企。这篇文章《对外直接投资和国内投入扭曲》于 2019 年发表在《经济学杂志》上。最近，我和田巍老师又观察到企业在开发出口市场时，通常会在国外建立相应的贸易办事处，以便于出口。这类贸易办事处也是中国企业的对外直接投资。所以，哪怕从横向投资的角度看，对外直接投资和出口也不纯粹是简单的替代关系。我们相应的这篇论文《分布、对外直接投资与生产率异质性》刚刚发表在《国际金融市场机构和货币杂志》上。

如果同学们未来有志于经济学研究，就不妨多看看我们周围正在发生的事情。中国经济的发展是非常有意思的，有很多内容值得继续挖掘。大家在进行研究时一定不要认为"这个课题已经有人做了，我再做没有什么意义"。最后请大家记住两句话：

所有的研究都是有意义的。

不管别人怎么做，总有你可以去开拓的空间，而且你会发现其实有很多重要的题目别人都没做。

总之，只要大家坚持下去，好好做研究，就一定会做出成绩的。对于21世纪的经济学研究，中国学者应该能做出更大贡献。

薛兆丰

经济学的难易与深浅

对于刚开始接触经济学的同学，我想起一个小故事。音乐家肖斯塔科维奇回忆自己初入音乐学院时，老院长给新生们上课，播放了好几首乐曲，结果同学们都说没听过，老院长感慨道："我真羡慕你们啊，有那么多好乐曲没听过，后面等待你们的将是一段美妙的旅途。可惜我年纪大了，全都听过了，再也不会有当初刚听时的兴奋劲儿了。"

面对经济学专业的新同学，我也有类似的感觉——后面有很多精彩的内容在等着大家。经济学是一门令我很着迷的学问，但与此同时，我也有种很矛盾的心理。在这么多年给本科生上课的过程中，不少同学会跑来跟我说自己打算考经济学研究生，将之作为一生的专业，尤其是在上了我和周其仁老师的课之后。这时我会告诉他们，千万不要被这些课的表面"欺骗"，因为他们一旦将经济学作为一门专业时，就会发现它不再像我和周其仁老师的课那么好玩儿了。在课堂上，有时为了让大家更容易接受，我们会将经济学中最有趣的地方呈现出来，而一旦学习经济学变成每天都要做的事情，必须每天去推动一点点的进步，这其实是很枯燥的。

　　每个人都应该学习一点儿经济学知识，这样会有一种观察世界的新角度，有所受益。当然，要将研究经济学作为终身职业，是完全不同的。对于很多想考经济学研究生的同学，我都会先泼冷水，向他们推荐很多专业书籍。只有在经过这样长期的交流后，如果某个人还坚持原本的想法，那么他才是真的喜欢这门学科。

　　为什么要探讨经济学的"难易"和"深浅"呢？我想表达的是——深和浅并不等于难和易。人们所从事的工作有些可能很深，但看上去不难；而有些看起来很容易，但其实是很深刻的。在研究学习时，我们要注意进行这样的区分。

经济学的难易

　　第一个问题是经济学的难易。

　　对于任何想系统地学习一门学科的人，我想分享一个方法论，它对任何学科都是非常有效的。我在深圳大学读的本科（1987 年入学），这是一所特区办的学校，当时的师资以清华、北大的老师为主，校长也提出了很新的办学理念，比如：大学没有围墙，学校要与外面的社会进行融合；学校没有宿舍管理制度，不会规定关灯的时间等。同时，学校会提供大量的选修课，这在那个时代也是很新颖的做法；学生可以申请转系，也可以去旁听任何课程。学校里不用称呼"教授""校长""主任"等头衔，只有两种身份——老师和同学。深圳大学还有一个很大的优势——图书馆向全员开放。在很多学校里，除了校级图书馆以外，每个院系大多有自己的图书馆，但通常并不向外院系的人开放，而深圳大学的所有图书馆都是全方位开放的，一年365天不关门。这对学生来说是一项很大的福利。当时学校有港台书室、外文书室，甚至有些较为敏感的书籍也可以随便看，我感觉一下子进入了知识的海洋，非常兴奋。

当然，我在兴奋之后也会产生困惑：一个人的时间毕竟是有限的，在浩若烟海的书籍中，到底应该看哪些呢？一般人都想读名著，书架上知名作者的作品往往所占面积比较大，比如马克思和恩格斯的作品占了一整排的书架。

除了这些知名作者，每个人心里还有一些自己认为很厉害的作者，但这些作者的作品在图书馆的书架上往往不太容易发现。我当时想，仅仅通过作者的名气来选择书籍未必最好，也许更有效的办法是学那些最"耐用"的学科，像数学、英语等。在社会科学领域，最"耐用"的应该就是哲学了，有人将哲学称作"科学的皇冠"。

于是，我开始大量阅读哲学书籍，相对高效的办法是先看哲学史，书中会把主要的哲学思想都陈列出来。但这个过程中还存在很大的问题——我看得似懂非懂，不知道这些哲学家究竟在说什么，书的内容感觉很高深，需要花很多时间去琢磨。但我知道，这些该花的时间是不能省的，一旦琢磨懂了，自己的学问也就增长了。这是我当时的学习方法。

除了自己读，我也会去听别人讲，当时选修了好几门哲学课，其中带给我很大震撼的课程是"科学哲学"，由一位哲学系老师讲授。在学习这门课的过程中，我又阅读了几本书，其中对我影响最大的是科学哲学领域的先驱卡尔纳普所著的入门书籍《科学哲学导论》。这本书的主要内容是如何区分科学和非科学。有些人所讲的话是永远正确的——这样的知识要不要学呢？其实，人们天天都在学习这样的知识。像数学的逻辑起源于一套公理体系，三角形的内角和是180°，这是一开始就定下来的，这样的知识放之四海而皆准。但这种一定正确的知识有个不足之处——无法直接地帮助我们了解现实世界。数学和形式逻辑同属于一种学问，被休谟称为必然真理。相对而言，实证科学更便于我们认知和改造真实的世界。

对我影响更深的是另一位学者波普尔。我真正喜欢上读书是从读他的书开始，完全入迷了。之前读书大多是慕名而读，学一些很专业的术语，让自己显得很高深，但并非出于真心喜欢。波普尔所讲的内容让我意识到，那些哲学家在探讨任何话题时都是有问题导向的，观点背后都有一个真实的问题。每个学习者都要以问题为导向，让问题驱动你去思考和学习，这样学到的东西才能真正变成自己的，你才会有足够的积极性进行研究。这是我从波普尔的书中领悟到的，让我豁然开朗，过去那种晦涩难懂的感觉全都没了。

波普尔有一项重要的贡献是证伪。人们通常认为"某一个理论能够一而再再而三地被证实"是很重要的，波普尔则提出了相反的理论。他在十几岁时很关心问题儿童，为此去了著名心理学家阿德勒的诊所，担任其助手，以帮助那些儿童。阿德勒曾追随弗洛伊德学习，与后者齐名。波普尔在诊所里尝试着诊治问题儿童，然后再告诉阿德勒碰到的儿童有什么问题，询问阿德勒如何看儿童的病状。阿德勒想都不用想，很快给出诊断。一开始波普尔很佩服阿德勒，但时间长了就不服气——凭什么自己陪伴儿童那么长时间都找不到病根，而阿德勒看都不用看就知道。波普尔开始对阿德勒所提供的学问体系产生了疑问。精神分析法定义了人具有本我、超我、自我这三种"我"，这套体系可以用来解释人在精神方面的一切问题。所以，阿德勒很轻松，他的学问体系里不会隐藏着一种可能性——他自己是错的。

但如果某一门学问永远是对的，能用来解释任何问题，那就不可能是科学。辩证法就是这样一种学问。中国的学生基本上都学过辩证法，我在高中时为此遇到了麻烦——眼看要高考了，辩证法还是不及格，我后来不得不下狠功夫把整本书都硬背下来。辩证法无非就是那几条——内因和外因、主观和客观、局部和全部等，你在掌握了之后可以用它们来解答任何问题。我当时虽然背下了整本辩证法，但直到在波普尔的著作《猜想与反驳》中看到他提出的科学和非科学划分的证伪原则，才明白过来，非科学的本质不在于其正确与否，而在于其不可证伪性。一个理论体系要提供被证伪的可能，这是其成为一门科学的前提。

当时给波普尔带来很大冲击的有两件事：一件是阿德勒可以解释任何问题；另一件是爱因斯坦发表了相对论（1915 年），他在该理论中首次提出，在宇宙大质量天体附近，光线将在引力场作用下发生弯曲，这在当时引起巨大争议。几年后（1919 年），检验这一理论的机会出现了——5 月 29 日将发生一次日全食。为了抓住这次难得的机会，天文学家爱丁顿勋爵迅速组织了一支前往非洲的观测小队，目的是测量当日全食发生而天空全暗时，太阳附近的恒星位置究竟是否发生了变化。他还派遣另外一支观测小队前往巴西，并约定两个小组在同一时间进行观测。结果显示：观测到的太阳周围的恒星位置的确与星表中的标准位置相比发生了轻微偏离，偏离值与爱因斯坦理论的计算值（1.75 角秒）相吻合。对比阿德勒的理论和爱因斯坦的理论，两者虽然是不同领域的学问，但本质的区别在于：是否可以被证伪。这让我第一次感觉到知识真的太有用了。

这样一来，图书馆里的大部分书都不用读了，这是波普尔给我的启发。但后来又发生了另一个故事。大家知道太阳系的所谓九大行星中有一个冥王星，人类在很长时期内根本观测不到（于 1930 年第一次观测到），所以当时整个天文学理论中有一个难题，科学家面临着两个选择：第一个选择是要证伪，可能全套的牛顿力学都是错的，因为出现了冥王星这样的反例；第二个选择是把冥王星变成特例，不至于使原有的整套理论失效。根据波普尔的观点，如果科学家遇到了反例，就要抛弃这一理论。但科学家往往对于自己应用了多年的理论舍不得抛弃，哪怕是遇到了一个反例，也会尽力想出新的解释。当然，冥王星最终没有成为真正的反例，只是当时的观测技术不够先进而已。

波普尔的观点太过犀利。实际上，科学家总归都是人，所研究的学问是他们安身立命的根本，不会那么轻易地就抛弃原来有用的理论，一旦遭到反驳，他们就会想办法挽救，直到有一个更好的理论体系可以替代。即便可以替代的新理论出现了，有些老一代的科学家还是舍不得旧理论，一直到死也不放弃。最后看起来是新理论赢了。量子力学、相对论刚出来时，很多物理学家根本不接受，但最后还是新理论主导了市场，因为老的科学家会相继去世。

这中间还带给我一个重要的启发——一种范式的理论不会被轻易抛弃。如果有人能够创造一个范式，那么他就带来了一种看世界的新方法，引来许多学术的追随者，这些追随者就会在这个框架上不断地使学问精细化。任何一门学问的兴衰，不仅仅取决于这门学问本身的逻辑，还取决于学问本身的开放性，取决于能不能在学术市场中获得持续的生命力。我们从这个角度就可以理解：为什么在物理学已经很发达的今天，算命先生依然存在。西医已经发展到使用基因技术治疗，可还是有很多中医存在。这是一种市场替代或补充，和学问本身没有多大关系。比如有些中医专门治那些西医治不好的病，只要西医还有治不好的病，中医就还有市场。其实这中间的逻辑有两个可能：一个是中医确实能够弥补西医的缺失；另一个是中医能给西医一个下台阶的机会——对于病入膏肓的患者，西医医生会告诉他"去看看中医吧"。

这是一种看待学问兴衰的角度，包括科学和非科学的区分，证伪主义以及范式的更迭，学完这些令人受益匪浅。大家有兴趣的话，也可以沿着这个思路研究一下经济学的兴衰和发展。

经济学的深浅

第二个问题是经济学的深浅。

学习经济学的人，都会学到需求定律，但每个人学习的深度一样吗？肯定不一样。随着产品价格提高，需求量会降低，表现出来是一条倾斜向下的需求曲线——这就是需求定律，看起来很简单，很好理解，但也有很难、很深的部分。马歇尔需求和希克斯需求有什么不同呢？需求曲线倾斜向下，即产品价格下降，人们就会多购买，但严格来说这句话没有那么简单。产品价格下降后，消费者不仅会多买，而且相对来说预算多了，变得相对有钱了。这两条需求曲线的区别在于：如果只有价格发生了变化，而其他要素都没变，结果就会在同样的一条需求曲线上滑动；如果价格发生变化后，其他要素（包括财富）也发生了改变，那么整条需求曲线就会随之移动。

所以，产品价格下降之后所产生的效果没有那么单一，因为价格下降必然伴随着财富的增长效应，消费者变得相对有钱了，需求曲线会随之移动。马歇尔需求曲线是反映商品本身价格与需求量之间关系的一条比较平缓的需求曲线；而希克斯需求曲线是把替代效应和财富效应区分开来，把人变得相对有钱所带来的财富效应考虑进去，需求曲线会陡一些。斯勒茨基方程则处在马歇尔需求和希克斯需求之间，是另外一种约束办法。

需求曲线的另一个看起来浅显但实则深刻之处是倾斜向下，向上的需求曲线不存在。需求曲线之所以倾斜向下，是因为人都会对代价做出反应，价格上涨就会让人降低需求；如果需求曲线是向上的，那就意味着代价越大的事情人越爱做，这是不符合逻辑和人性的。经济学界有大量关于是否存在倾斜向上的需求曲线的争论。有人以玻璃项链和钻石项链举例，佐证消费者更愿意买贵的产品，进而说明需求曲线倾斜向上。其实并非如此，这涉及两条不同产品的需求曲线，只是关于钻石项链的那条曲线比关于玻璃项链的那条曲线的位置更高，但两者都是倾斜向下的，这表明了当消费者的收入状况、偏好或环境等发生改变后，会去购买另外一种产品。

当然，垂直的需求曲线也不存在，因为这意味着消费者不会对价格变化做出任何反应。如果有经济学家认为存在垂直的需求曲线，那么其要么做了一种非常理想化的假设，要么对人性是漠然的。

如果你真正理解了需求曲线倾斜向下所代表的含义，就知道了经济学的本质，听懂了经济学的"音乐"。

之前在国发院新生入学典礼时，每个老师都会说一句寄语，我当时讲的就是贝克尔说过的一句话，他说自己认识的很多职业经济学家能够背诵大量乐谱，却没听过音乐。如果你明白了"需求曲线倾斜向下表示人会对代价的增加做出反应"这个道理，那么对于"提高最低工资水平是否能帮助低收入人群"这个问题，就会有很强烈的直觉反应。如果答案是肯定的，其背后的逻辑就是随着工资提高，雇用人的代价更高，老板就会雇用更多的员工，这显然与需求曲线的基础含义截然相反。因此，更符合现实世界的推论是提高最低工资能帮助依然保住了工作的低收入者，但同时还有很多低收入者因为最低工资的提高而失去工作。

有位经济学家专门写过一篇颇有影响力的文章，用实证的方法证明了提高最低工资可以增加就业，但他所运用的基本原理与人们的认知不符。这种事情或许在某个时间、某个地点确实发生过，但其基本原理并不普遍适用。

效用函数也有一些需要下功夫学的内容。北京在几年前开始实行商品房限购政策，限制没有北京户口的外地人买房，清华大学的李稻葵教授分析后认为，"根据效用函数来看，这项政策是对的"。如果效用函数这么高深的学问能作为某一项政策的辩护工具，那么我认为这个工具本身就充斥了太多的价值导向，远离了科学。如果这样的辩护逻辑也能成立，那么还有什么不能用效用函数来辩护的政策导向呢？

如何看待基尼系数的变化

第三个问题是贫富分化。

最常用来衡量贫富分化的指标是基尼系数，在一个直角坐标系里，横坐标代表人口百分比的累计，纵坐标代表收入百分比的累计。如果说1%的人口占收入的比例为1%，2%的人口占收入的比例为2%，以此类推，50%的人口占收入的比例就是50%，100%的人口占收入的比例就是100%，这样画出来的线正好是对角线，代表着一个收入绝对平均的社会。相反，如果1%的人口占收入的比例为0%，2%的人口占收入的比例为0%，50%的人口占收入的比例为0%，100%的人口占收入的比例为100%，那么这样画出来的线是直角边，代表着一个收入极端不均的社会。真实的社会处于这两种情况之间，这条线越靠近原点，基尼系数越大，收入越不均衡。

有很多经济学家讨论基尼系数的问题，比如基尼系数超过多少是警戒线。基尼系数太高是什么原因导致的？需要采取什么样的政策进行调整？这是一个很专业、很重要的问题，我对此有些不同的看法。经济学家弗里德曼最重要的贡献之一是持久收入假说，它认为人们追求的不是任何一个瞬间的收入最高，而是对一生的收入有个预期，并据此做出消费决策。所以，关键在于长期收入，人们的消费以及所有决策都取决于长期收入，人们要最大化的是自己长期收入的那个面积，而不是某一个峰值。基尼系数衡量的则是一个瞬间的收入水平，取样本身就是错误的，人们无从了解其背后的收入预期。收入不均是由众多因素造成的，与一个人的勤奋、运气、受教育程度等因素有关，其中某个因素可能跟不公平有关。但不公平可能只是其中一个因素，如果我们仅仅看见收入不均的状况而没有搞清楚是哪些因素导致的，简单粗暴地通过某些政策去熨平收入不均，那么这可能导致更大的不公平。

收入不均有很多原因，不同的职业有不同的特点，有些职业领域的规则就是赢者通吃，比如在商业体育比赛中，第一名和第二名所获得的收入的差距很大。我们必须明确要解决的是最终结果函数的不平（基尼系数），还是生活当中不公的因素。如果要解决这些不公的因素，我们就要找出相应的对策。为什么会有那么多的经济学者倡议进行收入再分配呢？其实，收入再分配政策从收税之时就已经实施了，只不过收入不均仍然存在。如果政府看到基尼系数过高，在还没搞清楚原因的状况下就要进行收入再分配，那么这样的调整会带来什么后果？高收入者不愿意付出更多努力，最终可能导致整个经济规模无法做大、做强。有些学者声称应该建设一个基尼系数低的社会，一个在生活中人人平等的社会，以此来反衬自己人格有多高尚。但事实上他们真的会这么做吗？说这些话的学者大都生活在大城市，他们面对自己的选择时，根本不看基尼系数。

美国的基尼系数同样会时高时低，但基尼系数很低的时候基本上是一战、二战和冷战的时代，谁愿意生活在那种时代？再比如在北京，高收入者和低收入者是杂处的，五星级酒店旁边就有普通人家，收入差距确实很大。但生活在这些地方的普通人一定很惨吗？他们一定要去收入更平均的地方吗？有些所谓的理论根本不符合常识。

将财富再分配作为一个专门的方向研究，这说明了大多数人是"不患寡而患不均"。但我认为，目前最根本的问题应该是"患寡"——整个财富的盘子还不够大，在这个基础上讨论平均有多大意义呢？比如很多人从农村来到北京，从收入水平上看，北京是一个更为不均的城市，但为什么人们还是愿意来呢？有谁一定要回到农村老家跟老乡们待在一起才会觉得舒服呢？大家在进行经济学研究时，一定要注意：很多听起来合乎理论的结论，并不一定有真实的意义，这恰恰是理论需要进化或创新的地方，大家今后写论文、做报告，要敢于对现有的理论提出质疑，勇于到现实世界里观察、求证。

不要轻易进行经济预测

第四个问题是经济预测。

在这一点上，我想不到有谁比萨缪尔森做得更好。他所著的《经济学》教材累计售出了 500 多万册，他也是美国第一位获得诺贝尔经济学奖的经济学家。据说他的博士毕业论文答辩整整用了 6 个小时，结束后那些答辩委员会的教授全都灰头土脸，他反过来问教授："你通过（答辩）了吗？"萨缪尔森在学术上实在太厉害了。

萨缪尔森是数理经济学家，在做研究时使用的数学模型很厉害。我的经济学启蒙教材就是他的《经济学》，是商务印书馆出版的，由高鸿业翻译，一共分上、中、下三册，我读了很多遍。我是从他的书里第一次知道"混合经济"的概念，他认为"计划＋市场"是非常好的经济组织形式。在早年的著作里，他认为计划经济不仅可行，甚至可以让经济兴旺发达。他在早期版本的《经济学》里都会进行预测，认为苏联快要在经济上追上美国了，并根据最新的数据不断调整预测模型。直到 1970 年的版本，他仍然抱着苏联经济将赶超美国的信念。而到苏联宣告解体时，他才发现原来苏联的经济如此糟糕。他从来没有去过苏联，相关信息都是道听途说，所有的预测都是通过数学模型推导的。

萨缪尔森犯下的这个错误，揭示了一个道理：虽然有些数学模型关起门看很完美，但真要拿出去用是很危险的。对于发展前景，你可以和企业家、学者甚至公众充分讨论，但不要轻易给出预测。

经济学里的很多公式看起来都是很平滑的，比如柯布-道格拉斯生产函数，但为什么指数加起来永远等于 1 呢？因为这样画出来的线才是收敛的、漂亮的，不然就会发散。这跟人们的现实生活有什么关系呢？世界上最重要的是两种要素：资本和劳动力，生产者在投资这些要素时，并不是在某个时刻进行投资之后便等待着收获了，而是时时刻刻都在投资。于是，每个时点上都会有一个柯布-道格拉斯生产函数，所有这些生产函数叠加起来会是什么样子？并没有人知道精确的结果。

所以，我们在学习这些模型时千万不要较真儿，一方面因为要考试，所以要记好相关内容，但同时也要清楚：不能直接拿模型去进行精确预测或指导实践，因为模型是在完美的假设情况下创造出来的。在现实中，有太多影响因素无法放入方程式中。比如一个地区的经济发展得好与不好，就只受相关方程式中涉及的十几个乃至几十个变量的影响吗？很多因素没法写进方程式，因为没法披露或者没法衡量，但有可能是至关重要的。天气对于经济发展重要吗？当地人是否遵守社会规则重要吗？某个地区的文化里是否喜欢折腾重要吗？这些因素其实都很重要，但很难放入模型里。

进行大规模的经济学预测是非常难的。奥地利学派曾经预测计划经济会失败，现在看来这是一项很成功的预测，但在当时大家都不相信，后来苏联的垮台才验证了这一预测。但究竟什么时候会垮台，是没有人能精准预测的。

苏联的失败是微观经济学的失败。通过最近几十年制度经济学的发展，我们发现一个社会要想向前发展，内在组织非常重要。就好比人和人之间的区别很大，同样的食物吃进去，有些人长肉，有些人就不长肉。我们之前过多地强调宏观经济，就是认为吃多少食物就能长多少肉。但内在机理很重要，我们不注重内在机理就容易犯错误。

北京一直对外来人口有吸引力，但吸引来的人有高端的，也有低端的。低端人口怎么定义？低端人口是应该被留下来，还是应该被请走？北京还有没有更大的人口承载力？这些都是现实的经济学，也是一些所谓的经济学理论容易出错的地方。

罗马学派曾在 20 世纪 70 年代计算过增长的极限，用计算机模拟出什么时候这个世界的资源会被耗尽，但当时没有考虑到人类技术的进步，这造成预测模型完全错了。

周其仁老师在人民大学学习期间，课程内容中让他印象最深的是一个人口专家很认真地计算中国的人口承载力究竟是多少，得出一个听起来很精准的数据——6 亿多。这个报告发布后，有一位老教授评价说："报告做得真精确、真细致，唯一的问题是在报告发表出来的此时此刻，中国的实际人口已经超过了报告所预测的极限数字。那应该把哪些人口减掉呢？"这个预测也没有充分考虑技术的变量，所以，这些预测是不能轻信的。

人是发展中很重要的因素，甚至是最重要的。欧洲有很多乞丐，欧洲的政客们学那么多经济学知识，但并没有很好地解决这个问题。那么多人长期不工作，很可能成为影响社会稳定的定时炸弹。中国以前也有很多街头小混混，他们经常打架闹事，发生转变的关键是引进外商来开工厂，到工厂打工虽然没有在街头混那么自在，但可以获得稳定的收入，所以街头小混混很快就不见了。人不是问题，所谓"低端人口"也不是问题，怎么把人用好才是关键问题。

所以经济学家也好，政治家也好，多想想怎么用人，怎么能人尽其才，这比用理想化的模型去进行预测要靠谱得多。所以，我的看法是再精确的错也不如大致的对。在很多时候，大致知道什么是对的，即便不够精确，也挺好。有很多专家给出的曲线够精确，可惜本身是错的。

如何看待竞争与垄断

最后一个问题是"竞争的本质"。

什么是竞争？每个人都有自己的看法。所有关于竞争的模型（如博弈论）都是以完全竞争理论为基础的，认为每个人只是沧海一粟，是价格的接受者——跟现实做对比，这简直是天大的笑话。商人无论什么时候都会努力地去求异，不会被动地去接受价格。现在的商品和 10 年前的商品是不同的，商品之间最重要的因素是"质"。而绝大多数经济学模型都只有"价"和"量"两个因素，没有"质"。但在现实中，"质"的变化极其重要，如果一家企业销售的商品有独特性，就会在市场上处于主动地位，即便略微提高价格，消费者依然会购买，这叫寡头竞争。这看似是不完全竞争，实际上是完全竞争。哈耶克对此早就论证过了："竞争从其本质上说是一种动态过程，但其主要特点被以静态分析为基础的假设抹杀掉了。在完全竞争理论中，把实际上是商品和服务的不可避免的差别说成是竞争的缺陷或垄断的存在，这掩盖了真正的混乱，而且时常导致荒谬的结论。"这么简单的事情，普通人都能想明白，但很多经济学家还是不明白，这也值得大家思考。

芝加哥经济学派的斯蒂格勒曾经犯糊涂，支持政府通过《反垄断法》，并构建了一个很漂亮的模型加以论证。他说："在 20 世纪 50 年代，我曾认为垄断已成为美国公共政策领域的主要问题，应该通过拆分市场上的占支配地位的企业加以解决，并严厉处罚那些相互勾结的企业。"不过，他很快就明白了："竞争是一株很顽强的野草，而不是一朵美丽的鲜花。市场竞争中有成功者，也有失败者，新的市场竞争者会以更好的产品质量和更低的价格去竞争，但是新产品的市场份额不会很高，不会独占市场。"后来，张伯伦跟斯蒂格勒说："对于垄断竞争的理解，你和奈特教授是我所认识的经济学家里错得最离谱的。"斯蒂格勒评论道："谢天谢地，我只错了这一回，很快就改邪归正了。"

熊彼特在 20 世纪 40 年代就这么说过："资本主义从来不是静止不变的。工业化过程不断地从内到外改革经济结构，不断地破坏原有的经济结构，不断地创造新的经济结构。这种创造性破坏的过程是资本主义的本质事实。完全竞争不仅不可能，而且是不可取的，不要将它作为理想效率的模型了。"

贝克尔是芝加哥经济学派的代表人物，于 1992 年获得诺贝尔经济学奖。我查询了一下他生前对于垄断的最后看法，他在 2013 年 9 月写的博客的大意是"具有垄断地位的企业会被更具有竞争力的企业替代，把一切都交给市场决定，宁愿让它们（垄断企业）暂时享受经济权利也不要用《反垄断法》对其进行制裁。与市场的复杂程度相比，经济学家所付出的研究时间和精力都不值一提"。

我认为，每个人拿出 1%~2% 的时间看或听别人的经验即可，且仅限于听听而已, 98% 的时间和精力都是自己的，每个人都是独特的。每个人都应该听听别人的忠言，更要努力做好自己的研究。

新制度经济学的鼻祖科斯认为中国的经济学家很重要，原因有两个：第一，能够影响的经济体很大；第二，中国的经济学尚未完全成型。所以，我们需要在现实中发现一些问题，然后去寻找解决工具，而不是先制造好了工具，再想象出一些问题。这是科斯的忠告。但为什么这个忠告没有多少人能听得进去？我们得思考它有没有存在的社会基础。要想去真正了解一个行业或一家企业，可能我们花费 3~5 年的时间都很难出成效，但出于考核或晋升等压力，我们很多时候只能用原有的工具，再去现实中找适合工具的问题，然后以短平快的方式进行研究。

最后送给大家的还是科斯的建议。有人在 2001 年请他给年轻的经济学者提出建议，他说："我会告诉他们看看周遭的世界，发现问题，然后试着去解决这些问题；而不是先去了解技术分析工具，然后再去搜寻可以应用到它的程式。我希望经济学者从解决真实世界的问题着手。"

这是科斯的肺腑之言，我借来送给大家。

张丹丹
实验研究方法在经济学实证研究中的应用

我的研究方向是劳动经济学、应用计量经济学和实验经济学，也研究一些行为经济学的内容。

近期，我的主要研究课题有三个方面。

第一，关注中国的城乡移民的问题，特别是大规模的农民工进入城市后会对当地社会和经济产生的影响。

第二，基于城乡移民问题的研究，我从中发现流动人口和犯罪之间有很强的相关性，所以开始研究农民工犯罪的相关问题，包括其决定因素及其社会后果。

第三，进入北大国发院之后，我开始使用实验经济学方法进行实验研究，主要有两个成果：一个是"文革"时期意识形态的变化对人们行为的影响；另一个是子女对父母的转移支付的行为动机是什么——究竟是一种自利的行为，还是完全利他、无目的的行为。

今天我主要给大家展示本人最近发表的两篇文章，并在介绍的过程中讲解应用计量经济学和实验经济学的研究方法①。

男性和女性的竞争意愿为何存在差异

我的第一篇论文主要围绕竞争意愿进行讨论——竞争意愿的性别差异是由什么因素决定的。我们主要关注的是，制度和文化因素对竞争意愿的性别差异的影响。

为什么要研究这个问题呢？首先我们观察到男性和女性在劳动力市场上的表现存在差异，比如女性的劳动力参与率是低于男性的，女性的工资水平是低于男性的，这是在不同社会、不同时代里都能观察到的现象。我们想解释劳动力市场上的性别差异是由哪些因素决定的，最终发现，其中一个决定性的因素是男性和女性行为上的差异。有很多文献认为，劳动力市场上的性别差异是由男性和女性的竞争意愿决定的，不同的竞争意愿会影响男性和女性的劳动参与行为及他们的工资水平。这篇论文是想从行为的角度去解释劳动力市场上的性别差异。

竞争意愿是由哪些因素决定的？对于这个问题，学者们并未达成一致意见，目前主要有两种观点：第一种认为竞争意愿是天生的，男

---

① "Gender Differences in Willingness to Compete: The Role of Culture and Institutions" (with Alison Booth, Elliott Fan and Xin Meng), *Economic Journal*, 2019, Volume 129, 618（1）: 734-764.

"China's Sex Ratio and Crime: Behavioural Change or Financial Necessity?"（with Lisa Cameron and Xin Meng）, *Economic Journal*, 2019, Volume 129, 618（1）: 790-820.

性和女性生来就有不同的行为模式；第二种认为竞争意愿是后天塑造的，社会文化环境、意识形态等都会导致男性和女性在行为上的差异。

关于第一种观点，奥地利因斯布鲁克大学公共经济学教授劳卡斯·巴拉夫塔斯于 2012 年发表在《经济行为与组织学报》上的一篇论文《分配偏好和竞争行为》，主要讲的是女性的激素水平和竞争意愿的关系。激素水平是根据女性的经期变化来测度的，这方面有很多研究成果，比如女性在经期之前的激素水平非常高，有较强的竞争倾向或暴力倾向。我们又研究了一些犯罪学文献，发现女性犯罪更多地发生在经期之前。所以，这种观点认为，男性和女性天生就不同，激素水平决定了竞争意愿的差异。

第二种观点强调的是后天的社会环境对不同性别的行为会产生不同影响，比如尤里·格尼茨和约翰·李斯特于 2009 年发表在《计量经济学》杂志上的一篇论文《竞争中的性别差异：来自母系社会和父系社会的证据》。他们将坦桑尼亚的一个种族和印度的一个种族进行对比，这两个种族的文化是类似的，但不同的是坦桑尼亚的这个种族是父系氏族，印度的则是母系氏族，两者的社会规范不同。通过观察处于不同地域的这两个种族的男性和女性的竞争行为的差异，他们发现：在母系氏族中，女性具有更强的竞争倾向，表现出男性化的一面；而父系氏族中的现象，跟通常社会中的现象并无二致。

还有张忆芹于 2015 年发表论文《文化、制度和竞争倾向中的性别差异：来自中国的证据》。她选择了云南某县的一所中学，研究了汉族、彝族和纳西族这三个民族的高中女生的竞争意愿。汉族和彝族都是父系氏族，而纳西族是母系氏族。这项研究发现：纳西族的女性具有更强的竞争倾向，男性相对较弱；而汉族和彝族的社会里，并不存在类似的情况。所以，人们后天生活在什么样的环境中，是母系主导还是父系主导，会影响不同性别的行为。

接下来这篇文献的作者之一布思也是我这篇论文的合作者之一。她于 2012 年跟诺伦合作，在《经济行为与组织学报》上发表了《选择竞争：女生和男生有何不同》，文章对比女校的女生和男女混校的女生，分析她们之间的竞争意愿的差异。她们的研究发现：女校中的女生比男女混校的女生更愿意竞争，表现出相对男性化的一面。

如果说文化和社会规范是影响竞争意愿的性别差异的重要因素，那么我们又该如何度量这种影响呢？大体上讲，文化是长期形成的且并不会随时间变化的社会固有的特质、基本的社会规范。但是，一些短期的社会运动，包括制度的变化、教化的作用等，会在一段时间内对文化和社会规范产生冲击性的影响。

在这方面，最有名的一篇论文是阿莱西纳（哈佛大学教授）于 2007 年在《美国经济评论》杂志上发表的论文，题目很有趣，叫《再见，列宁》，文章对民主德国和联邦德国的社会进行了比较。我们知道民主德国曾经历了 45 年的社会主义制度，而联邦德国没有，德国最终于 1990 年实现了统一。这篇论文主要是想研究德国统一之后，原属民主德国和联邦德国的人们在对于政府的态度上是否存在差异。研究发现：社会主义制度的影响是持续的，即使国家统一了，原属民主德国的人们还是会用惯有的社会主义思维模式去思考问题，看待社会现象。他的结论是短期制度会对人的行为产生相对长期的影响，至少需要一两代人的时间，才能使得原分属于民主德国、联邦德国的人们看起来是相似的，其行为才会有一致性。

我跟布思等人合著的论文，也用到了阿莱西纳这篇文章中的一些设计，主要研究的是由制度衍生的社会规范的变化如何影响到男性和女性在竞争意愿上的差异。具体研究方法类似于上面提到的这些文章中的方法，即在不同组间、不同的文化背景下做对比，寻找这样的自然实验来识别相对短期的制度对文化的冲击、对社会规范的影响，以及如何影响到人们的行为。

70 年来，中国大陆在社会规范上发生了两次明显的变化。一个时期是 1949—1977 年，即中华人民共和国成立到改革开放之前这段时间，从文化的角度来讲，传统的儒家文化被社会主义的文化替代。另一个时期是 1978 年至今，是改革开放之后的新时期，从文化的角度来讲，社会主义计划经济的意识形态又部分地向市场化以及个人主义等意识形态转变。总之，中国大陆在文化制度上经历了很大变化，我们想把这样不同的时代背景下的对比作为自然实验，来观察其对男性和女性竞争意愿的影响。

这项研究主要的实证策略是比较不同年代出生的人之间的行为差异。但是，大家知道，在整个中国大陆，所有的居民都经历了从传统的儒家文化到社会主义计划经济，再到市场经济的两次变化，我们没法找到相应的对比组。最后，我们选择中国台湾作为对比组，因为在1949 年之前，两岸有同样的文化背景、同样的种族，不同的是中国台湾并没有发生中国大陆 70 年来所发生的文化变革。

在中国大陆，过去关于女性的道德规范主要是受儒家思想的影响，即所谓的"三从四德"，女性是依附于男性的，自己不能做任何决定。而1949年中国共产党建立政权后，发生了一系列变化，1950年通过了《婚姻法》，这也是中华人民共和国成立后颁布的第一部法律，它明确提出：在婚姻家庭方面，女性和男性是平等的，女性有和男性一样平等的受教育的权利，获得土地的权利，参与劳动力市场的权利等。这部《婚姻法》相当于一个革命性的变化，明显提升了女性的地位，当时有"劳动光荣""男女平等""妇女能顶半边天"等宣传口号（见图25、图26）。在这种背景下，儒家思想逐渐被社会主义的意识形态替代。1978年改革开放以后，随着市场经济的发展，传统的马克思主义价值观又不足以解释新的现实，市场化和个人主义的意识形态得到发展空间。特别是一些传统的价值观，比如"女性回归家庭"等观念又重新冒出来，女性的竞争意愿似乎又没那么强了。这都是可以观察到的社会变化。

图25　宣传男女平等的海报

图 26 "提升女性地位"的宣传海报

通过观察"男女平等"和"妇女能顶半边天"这两个短语在中国大陆最权威的媒体之一《人民日报》上出现的频率，我们可以识别出政府对所谓"男女平等"意识的强调主要发生在哪些年代。1949—2014 年出现了三次宣传高峰：第一次是在 1953 年，新的《婚姻法》刚颁布；第二次是在 1970—1978 年，在"文革"时又达到了一个高峰；第三次是在 1995 年，恰逢第四次联合国妇女大会在北京举行（见图 27）。在这三次高峰中，宣传力度最大的是"文革"时期，因为当时意识形态的力量最大。

而中国台湾没有发生意识形态的巨大变化，主要还是由比较传统的儒家思想主导。我们可以比较一下中国大陆和中国台湾的女性和男性在劳动力市场上的表现，主要指标是劳动参与率。所谓劳动参与率，是指在所有的劳动年龄人口中有多少人参与了劳动力市场，"参与"人口包括已就业或正在寻找工作的人口。这个指标反映的是人们参与劳动力市场的意愿。

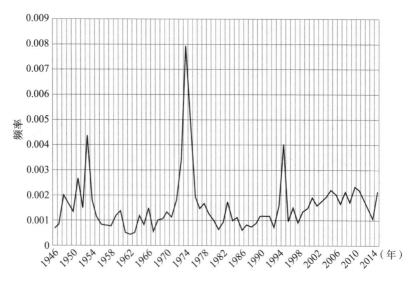

图27 "男女平等"和"妇女能顶半边天"在《人民日报》上出现的频率

我们选取了20世纪80年代初和21世纪10年代初（中间相隔30年左右）这两个不同时点来比较两岸女性的劳动参与率情况（见图28）。我们可以看到，1982—2012年，中国大陆女性的劳动参与率下降较为明显，尤其是在主要的劳动年龄段（25~45岁），从90%多下降到70%多。再看中国台湾的情况，在1980年，不管任何一个年龄组，女性的劳动参与率都很低；而在2010—2015年，女性的劳动参与率上升到70%左右。

从女性劳动参与率这一指标来看，中国大陆和中国台湾呈现出完全相反的变化，一边是显著地下降，另一边是明显地上升，不过中国

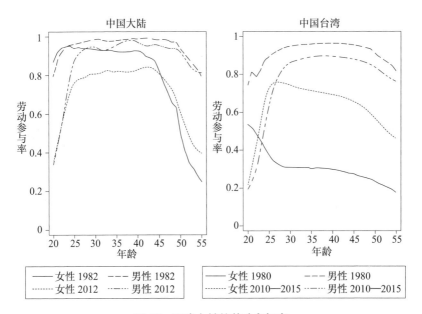

中国大陆　　　　　　　　　　中国台湾

图 28　两岸女性的劳动参与率

大陆的女性劳动参与率仍略高于中国台湾。这意味着，两种不同类型的社会几十年来的女性劳动参与率其实是趋同的。

就中国台湾而言，意识形态这方面的影响较小，女性劳动参与率的上升主要是由于受教育程度的提高、男女平等意识的改善等。而中国大陆在"文革"期间对于"男女平等"出现了一轮宣传高峰，使得女性的劳动参与率被人为地抬高了。随着改革开放之后市场化的推进，人们更加尊重自己的意愿，女性的劳动参与率又回落到一种跟其他地区相似的状态。

在设计实验时，我们选择北京作为中国大陆的取样点，原因有两个：第一，北京是受意识形态影响最深的地区；第二，在 20 世纪 60

年代初的困难时期，北京所受影响相对较小。我们选择了三个不同的出生队列。第一个是实验组，为出生于 1958 年的北京户籍的人，现在依然生活在北京，他们的整个受教育阶段都处于"文革"时期。这项调查是在 2015 年进行的，他们时年 57 岁，既没有衰老到无法完成问卷，又曾受到"文革"时期文化和制度变革的影响。所以，我们选择了这样一组人作为实验组。还有两个对比组，分别为 1966 年出生的人和 1977 年出生并拥有北京户籍的人。对 1966 年出生的人来说，有 3 年小学教育是在"文革"时期，其他受教育阶段是在改革开放之后；而 1977 年出生的人的整个受教育阶段都在改革开放之后。这三代人受到的"文革"时期意识形态的影响是不同的。

我们选择了台北作为中国台湾的取样点，也选择了同样的三组人，即分别于 1958 年、1966 年、1977 年出生的台北居民。每一组基本上都有 50～60 人，男性和女性的比例也是比较平衡的。

在选定了这些人群后，我们把他们安排到一间教室里，让其完成这样一项任务：在 5 分钟之内把 5 个两位数字相加，计算出结果，看最终能做出多少道题（见表 2）。

表 2　计算随机数字的实验

举例：

22	17	83	61	49	答案
40	39	57	82	26	答案
82	18	59	79	35	答案
38	52	41	47	22	答案

这项任务一共会进行三轮，题目都不同，但都是这种类型的。这

三轮的主要区别在于支付手段不一样。第一轮是计件工资，每做对一道题就获得一道题的报酬——12元，做不对就得不到报酬。第二轮是竞争计酬，所有参与者通过计算机系统随机两两配对，还是做这样一套题目，看谁做对的更多，且胜出者每做对一道题的报酬翻番，比如某人做对了10道题，而竞争对手做对了8道题，那么胜出者可以获得240元报酬，而落败者一无所获。第三轮则是让每个人自己选择支付手段，是计件工资还是竞争计酬。如果某个人选择竞争计酬的话，所对比的就是第二轮里随机配对的另一个人，因为在第三轮可能会有一部分人不选择竞争。在这种情况下，某个人在做出选择时，可能会考虑到如果其他人都不选择竞争计酬，而自己选择竞争计酬的话就会有明显的优势。我们这项研究就是根据第三轮的选择结果来判断其竞争意愿，如果其选择了竞争计酬，这就说明其有较强的竞争意愿，否则就没有。

做完上述任务后，所有人还要完成一份问卷，问卷包含了这些信息：基本的人口学特征，在劳动力市场上的工作经历，从学校和父母处接受了哪些教育——这都跟上面提到的《再见，列宁》那篇文章是一致的，还包括五大性格特质、智商、心理健康程度等测试。

未经过回归分析的简单统计结果表明，在第三轮里选择竞争计酬的人所占比例越高，说明某个组别的人群更具有竞争意愿（见表3）。在北京，出生于1958年的女性有26%选择了竞争计酬，而男性只有12%，说明这个年龄段的女性更愿意竞争。而两个对比组里，都是女性相对于男性更不愿意竞争，并且1966年组在统计上的表现更显著。再看台北，性别差异并不显著，唯一看到比较明显的是1958年组的女性更愿意竞争。对比北京和台北两地，总体上来说台北的人更愿意竞争。但要注意，这只是一个大致的描述，没有进行任何控制。台北和北京的样本对当地而言是有代表性的，但它们之间在特征上有很大差异。比如台北的整体教育水平会更高。

表3　各年龄组和各地区竞争意愿方面的性别差异

	第三轮中选择竞争计酬的人所占比例					
	女性		男性		女性-男性	
北京	观测值	平均值	观测值	平均值	差值	T值
1958	57	0.26	41	0.12	0.14	1.72
1966	57	0.26	60	0.45	−0.19	2.13
1977	61	0.44	58	0.47	−0.02	0.25
台北	观测值	平均值	观测值	平均值	差值	T值
1958	66	0.42	65	0.51	−0.08	0.95
1966	62	0.45	56	0.54	−0.08	0.91
1977	56	0.59	54	0.57	0.02	0.16

再看男性和女性计算能力的差异——每个人能做对多少道题，我们从第一轮和第二轮分别去看（见表4），因为大家第三轮的选择不一样，我们没办法判断。

我们首先看北京的结果，第一轮是女性比男性做对的题多，第二轮也是如此，而且1958年组和1977年组还很显著。而台北的结果显示，男性和女性的差异并不大。从总体上看，台北的人们比北京的人们做对的题要多，平均能做对13道题。另外，我们对比了第一轮和第二轮做题的情况，看是否存在一定的规律。结果显示，在竞争的背景下，女性的优势会变小，没那么显著了。所以，这在一定程度上说明女性应对压力的能力相对不如男性，计算优势没能完全体现出来。我们可以看到不同地区、不同性别的人在计算能力上有很大差异，所以，在看之前竞争意愿的简单统计结果时，必须要考虑到计算能力。

表4　不同出生队列和地区在竞争性方面的性别差异

	北京			台北		
	男性	女性	差值	男性	女性	差值
	第一轮的正确答案数量					
1958	5.20	7.30	2.103***	11.73	11.44	−0.299
1966	9.45	9.53	0.076	11.45	12.37	0.925
1977	9.94	11.46	1.511**	11.35	12.02	0.666
	第二轮的正确答案数量					
1958	6.98	8.19	1.217**	13.06	13.08	−0.014
1966	10.37	11.11	0.738	13.25	13.45	0.202
1977	11.69	12.80	1.114	12.69	13.07	0.386

注1. 中国大陆人群的平均竞争力较低，特别是出生队列较早的人群（受教育阶段受到"文革"影响）。

注2. 女性的优势在竞争状态下会被减弱。

除了文化、意识形态的不同，还有哪些因素会影响到竞争意愿？对于这些因素，我们都要在回归分析中控制住。第一个控制变量就是计算能力，使用的是在第二轮中做对的题数以及认知测试，也就是说，我们将这两项作为计算能力的测度。第二个控制变量是在竞争背景下应对压力的能力，用的是每个人在第一轮和第二轮所答对题数之差，该差异越大说明其抗压能力越强。第三个控制变量是风险偏好，一般来说风险偏好高的人更可能选择竞争，所以竞争意愿在一定程度上能反映的是风险偏好，我们要把它控制住。对此，我们设计了测试风险偏好的实验。第四个控制变量是过度自信——有些人可能高估了自己的水平，头脑一发热就选择了竞争，对此我们该怎么控制呢？我们在第三轮进行之前会让每个人预测自己能做对多少道题，如果某个人预先估计的数量高于实际做对的题数，我们就认为他是过度自信。最后一个控制变量是整体环境，比如对一个女性来说，如果她知道参加测试的女性多于男性，可能就会更倾向于选择竞争，所以测试现场的男女比例会影响到人们第三轮的选择。在我们设计的实验中，有些场次全是男性，有些场次全是女性，有些则是男女混合。

这样，回归方程就可以相对简单：被解释变量就是"第三轮是否选择竞争"，所以是个 0/1 变量（选择了竞争是 1，没选择则为 0）；后面是一些解释变量，包括出生年份以及性别，还有两者相乘构成的交互项；后面还有两个控制变量，一个是对竞争偏好有影响的项，另一个是个人特征项，比如受教育程度、母亲的受教育程度、兄弟姐妹的个数等。我们的主要目的是考察在加进去这两个控制变量之后，不同队列竞争意愿的性别差异是否显著。

回归分析的结果显示（见表 5）：在 1958 年组，北京的男性选择竞争的可能性比女性要低 15.9%，男性的竞争意愿明显更低，而台北的性别差异并不显著。我们还做了一个模型，来对比北京和台北的差异是否显著（见表 6）。我们对比两地的女性，看到 1958 年组和 1966 年组的差异是显著的，北京的女性整体上比台北的更愿意竞争。而两地男性的竞争意愿则没有呈现出较大的差异。

表5　关于不同队列竞争意愿的性别差异的估计结果

	北京	台北
男性的哑变量	−0.159*	0.037
	[0.087]	[0.085]
1966 年哑变量	−0.119	−0.049
	[0.093]	[0.085]
1977 年哑变量	−0.057	0.010
	[0.103]	[0.093]
男性 *1966	0.299**	0.014
	[0.124]	[0.119]
女性 *1977	0.212*	−0.058
	[0.120]	[0.117]
观测值	330	354
R 平方	0.151	0.231
1958 年男性 vs 女性	−0.159*	0.037
	[0.087]	[0.085]
1966 年男性 vs 女性	0.140	0.051
P 值（$\kappa+\rho_{66}=0$）	[0.130]	[0.581]
1977 年男性 vs 女性	0.053	−0.021
P 值（$\kappa+\rho_{77}=0$）	[0.554]	[0.815]

通过上述实验，我们看到了男性和女性在竞争行为上的一些差异，尤其是在 1958 年组，女性表现出的竞争意愿更强（见表 7）。那么，真实世界里是不是有同样的情况呢?

表 6　不同性别和出生队列间的差异

合并样本估计	模型 3	
	北京	台北
1958 年男性 vs 女性	−0.159*	0.037
	（0.069）	[0.085]
1966 年男性 vs 女性	0.139	0.051
	（0.123）	（0.577）
1977 年男性 vs 女性	0.053	−0.019
	（0.552）	（0.815）
1966 年女性 vs 1958 年女性	−0.119	−0.049
	（0.194）	[0.085]
1977 年女性 vs 1958 年女性	−0.057	0.010
	（0.582）	[0.093]

表 7　地区差异

	模型 3	
	女性	男性
1958 年北京 vs 台北	0.643*	0.447
	[0.338]	（0.153）
1966 年北京 vs 台北	0.573*	0.661
	（0.093）	（0.313）
1977 年北京 vs 台北	0.576	0.659
	（0.106）	（0.419）

我们调查了不同性别、不同组别的人的收入水平，加以对比（见表 8）。我们先看北京的情况，1958 年出生的人在接受调查时已经 57 岁了，女性大部分退休了（55 岁），这部分人的收入为退休金；而男性这个年龄退休的比例非常小，大部分还处于就业状态，收入并不是以退休金为主。但即使是这样的状况，在 1958 年组里，北京男性的收入水平也没有女性高，只有后者的 90%。而在 1966 年和 1977 年这两组里，女性的收入水平都是低于男性的，男性的收入水平要比女性高 35%～41%。我们再看台北的情况，整体上男性的收入水平更高，而且超出的幅度很大；不过，随着时代的推进，男性和女性之间的收入差距在缩小。由此，我们在真实世界里也看到了，1958 年组北京女性的工资水平确实高于男性，这与其竞争意愿是相吻合的。

表 8　性别收入差距

	北京			台北		
	男性	女性	男性 / 女性	男性	女性	男性 / 女性
	工作收入和退休金					
1958	4 529	5 036	0.90	7 496	4 017	1.87
1966	6 324	4 462	1.41	11 035	6 220	1.77
1977	7 518	5 567	1.35	9 308	7 176	1.30
总计	6 296	5 034	1.25	9 188	5 721	1.61

在调查中，我们还提到了一个问题——在一样的年龄、受教育程度下，跟周围的异性同事相比，你认为谁的收入更高？这是一个选择性问题，选项有三个：更高、更低和相同（见表 9）。

表 9　给定一样的年龄 / 受教育程度，你认为你与异性同事相比的收入情况

	北京			台北		
	更高	更低	相同	更高	更低	相同
男性						
1958	26.83	14.63	58.54	31.15	29.51	39.34
1966	25.00	20.00	55.00	32.14	35.71	32.14
1977	27.59	15.52	56.90	31.48	27.78	40.74
女性						
1958	33.33	8.77	57.89	38.71	22.58	38.71
1966	33.33	10.53	56.14	59.02	11.48	29.51
1977	37.70	9.84	52.46	50.91	14.55	34.55

我们可以看到，在北京，"相同"的比例是很高的，而台北就比较低。总体上说，在北京，无论是男性还是女性，都认为两性之间的收入是更平等的；而台北的差异较大。

我们根据《再见，列宁》那篇文章设计出两个问题，主要想探究教化的力量，也就是"男女平等"的价值观或者社会主义的意识形态到底对人的偏好产生了怎样的影响？第一个问题：在削减收入不平等方面，你是否认为政府起到了比较大的作用？如果答案为"是"，那就说明调查对象受意识形态的影响更大。第二个问题：政府对经济的干预越少越好，你如何看待这一观点？对比台北和北京的情况（见表 10），我们可以看到北京的居民明显受到了意识形态方面教化的影响，认为政府应该干预经济，并且在削减收入不平等方面的作用很大。

表 10　对偏好政府干预的回归结果

	偏好政府干预	
	削减收入不平等 [1]	干预越少越好 [2]
北京女性 1966 年 vs 1958 年	−0.177	0.140
北京女性 1977 年 vs 1958 年	0.145	−0.092
1958 年女性 北京 vs 台北	1.767***	−1.565*
1966 年女性 北京 vs 台北	1.435**	−1.810**
1977 年女性 北京 vs 台北	1.909***	−1.821**
由聚合回归分析得出		
北京女性 vs 台北女性	1.685***	−1.699**
北京男性 vs 台北男性	1.397**	−1.933**

注：还有其他教化的证据吗？ Alesina 等人（2007）

1. 政府是否应该在削减收入不平等方面起到较大的作用？

2. 政府对经济的干预是不是越少越好？

这种教化是怎样产生的？一方面是从父母处得来的，另一方面来自学校教育。在调查中，我们问过这样的问题——你是否从父母那里受到了男女平等、竞争、不自私（利他）等观点的影响？我们从结果中可以看到（见表 11），北京居民从父母那里更多地受到了"男女平等""利他"等意识的影响。而从学校教育的相关情况分析（见表12），北京居民在总体上受到的影响更大，无论哪个年代组，都具备这些很正面的价值观。

表 11 父母教育

	男女平等 [1]	竞争 [2]	利他 [3]
由基于出生对照组的回归分析得出			
北京女性 1966 年 vs 1958 年	−0.112	−0.021	0.003
北京女性 1977 年 vs 1958 年	−0.088	0.049	0.056
1958 年女性 北京 vs 台北	0.735***	0.064	0.882***
1966 年女性 北京 vs 台北	0.707***	−0.027	0.670**
1977 年女性 北京 vs 台北	0.691***	0.125	0.945***
由聚合回归分析得出			
北京女性 vs 台北女性	0.735***	0.053	0.781***
北京男性 vs 台北男性	0.631**	−0.019	0.802***

表 12 学校教育

	男女平等 [1]	竞争 [2]	利他 [3]
由基于出生对照组的回归分析得出			
北京女性 1966 年 vs 1958 年	−0.128	0.078	−0.118
北京女性 1977 年 vs 1958 年	−0.094	0.181*	−0.067
1958 年女性 北京 vs 台北	0.816**	0.602*	0.917***
1966 年女性 北京 vs 台北	0.589*	0.738**	0.757**
1977 年女性 北京 vs 台北	0.827**	0.896***	0.939***
由聚合回归分析得出			
北京女性 vs 台北女性	0.752**	0.691**	0.894***
北京男性 vs 台北男性	0.705	0.601*	0.862***

教化的影响是以个性特质为渠道的。我们列出了个人的五大性格特质：第一个是外向性，第二个是对知识的开放度，第三个是一致性，第四个是情绪不稳定性，第五个是责任心。我们对比两地的情况发现（见表13），北京居民整体上更为外向，对知识的开放度更高，更不容易情绪不稳定。也就是说，大陆的这种意识形态对于居民个性的影响是偏向于好的一面。

表 13　个性特质

	外向性	对知识的开放度	一致性	情绪不稳定性	责任心
由基于出生对照组的回归分析得出					
1958 年女性 北京 vs 台北	0.238***	0.325***	0.026	−0.093	−0.001
1966 年女性 北京 vs 台北	0.348***	0.189**	−0.073	−0.216***	−0.101
1977 年女性 北京 vs 台北	0.235**	0.217**	0.219***	−0.318***	0.121
由聚合回归分析得出					
北京女性 vs 台北女性	0.279***	0.252***	0.058	−0.208***	0.010
北京男性 vs 台北男性	0.045	−0.087	−0.040	−0.039	−0.045*
北京女性 vs 台北男性	0.387***	0.382***	0.224**	−0.174*	0.055
北京男性 vs 北京女性	−0.108*	−0.130**	−0.166***	−0.034	−0.045

注：教化是如何发生作用的？

文献表明，与竞争相关的个性特质：外向性和对知识的开放度。

在这篇论文里，我们研究了社会制度引致的传统规范的变化对男性和女性的竞争行为的影响，结果显示：在强调"男女平等"的意识形态下，女性会比男性更愿意竞争。但随着时间的推移，到了1966 年组和 1977 年组，男性和女性之间的差异就不那么显著了。

而从总体上说，北京的女性要比台北的女性更愿意竞争。总而言之，这种意识形态会影响人们的行为，特别是会影响到女性对于竞争意愿的偏好。这种竞争偏好会反映到劳动力市场上。我们可以观察到：在 20 世纪 80 年代，中国大陆女性的劳动参与率非常高（当时的劳动者主体是出生于 20 世纪 50 年代、60 年代的人），接近100%；如今，女性的劳动参与率则出现了大幅度下滑。对此，这篇论文给出的解释是，这些出生于不同年代的人，因所受的教育不同而导致竞争意愿不同，参与劳动力市场的意愿也不同。

其实，对于女性劳动参与率的下降，之前有很多相关文献，但这篇文章可能是第一篇从行为角度进行研究的文章。

性别比失衡与犯罪的关系

另一篇论文研究的是中国的犯罪问题，想探寻性别比失衡和农民工犯罪之间的关系。

我们之所以进行这项研究，主要是因为观察到中国的犯罪率增长很快——从 1982 年时的每万人 7.4 起案件发展到 2014 年时的每万人 47.8 起，在 30 多年里，犯罪率增长超 5 倍（见图 29）。很多人可能认为，每万人 7.4 起案件并不会构成很大的问题，但我们必须清楚的是尽管案件数量不多，但犯罪行为会威胁到每个人的安全，仍是很重要的社会问题。

犯罪率为什么会增加？目前，犯罪学、经济学、社会学等领域的研究发现，犯罪率主要受以下因素影响。

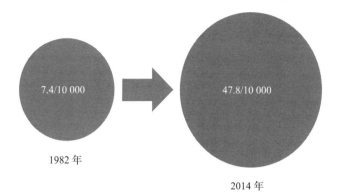

图 29　犯罪率飙升

　　第一个是收入不平等加剧。这种不平等给社会底层人口带来的心理压力是很大的，使得其犯罪的心理成本下降，而过大的收入差距同时使得其犯罪的潜在获利会增加。

　　第二个是社会价值观的变化。人们更注重对物质的追求。

　　第三个是城乡之间大规模的人口流动。改革开放 40 年间，大规模的农村剩余劳动力流向城市，现在农民工的规模约为 1.7 亿，约占城市里总劳动人口的 40%，比例相当大。这么大规模的城乡移民会产生很多社会问题，比如：他们与家人长期分居，其收入普遍比当地城市居民低，还往往会被歧视，所以农民工犯罪的可能性较大。此外，在农民工群体中，男性比重较高，而且以中青年为主，男性、中青年都是和犯罪高度相关的人口学特征。之前我的一篇论文研究的是城市层面的犯罪和移民密度的关系，主要想表明这两者之间并不存在完全的相关性，但确实呈现出统计上的相关关系。这类人群并不是因为"农民工"这样一个标签而成为犯罪的高发群体，而是"男性""中青年"

这种人口学的特征推高了移民高密度地区的犯罪率，所以我们不应该歧视农民工。

最后一个是性别比失衡，在这方面，李宏斌、张俊森等人进行过研究。

我们这篇论文跟李宏斌等人的研究有些关系，也是研究性别比失衡和犯罪之间的关系，但他们用的是省一级的数据，而我们用的是个体的数据，并且试图去识别性别比失衡是通过什么渠道来影响犯罪的。一般来说，渠道有两个。一个渠道是行为上的，如果某个人从小在男多女少的环境下长大，其行为往往就会发生扭曲，这可能会与成年之后的犯罪有关系。另一个渠道是成年之后婚姻市场的激烈竞争，因为客观上男多女少，有些男性找不到配偶，他们的心理会发生变化。

怎么验证性别比失衡和犯罪之间的因果关系呢？由于不同地区之间的性别比存在差异是一个外生的结果，并不是由当地的文化制度背景所决定的，这就要求有一个类似自然实验的环境。而中国正好可以提供这样的环境，因为从 1979 年 6 月开始实施计划生育政策。在传统上，中国人的生育意愿是非常强的，尤其是有强烈的男孩偏好。计划生育政策的实施突然限制了这种意愿——不能再随便生孩子了，人们的行为就会发生扭曲。那些特别想要男孩的父母就会想到性别选择的对策，B 超的大规模普及使得这种想法在技术上成为可能。最终呈现出来的结果是，每年出生的男孩明显多于女孩。

我们看一下中国的性别比失衡的变动情况：自计划生育政策实施以来，性别比（男孩／女孩）开始增加，到 2000 年时，达到了

120/100，男孩多出生了 20 个，意味着 120 个男性中会有 20 个找不到配偶。而在农村，性别比失衡的状况更加明显。根据 2012 年的统计数据，中国适婚年龄的男性比女性要多出 3 000 万人，我们可以想象这个问题的严重性。

最近几年，相关部门已经认识到了计划生育政策带来的负面影响，开始逐步进行调整。2011 年，中国各地全面实施"双独二孩"政策；2013 年，中国实施"单独二孩"政策；2015 年 12 月，全国人大常委会通过了《人口与计划生育法修正案（草案）》，宣布推行了 35 年的城镇人口独生子女政策正式终结，全面实施"二孩"政策。2000—2010 年，性别比基本都维持在 118/100～120/100，而在计划生育政策调整之后，性别比开始回落，约为 113/100（见图 30）。近两年的新数据我们还没有，但我们推测这一比例还会继续下降。

图 30　出生人口男女性别比（2010—2015）

正常的自然出生性别比应该是 107/100，出生的男孩会多一些，因为男婴的死亡率更高，等到了适婚年龄，性别比基本回到100/100，这是自然界的选择。但受中国的计划生育政策的影响，"80后"、"90后"、"00后"乃至"10后"都属于性别比失衡的一代。我们可以想象10~30年后，随着这些人陆续进入适婚年龄，婚姻市场仍然会呈现供求不均衡的状态，会有大批"剩男"。所以，中国现在面临的所谓"剩男"问题和"剩女"问题是完全不同性质的问题："剩男"是绝对的剩下来的男性人口，是绝对值的上升；而"剩女"则是配对的问题，是结构上的问题，并非数量问题。

当然，计划生育政策在全国不同地区的执行力度不同，有些地方更严格，有些地方则相对宽松。政策执行越严格的地方，性别选择问题就会越严重，性别比就会随之升高。也就是说，性别比失衡在一定程度上跟计划生育政策的强度有关，而政策强度又跟当时的地方政府和中央政府的关系有关。如果某个地方政府更想讨中央政府的欢心，政策执行就会更严格。所以，我们认为因政策执行严格程度的差异而导致的不同地区的性别比失衡，是一个相对比较外生的冲击。

这篇论文首先要做的是构建性别比失衡和犯罪之间的关系，看两者是否存在高度的相关关系。其次，分析影响的渠道。渠道有两个，一个是成长的环境，还有一个是婚姻市场的挤压。根据社会生物学的一些研究文献，比如蜥蜴和鸟类的研究文献，如果雄性的比例更高，那么暴力倾向、竞争性和侵略性更强，因为只有更强壮的雄性才能获得交配的机会，繁衍后代。我们在人类社会发现了类似的结论，性别比偏高也会使得男性的竞争意愿更强，更具暴力倾向等。而一些经济学的文献显示，性别比失衡还会影响到人们在经济方面的表现。例如在性别比高的地区，男性往往会对短期的经济回报有偏好。还有一些著名的文章，比如张晓波老师于 2011 年发表在《政治经济学杂志》上的文章[①]，揭示了性别比失衡使得中国农村的很多居民无论如何都要攒钱给儿子盖房子，以增强在婚姻市场上的竞争力。

我们这篇论文就是从上述这两个角度来研究性别比失衡和犯罪的关系的。具体实验是在深圳的一所男子监狱进行的，这所监狱里在押的男性犯人都来自深圳和东莞。我们发现，这所男子监狱里的服刑人员主要是农民工（被抓进来之前在深圳和东莞两地打工），其占比达到 85%。而在真实世界里，东莞和深圳这两个地方的农民工数量占总人口的比重是 60% 多。我们根据监狱的花名册随机抽选了 1 200 人，后来由于研究经费限制，实际选择了 1 000 人，最后所有信息都完备的样本为 734 人。由于研究的是犯罪问题，我们还要在监狱外的现实世界里找一个相应的对比组，我们在深圳、东莞两地的农民工里随机取样，最后取了 300 个样本。

在具体的实验中，我们一共设计了 5 项实验。由于监狱管理方只给了半天时间，我们只能进行其中 4 项实验，第一项、第二项、第三项实验是所有人都要做的，而第四项和第五项可自选。这篇文章用到的主要是风险偏好这种行为特质，其他的实验情况并没有用到。实验完成后，我们还进行了问卷调查，包括一些人口学的特征、工作经历、移民的历史，以及犯罪的相关事情，还有五大性格特质、心理健康情况、智商、时间偏好等。

---

① 本书中亦有张晓波老师这一主题内容的收录。

解释变量是性别比，我用的是截至2013年年龄为18~27岁的人所在地区的性别比。而计算性别比采用的是2000年的人口普查数据，这批人当时是5~14岁。为什么选择这个年龄段？第一个原因：我们在2013年进行调查时，监狱里的样本大多数都处于这个年龄段。第二个原因：我们需要选择15岁以下的性别比，因为人们在15岁以后有可能离开出生地外出打工，进而导致性别比失真。中国一共有333个地级行政区，我们所选取的样本涉及其中167个。这些地区性别比的均值是114/100，明显高于自然的性别比107/100，整体上确实存在性别比失衡的情况。

第一个分析模型是建构性别比失衡和犯罪的关系。被解释变量为是否犯罪，是一个0/1变量，对应两个样本群体——服刑者和普通的农民工。解释变量用的是前面讲到的性别比，即用某个人出生地的性别比来解释他到了打工的目的地之后是否会犯罪这件事情。这个模型没有加任何的控制变量，是一个固定影响模型。结果是正的，表明性别比跟犯罪之间高度相关：性别比每增加1个单位，犯罪率提高的可能性会增加54%。如果性别比从自然状态下的107/100增加到研究样本均值114/100，那么我们最后可以算出来犯罪的可能性增加了6.6个百分点。

后面两个分析模型加入了更多的控制变量，包括一些个人的社会经济特征，还有一些地区水平上的控制变量，包括GDP、经济技术发展等，让我们控制了外出打工的可能性。加入控制变量之后，我们可以发现性别比对是否犯罪的影响变小了，但依然是显著的。

我们接下来看影响的渠道。把行为特征作为影响渠道的话，我们要先看性别比和这些行为特征之间的关系，然后再看这些行为特征和犯罪之间的关系。根据犯罪学的相关文献，我们选择了两个与犯罪高度相关的行为特征，一个是时间偏好，一个是风险偏好。所谓时间偏好，就是看一个人是否有耐心，越有耐心的人就越愿意等，越不在乎眼前的回报，这样的人犯罪的可能性更小。风险偏好更容易理解，不愿意冒险的人犯罪的可能性更小。

我们可以看到，性别比确实会对人的行为产生影响，所处环境中的性别比更高会让人更没有耐心，更在乎短期回报，以及更愿意冒险。除了这两个行为特征之外，在讲述上一篇文章时，我提到过五大性格特质，其中情绪不稳定性和犯罪是高度相关的，情绪不稳定的人更可能因为冲动而犯罪。而如果一个地区的性别比较高，那么人们的情绪不稳定的可能性也会变大。

至于这些服刑者所犯下的罪行，我们从中发现了一些值得琢磨的结果：总体上说，性别比高更容易带来经济犯罪。但是如果一个人成长环境中的性别比高，那么这应该跟暴力犯罪有关。我们认为，孩子这一代的性别比失衡严重，其实对父母一代本身的行为是没有影响的，因此，父母因为孩子一代的性别比失衡而暴力犯罪的可能性比较小，他们犯罪率的提升主要源于孩子在婚姻市场上面临的竞争压力，这迫使他们想更快速地获得更高的经济回报，为牟利而不择手段，最后犯下罪行。